China
Revolutionary Memorial Hall
Development Report
2022

主　编：杨永清　李　刚

副主编：卢柯全　董元泉　刘志亮

中国博物馆协会纪念馆专业委员会
雨花台烈士纪念馆-南京大学国家革命文物协同研究中心
雨花台红色文化研究院

联合发布

中国革命纪念馆发展报告
2022

中国财经出版传媒集团

经济科学出版社

Economic Science Press

·北　京·

图书在版编目（CIP）数据

中国革命纪念馆发展报告.2022/杨永清，李刚主编.--北京：经济科学出版社，2023.9

ISBN 978-7-5218-5248-6

Ⅰ.①中… Ⅱ.①杨…②李… Ⅲ.①革命博物馆-发展-研究报告-中国-2022 Ⅳ.①G269.261

中国国家版本馆 CIP 数据核字（2023）第 194051 号

责任编辑：孙丽丽　戴婷婷
责任校对：蒋子明
责任印制：范　艳

中国革命纪念馆发展报告·2022

主　编：杨永清　李　刚
副主编：卢柯全　董元泉　刘志亮
经济科学出版社出版、发行　新华书店经销
社址：北京市海淀区阜成路甲 28 号　邮编：100142
总编部电话：010-88191217　发行部电话：010-88191522
网址：www.esp.com.cn
电子邮箱：esp@esp.com.cn
天猫网店：经济科学出版社旗舰店
网址：http://jjkxcbs.tmall.com
北京季蜂印刷有限公司印装
710×1000　16 开　18.25 印张　310000 字
2023 年 9 月第 1 版　2023 年 9 月第 1 次印刷
ISBN 978-7-5218-5248-6　定价：73.00 元

编 委 会

主　任：

罗存康　中国博物馆协会纪念馆专业委员会主任委员，中国人民抗日战争纪
念馆党委书记、馆长

刘　斌　南京市雨花台烈士陵园管理局局长、党委书记，雨花台烈士纪念馆
馆长

副主任：

杨永清　南京市雨花台烈士陵园管理局副局长、党委委员

李　刚　南京大学革命纪念馆研究中心执行主任、信息管理学院教授、博士
生导师

委　员（按姓氏笔画为序）：

王小玲　南昌八一起义纪念馆原馆长

王红星　广东东江纵队纪念馆馆长

王志强　伪满皇宫博物院党委书记、院长

王奇志　南京博物院党委委员、副院长

王起宝　周恩来邓颖超纪念馆馆长

仇金标　新四军纪念馆馆长

孔令欣　台儿庄大战纪念馆馆长

卢润彩　西柏坡纪念馆馆长

史永平　八路军太行纪念馆馆长

吐尔逊·克孜拜克　乌鲁木齐市博物馆（市革命历史纪念地管理中心）馆长

朱　军　重庆红岩革命历史文化中心（重庆红岩革命历史博物馆）党委书
记、重庆红岩干部学院院长

朱习文　湖南党史陈列馆馆长

向媛华　南京市雨花台烈士陵园管理局雨花英烈研究院院长

刘　妮　延安革命纪念地管理局党委委员、延安革命纪念馆党委书记、馆长

刘旭东　江苏省文化和旅游厅（江苏省文物局）革命文物处处长

刘晓光　中共锦州市委宣传部分管日常工作的副部长、辽沈战役纪念馆馆长

刘强敏　东北烈士纪念馆党委书记、馆长

刘静媛　抗美援朝纪念馆党委书记、馆长

刘震生　周恩来纪念地管理局党委书记、局长，周恩来纪念馆馆长

农宇屏　百色起义纪念馆馆长

阳国利　韶山毛泽东同志纪念馆馆长

李　敏　李大钊纪念馆馆长

李俊霏　邓小平故里管理局局长

李耀申　北京鲁迅博物馆学术委员会主任

杨卫东　福建省革命历史纪念馆馆长

杨素红　滇西抗战纪念馆馆长

吴　寒　国家文物局革命文物司展示传承处处长

张军勇　中国甲午战争博物院院长

张宪义　南湖革命纪念馆党组书记、馆长

范丽红　沈阳"九·一八"历史博物馆党委书记、馆长

周　峰　中共南京市委宣传部副部长、侵华日军南京大屠杀遇难同胞纪念馆馆长

周俊南　遵义会议纪念馆馆长

查智力　鄂豫皖革命纪念馆馆长

姚剑波　平津战役纪念馆馆长

袁海晓　井冈山革命博物馆馆长

贾　萍　淮海战役烈士纪念塔管理中心（淮海战役纪念馆）党组书记、主任（馆长）

曹　波　武汉革命博物馆党委书记、馆长

韩戾军　吉林省博物院（东北抗日联军纪念馆）院长

黎洪伟　陈云纪念馆党委书记、馆长

薛　峰　中共一大纪念馆党委书记、馆长

魏德勋　辛亥革命博物院党委书记、院长

前　言

泱泱中华，历史悠久，文明博大。中华民族在几千年历史中创造和延续的中华优秀传统文化，是中华民族的根和魂。习近平总书记在党的二十大报告中提出，推进文化自信自强，铸就社会主义文化新辉煌，并在文化传承发展座谈会上强调，在新的起点上继续推动文化繁荣、建设文化强国、建设中华民族现代文明，是我们在新时代新的文化使命。要坚定文化自信、担当使命、奋发有为，共同努力创造属于我们这个时代的新文化，建设中华民族现代文明。

革命文化既是中华民族革命斗争历史的高度文化凝聚，也是中国精神在革命年代的主要表现形式，寄托着各族人民对美好生活的向往。"十四五"时期作为开启全面建设社会主义现代化国家新征程、向第二个百年奋斗目标进军的第一个五年，也是我国从文物资源大国迈向文物保护利用强国的关键时期。党的二十大报告明确指出，高质量发展是全面建设社会主义现代化国家的首要任务。革命纪念馆作为中国共产党人的精神殿堂，是革命历史和革命文化的重要载体，是党的意识形态工作和思想政治工作的前沿阵地，探索并实现高质量发展是行业发展的题中之义和必然要求。

在以习近平同志为核心的党中央坚强领导下，革命纪念馆事业正处于乘势而上、大有可为的重要战略机遇期，全国革命纪念馆在服务党史学习教育、构建协同育人机制、深化红色资源研究、推动红色基因传承等方面呈现出崭新面貌，涌现出许多优秀案例。2019年以来，党和国家先后迎来了新中国成立70周年和中国共产党成立100周年等重大事件，全国革命纪念馆围绕重大节点，在加强科学保护、开展系统研究、打造精品展陈、强化教育功能等方面做了大量富有成效的工作。在此背景下，南京市雨花台烈士陵园管理局在中国博物馆协会纪念馆专委会的指导下，携手南京大学革命纪念馆研究中心组织撰写《中国革命纪念馆发展报告·2022》（以下简称《发展报告》)。《发展报告》紧扣革命纪念馆事业高质量发展新态势，聚焦业务发展新特征，以标杆案例为切口，全方位全景式记录和呈现革命纪念馆近三年多来取得的辉煌成就。

《发展报告》作为《中国纪念馆发展报告·2019》系列续作，聚焦三个定位：一是作为学术著作，力争推动革命纪念馆工作理论、方法与实践体系的创新；二是作为发展纪实，全面真实反映了三年多来的行业发展态势；三是作为案例选读，汇集了各个业务层面的优秀案例和成果经验，助力行业交流互鉴。

《发展报告》实现了三个创新：一是数据采集方式的创新。不同于以往依靠问卷采集数据的方式，此次数据来源于全国博物馆年度报告信息系统，确保了数据的全面性、连续性、系统性以及客观性。二是报告内容体例的创新。引入专题报告和实践案例的篇章布局体例，在呈现事业总体态势的同时，按照不同主题具体呈现革命纪念馆某一方面业务发展的最新特征与动向，实现了理实结合、总分结合、点面结合。三是协同研究主体的创新。报告是在革命纪念馆与高校协同创新的大背景下，馆校深度融合的重要学术成果，以第三方社会评价机构的视角，审视革命纪念馆事业高质量发展的实践历程，尝试构建行业高质量发展评价体系，不断提升服务高质量发展的效果水平。

《发展报告》共分为"上篇 事业发展篇""中篇 专题报告篇""下篇 实践案例篇"及"附录"四大模块。

上篇 事业发展篇：共包括三章，第一章系统性梳理习近平总书记关于革命文物工作的重要论述；第二章介绍革命文物工作协同管理体系架构；第三章通过数据展示2019年至2021年革命文物与革命纪念馆业务发展的趋势动态。本篇旨在以习近平总书记关于革命文物工作的重要指示为根本遵循，对全国革命纪念馆整体发展及工作成就进行阶段性总结分析。

中篇 专题报告篇：采用专题报告形式，通过革命纪念馆"赓续红色血脉传承百年党史""革命文物服务高校立德树人思想政治工作""学术能力建设驱动革命纪念馆高质量发展""数字化建设提升革命纪念馆综合能级"四个专题展开详细论述，既涵盖了革命纪念馆近年来重点工作任务，也就革命纪念馆数字化建设、学术研究等具体业务发展进行了研究。

下篇 实践案例篇：聚焦革命纪念馆事业发展中涌现的典型案例、成功经验，展示其具体思路举措，以供同类型场馆交流借鉴。

　　附录：系统整理革命纪念馆近年来所获省部级以上奖项名称、案例名称等，为馆际交流提供参考。同时，搜集整理省级文物主管部门公布的革命纪念馆事业发展热点、重点事件，形成大事记。

目　录

上篇　事业发展篇

中篇　专题报告篇

下篇　实践案例篇

上 篇

事业发展篇

第一章

党中央高度重视革命文物保护利用工作

　　党的十八大以来，以习近平同志为核心的党中央从永葆马克思主义政党本色的高度出发，强调用好红色资源，赓续红色血脉，弘扬以伟大建党精神为源头的中国共产党人精神谱系，深入开展社会主义核心价值观宣传教育，深化爱国主义、集体主义、社会主义教育。2019 年，正值中华人民共和国诞生 70 周年之际，习近平总书记提出："革命博物馆、纪念馆、党史馆、烈士陵园等是党和国家红色基因库"，强调要"把红色基因传承好，确保红色江山永不变色"①，他还强调，加强革命文物保护利用，弘扬革命文化，传承红色基因，是全党全社会的共同责任。在 2019 年至 2022 年四年间，习近平总书记针对红色资源的保护利用作出了系列重要指示批示，并以自身为表率，足迹遍布全国革命老区，彰显了对革命文物保护利用工作的高度重视。

一、统筹推进作出系列重要决策部署

　　2019 年至 2022 年，以习近平同志为核心的党中央高度重视革命文物的保护利用及革命历史纪念场所的建设发展。四年间习近平总书记针对红色资源的重要性和如何进行保护利用作出了系列重要指示批示，并多次肯定了革命纪念馆的价值，阐释了革命纪念馆的使命和担当，并对革命纪念馆提出了

---

① 习近平. 用好红色资源，传承好红色基因　把红色江山世世代代传下去 [J]. 求是，2021（10）：4 - 18.

新的定位和要求，从理论的高度引领革命纪念馆事业和革命文物保护利用工作的进一步发展，形成了一系列重要论述，为全国革命文物工作进行高屋建瓴的谋划部署。

四年间，习近平总书记在深入各个地方进行考察时，高度重视当地革命文物的保护利用工作，就当地如何"用好红色资源""传承红色基因"作出了一系列指示批示。2019年4月17日习近平总书记在重庆考察工作结束时的讲话中指示道："要运用这些红色资源，教育引导广大党员、干部坚定理想信仰，养成浩然正气，增强'四个意识'、坚定'四个自信'、做到'两个维护'，始终在政治立场、政治方向、政治原则、政治道路上同党中央保持高度一致。"5月22日，习近平总书记在江西考察时指出："我们要从红色基因中汲取强大的信仰力量""自觉做共产主义远大理想和中国特色社会主义共同理想的坚定信仰者和忠实实践者，真正成为百折不挠、终生不悔的马克思主义战士。"8月19日至22日习近平总书记在甘肃考察时的讲话中指出："我们要讲好党的故事，讲好红军的故事，讲好西路军的故事，把红色基因传承好。"① 9月16日至18日习近平总书记在河南考察时指出："党员、干部要多学党史、新中国史，自觉接受红色传统教育，常学常新，不断感悟，巩固和升华理想信念。""要抓好党史、新中国史的学习，用好红色资源，增强党性教育实效，让广大党员、干部在接受红色教育中守初心、担使命，把革命先烈为之奋斗、为之牺牲的伟大事业奋力推向前进。"② 11月3日习近平总书记在上海考察工作结束时的讲话指出："上海要把这些丰富的红色资源作为主题教育的生动教材，引导广大党员、干部深入学习党史、新中国史、改革开放史，让初心薪火相传，把使命永担在肩，切实在实现'两个一百年'奋斗目标、实现中华民族伟大复兴的中国梦进程中奋勇争先、走在前列。"③

习近平总书记在地方考察时还多次强调当地革命文物的保护利用，以及革命文化的弘扬传播。2020年4月23日，习近平总书记在听取陕西省委和省政府工作汇报会上，对陕西省历史文化保护工作作出重要指示。习近平强调，陕西是中华民族和华夏文明重要发祥地之一。要加大文物保护力度，弘

---

① 习近平. 论党的宣传思想工作 [M]. 北京：中央文献出版社，2020：29.
②③ 习近平. 用好红色资源，传承好红色基因 把红色江山世世代代传下去 [J]. 求是，2021（10）：4 - 18.

扬中华优秀传统文化、革命文化、社会主义先进文化，培育社会主义核心价值观，加强公共文化产品和服务供给，更好满足人民群众精神文化生活需要。5月12日，习近平总书记在听取山西省委和省政府工作汇报会上强调，要充分挖掘和利用丰富多彩的历史文化、红色文化资源加强文化建设，坚持不懈开展社会主义核心价值观宣传教育，深入挖掘优秀传统文化，引导广大干部群众提升道德情操、树立良好风尚、增强文化自信。同日在山西考察工作结束时的讲话中，习近平总书记还提到，"山西也是具有光荣革命传统的地方……太行精神、吕梁精神是我们党宝贵的精神财富"，对于这些红色文化"都要充分挖掘和利用，以丰富多彩的历史文化、红色文化资源为山西发展提供精神力量。"6月10日在宁夏考察工作结束时习近平总书记提到："红军长征在宁夏留下了弥足珍贵的红色记忆。你们要用这些红色资源教育党员、干部传承红色基因、走好新时代长征路。"7月24日，习近平总书记在听取吉林省委和省政府工作汇报会上指出，"要把红色资源作为坚定理想信念、加强党性修养的生动教材，组织广大党员、干部深入学习党史、新中国史、改革开放史、社会主义发展史，教育引导广大党员、干部永葆初心、永担使命，自觉在思想上政治上行动上同党中央保持高度一致，矢志不渝为实现中华民族伟大复兴而奋斗。"2021年3月25日，习近平总书记在听取福建省委和省政府工作汇报会上指出，"福建是革命老区，党史事件多、红色资源多、革命先辈多，开展党史学习教育具有独特优势。要在党史学习教育中做到学史明理，明理是增信、崇德、力行的前提。要从党的辉煌成就、艰辛历程、历史经验、优良传统中深刻领悟中国共产党为什么能、马克思主义为什么行、中国特色社会主义为什么好等道理，弄清楚其中的历史逻辑、理论逻辑、实践逻辑。"同年4月27日，习近平总书记在听取广西壮族自治区省委和省政府工作汇报会上指出，广西红色资源丰富，在党史学习教育中要用好这些红色资源，做到学史增信。①

　　除了在地方考察时多次提到红色资源的保护利用、革命文化的弘扬传播，在全国革命文物工作会议、中央政治局集体学习课堂和省部级主要领导干部培训班等重要场合，习近平总书记也针对红色资源、革命文物保护利用

---

　　① 求是网. 用好红色资源，传承好红色基因　把红色江山世世代代传下去［J］. 求是，2021（10）：4 – 18.

工作作出了一系列指示批示，还在《求是》杂志上发表了两篇重要文章。

2021年3月30日，习近平总书记对革命文物工作作出重要指示：革命文物承载党和人民英勇奋斗的光荣历史，记载中国革命的伟大历程和感人事迹，是党和国家的宝贵财富，是弘扬革命传统和革命文化、加强社会主义精神文明建设、激发爱国热情、振奋民族精神的生动教材。① 习近平总书记强调，加强革命文物保护利用，弘扬革命文化，传承红色基因，是全党全社会的共同责任。各级党委和政府要把革命文物保护利用工作列入重要议事日程，加大工作力度，切实把革命文物保护好、管理好、运用好，发挥好革命文物在党史学习教育、革命传统教育、爱国主义教育等方面的重要作用，激发广大干部群众的精神力量，信心百倍为全面建设社会主义现代化国家、实现中华民族伟大复兴中国梦而奋斗。②

2021年5月16日，恰逢中国共产党成立一百周年之际，习近平总书记在《求是》杂志发表了《用好红色资源，传承好红色基因　把红色江山世世代代传下去》《用好红色资源　赓续红色血脉　努力创造无愧于历史和人民的新业绩》两篇重要文章，论述"用好红色资源　赓续红色血脉""传承红色基因"的重要性。《用好红色资源，传承好红色基因　把红色江山世世代代传下去》记载了习近平总书记2012年12月至2021年3月在河北、山东、福建、陕西、重庆、宁夏、广西、上海、浙江、江苏、辽宁、甘肃、北京、河南、云南、山西、吉林、湖南、贵州等地考察调研时的讲话中有关红色资源的节录，展示出总书记对革命老区和革命圣地的深厚感情。其中，既包括习近平总书记对革命纪念馆重要地位的肯定，如提出："革命博物馆、纪念馆、党史馆、烈士陵园等是党和国家红色基因库"，又包括习近平总书记对于利用红色资源加强党性教育的指示："要抓好党史、新中国史的学习，用好红色资源，增强党性教育实效"，"党员、干部要多学党史、新中国史，自觉接受红色传统教育，常学常新，不断感悟，巩固和升华理想信念。"

2021年6月25日，中共中央政治局就用好红色资源、赓续红色血脉举

---

① 人民网. 用好革命文物　赓续红色血脉［EB/OL］.［2023 - 03 - 10］. http：//dangshi. people. com. cn/n1/2022/0110/c436975 - 32327878. html.

② 新华网. 习近平对革命文物工作作出重要指示［EB/OL］.［2023 - 03 - 10］. https：//politics. gmw. cn/2021 - 03/30/content_34727374. htm.

行第三十一次集体学习，习近平总书记发表题为《用好红色资源 赓续红色血脉 努力创造无愧于历史和人民的新业绩》重要讲话，他首先强调了红色是中国共产党、中华人民共和国最鲜亮的底色，并对赓续红色血脉的重要性进行了阐述："红色血脉是中国共产党政治本色的集中体现，是新时代中国共产党人的精神力量源泉。回望过往历程，眺望前方征途，我们必须始终赓续红色血脉，用党的奋斗历程和伟大成就鼓舞斗志、指引方向，用党的光荣传统和优良作风坚定信念、凝聚力量，用党的历史经验和实践创造启迪智慧、砥砺品格，继往开来，开拓前进，把革命先烈流血牺牲打下的红色江山守护好、建设好，努力创造不负革命先辈期望、无愧于历史和人民的新业绩。"此外，习近平总书记表示："红色资源是我们党艰辛而辉煌奋斗历程的见证，是最宝贵的精神财富，一定要用心用情用力保护好、管理好、运用好"，并从革命文物的保护、研究、展陈、教育等多个方面论述了红色资源保护、运用、管理的方法和方针。①

2022 年 1 月 11 日，习近平总书记在省部级主要领导干部学习贯彻党的十九届六中全会精神专题研讨班开班式上发表重要讲话，强调继续把党史总结学习教育宣传引向深入，更好地把握和运用党的百年奋斗历史经验，其中特别提到对于红色资源的利用："要用好红色资源，加强革命传统教育、爱国主义教育、青少年思想道德教育，引导全社会更好知史爱党、知史爱国。"② 10 月 16 日，在中国共产党第二十次全国代表大会上，习近平总书记作了"高举中国特色社会主义伟大旗帜，为全面建设社会主义现代化国家而团结奋斗"报告，再次指示了用好红色资源的重要性，强调要"弘扬以伟大建党精神为源头的中国共产党人精神谱系，用好红色资源，深入开展社会主义核心价值观宣传教育，深化爱国主义、集体主义、社会主义教育，着力培养担当民族复兴大任的时代新人。"③

---

① 习近平在中共中央政治局第三十一次集体学习时强调 用好红色资源 赓续红色血脉 努力创造无愧于历史和人民的新业绩 [J]. 网络传播，2021（6）：6.
② 新华社. 习近平在省部级主要领导干部学习贯彻党的十九届六中全会精神专题研讨班开班式上发表重要讲话 [EB/OL].［2023－03－11］. http：//jhsjk. people. cn/article/32329102.
③ 习近平. 高举中国特色社会主义伟大旗帜 为全面建设社会主义现代化国家而团结奋斗——在中国共产党第二十次全国代表大会上的报告 [J]. 中华人民共和国国务院公报，2022（30）：4－27.

二、追寻红色足迹深入调研革命老区

党的十八大以来，习近平总书记多次到访革命纪念地，瞻仰革命历史纪念场所，反复强调要铭记光辉历史，发扬红色传统，赓续红色血脉，确保红色江山永不变色。从滹沱河畔到延安宝塔山，从遵义古城到沂蒙老区，习近平总书记的"红色足迹"遍及各个革命旧址和红色圣地，在中国共产党成立 100 周年之际，他提到："党的十八大以来，我到地方考察，都要瞻仰对我们党具有重大历史意义的革命圣地、红色旧址、革命历史纪念场所"，在探访各个重要革命根据地和重要纪念场所时，"每到一地，重温那一段段峥嵘岁月，回顾党一路走过的艰难历程，灵魂都受到一次震撼，精神都受到一次洗礼"①。

习近平总书记秉持着"一切向前走，都不能忘记走过的路；走得再远、走到再光辉的未来，也不能忘记走过的过去，不能忘记为什么出发"② 的理念，每到革命老区考察调研，都会前往瞻仰革命历史纪念场所，四年间他的行迹遍布二十多处重要革命根据地以及重要纪念场所，以自身做表率，重温红色记忆，不忘红色初心。2019～2022 年四年间，习近平总书记调研参观的革命历史纪念场所涵盖了中国共产党创建、抗日战争、解放战争、抗美援朝战争、社会主义建设初期等不同时期具有标志性代表性重大事件的历史发生地，具有种类丰富、地域广泛、意义鲜明的特点，形成了十分重要的价值导向。

在这些红色纪念场所中，有纪念抗日战争和解放战争时期重大战役和历史事件的场馆，如习近平总书记于 2019 年 5 月在江西省考察期间参观了中央红军长征出发纪念馆、2020 年 7 月 22 日在吉林省考察时参观了四平战役纪念馆、2020 年 8 月 19 日在安徽省考察时参观了渡江战役纪念馆、2021 年 4 月 25 日在广西壮族自治区考察时参观了红军长征湘江战役纪念馆、2021 年 8 月 16 日在辽宁省考察时参观了辽沈战役纪念馆等；有缅怀在新民主主

---

① 新华社. 习近平主持中共中央政治局第三十一次集体学习并发表重要讲话 [EB/OL]. [2023 – 03 – 11]. http://www.xinhuanet.com/politics/2016 – 04/30/c_1118778656.htm.

② 习近平. 在庆祝中国共产党成立 95 周年大会上的讲话 [N]. 人民日报，2016 – 07 – 02 (2).

义革命中牺牲的抗战英雄的纪念馆和烈士陵园，如习近平总书记于 2019 年 8 月 20 日在甘肃省考察时参观了中国工农红军西路军纪念馆，2019 年 9 月 16 日在河南考察了鄂豫皖苏区首府烈士陵园等；有纪念社会主义革命期间先进群体的革命博物馆，如习近平总书记于 2020 年 4 月 22 日在陕西考察时参观了交大西迁博物馆；还有诸多具有重大历史价值的革命旧址，如习近平总书记于 2021 年 9 月 13 至 14 日在陕西调研时参观了杨家沟革命旧址和中共绥德地委旧址，2022 年 10 月 27 日参观了杨家岭革命旧址和延安革命纪念馆等。除上述之外，习近平总书记还专门到访了彰显党的领袖丰功伟绩和崇高风范的中共中央北京香山革命纪念地（2019 年 9 月 12 日）、讲述军民鱼水情深的"半条被子的温暖"专题陈列馆（2020 年 9 月 16 日）以及纪念为党的理论宣传和马克思主义哲学中国化作出积极贡献的先进个人艾思奇的艾思奇纪念馆（2020 年 1 月 19 日）。

反映社会主义建设时期重大历史事件的纪念设施也是习近平总书记近年来考察参观的重点，主要为展示改革开放和社会主义现代化建设新时期重要抉择和伟大成就的纪念场馆和重要展陈。如习近平总书记于 2020 年 10 月 13 日参观了汕头开埠文化陈列馆、侨批文物馆，观看了反映汕头开埠和设立经济特区以来建设发展情况的"汕头城市开放史展览"；在 2022 年 10 月 28 日，习近平总书记还到访了河南安阳林州市红旗渠纪念馆，重温林州修造红旗渠改变当地缺水旧貌的光荣历史。

除了在地方考察时到访革命历史纪念场所，习近平总书记还多次在国家重大历史纪念日和重要时刻参观革命纪念馆的专题展览，重视用红色资源和革命文物服务党史教育和爱国教育。2020 年 9 月 3 日，习近平等党和国家领导人来到中国人民抗日战争纪念馆，出席纪念中国人民抗日战争暨世界反法西斯战争胜利 75 周年向抗战烈士敬献花篮仪式，同年 10 月 19 日，习近平总书记前往中国人民革命军事博物馆，参观"铭记伟大胜利 捍卫和平正义——纪念中国人民志愿军抗美援朝出国作战 70 周年主题展览"。2021 年 6 月 18 日，习近平等党和国家领导同志来到中国共产党历史展览馆，参观了"'不忘初心、牢记使命'中国共产党历史展览"。同年 6 月 25 日，十九届中央政治局第三十一次集体学习将课堂设在北大红楼和丰泽园毛泽东故居，以"用好红色资源、赓续红色血脉"为主题进行党史学习教育，为全党树立了榜样。2022 年 10 月 27 日，在党的二十大闭幕不到一周之时，习近平总书记带领中共中央政治局常委李强、赵乐际、王沪宁等人，前往陕西瞻仰延安革命纪念地。习近平总书记强调："每次路过延安，我都要来七大会址、杨家岭、枣园、凤凰山等革命旧址看一看。到中央工作后，先后 3 次来延安考察调研。这次和中央政治局常委同志一起来，就是要宣示新一届中央领导集体将继承和发扬延安时期党形成的优良革命传统和作风，弘扬延安精神。"①

习近平总书记对于革命历史纪念场所饱含深情，他曾说道："我每次到革命老区考察调研，都去瞻仰革命历史纪念场所，就是要告诫全党同志不能忘记红色政权是怎么来的、新中国是怎么来的、今天的幸福生活是怎么来的，就是要宣示中国共产党将始终高举红色的旗帜，坚定走中国特色社会主义道路，把先辈们开创的事业不断推向前进"，他提到"每次都是怀着崇敬之心去，带着许多感悟回"，并多次强调："多重温这些伟大历史，心中就会增加很多正能量。"② 2022 年 1 月 11 日，习近平总书记在省部级主要领导干部学习贯彻党的十九届六中全会精神专题研讨班上的讲话对调研考察红色场所作了总结回顾，并说明了遍访革命历史纪念场所意义："党的十八大以来，我到地方考察 70 余次，每到一个地方，我都要瞻仰对党具有重大历史意义的革命圣地、红色旧址、革命历史纪念场所，有的是专程去瞻仰革命旧址和纪念场所，主要的基本上都走到了。""我这样做的目的，就是要推动全党全国特别是广大青少年学习党史、铭记党史，勿忘昨天的苦难辉煌，无愧今天的使命担当，不负明天的伟大梦想，真正做到以史为鉴、开创未来，真正坚定历史自信。只要我们持之以恒这样做，就一定能收到明显成效。"③

三、重要论述引领革命场馆发展方向

党的十八大以来，习近平总书记作出了大量关于红色资源、革命文物工

---

① 人民网. 弘扬伟大建党精神和延安精神为实现党的二十大提出的目标任务而团结奋斗 [EB/OL]. [2023－03－10]. http：//jhsjk. people. cn/article/32553525.

② 习近平. 用好红色资源，传承好红色基因 把红色江山世世代代传下去 [J]. 求是，2021 (10)：4－18.

③ 新华社. 习近平在省部级主要领导干部学习贯彻党的十九届六中全会精神专题研讨班开班式上发表重要讲话 [EB/OL]. [2023－03－11]. http：//jhsjk. people. cn/article/32329102.

作的重要论述，这些重要论述是红色初心在新时代的重申与唤醒，是红色基因在新时代的继承与弘扬，激励和指引着党和人民在新的长征路上锐意进取、不断突破。深入学习贯彻习近平总书记重要论述精神，对于用好红色资源、赓续红色血脉，推动革命纪念馆高质量发展具有重要指导作用。

（一）深化红色资源价值理论，擘画保护利用方向

红色文化代表着党的初心和使命，红色资源集中反映了中国共产党领导人民百年来的艰苦奋斗与光辉历程，党的十八大以来，习近平总书记一直高度关注红色资源的保护、管理和运用，作出了一系列重要讲话和论述，他指出："红色资源是我们党艰辛而辉煌奋斗历程的见证，是最宝贵的精神财富"，"红色血脉是中国共产党政治本色的集中体现，是新时代中国共产党人的精神力量源泉"[①]，充分肯定了红色资源的价值和作用，并强调了赓续红色血脉、继承发扬红色基因的必要性，为新时代用好红色资源提供了根本遵循。

要用好红色资源，首先要正确认识红色资源的价值。从党的十八大以来，习近平总书记就提出了"红色基因"的概念，以说明红色资源的本质和传承先进思想因子的重要作用，如习近平总书记于2013年2月视察兰州军区时就首次提到"红色基因"，此后他在新疆军区、南京等地视察时也多次强调"要传承好红色基因，让红色基因代代相传"[②]；他还提出中共一大会址是"共产党人的精神家园"和"党的根脉"[③]、"一座博物馆就是一个大学校"[④] 等，从多个方面论述了红色资源的重要价值。在 2019～2022 年四年间，习近平总书记的重要论述又进一步深化了红色资源价值理论，主要分为三个方面。

1. 红色资源增进人民的政治认同、身份认同

习近平总书记一直重视红色基因的传承、红色血脉的延续，多次发表重

① 习近平在中共中央政治局第三十一次集体学习时强调 用好红色资源 赓续红色血脉 努力创造无愧于历史和人民的新业绩 [J]. 网络传播，2021（6）：6.
② 马静. 红色基因：提升国家治理主体能力的重要资源——学习习近平关于传承红色基因的重要论述 [J]. 红色文化学刊，2017，2（2）：20-28，109-110.
③ 习近平. 论中国共产党历史 [M]. 北京：中央文献出版社，2021.
④ 中共中央文献研究室. 习近平关于社会主义文化建设论述摘编 [M]. 北京：中央文献出版社，2017.

要讲话、作出重要指示，如强调"用好红色资源，传承红色基因"，"要用好这样的红色资源，讲好红色故事，搞好红色教育，让红色基因代代相传"，还在 2019 年考察鄂豫皖苏区首府烈士陵园时强调"革命纪念馆等是红色基因库""要讲好党的故事、革命的故事、英雄的故事，把红色基因传承下去，确保红色江山后继有人、代代相传"。"红色基因"是红色资源的本质，习近平总书记对红色基因代代相传的强调也彰显了红色资源的重要价值，即塑造和增进广大人民群众的身份认同和对中国共产党的政治认同。

对中国共产党的政治认同主要为对中国共产党历史功绩的认同以及对中国共产党领导的认同①。习近平总书记在考察中国工农红军西路军纪念馆时强调："新中国是无数革命先烈用鲜血和生命换来的。要深刻认识到红色政权来之不易，新中国来之不易，中国特色社会主义来之不易。"红色资源是中国共产党带领人民取得革命胜利的奋斗历程，是"我们党艰辛而辉煌奋斗历程的历史见证"，红色血脉是中国共产党政治本色的集中体现，红色基因则是中国共产党人的政治理念和思想道德的集中体现，彰显了革命优良传统与对共产主义理想信念的坚守，传承红色基因能唤起人民群众对党伟大历史功绩的认同，从而认同中国共产党的先进性。

同时红色资源也蕴藏着党和人民群众对于历史的集体记忆，是"团结广大人民群众和党员干部，凝聚社会共识、中国力量，实现中国梦的精神动力和力量源泉"②。红色资源可以激发人民爱国热情、凝聚民族精神力量、增强国家认同、形成社会共识，具有强大的价值引领功能。习近平总书记强调"要从红色基因中汲取强大的信仰力量"，"使红色基因渗进血液、浸入心扉，引导广大青少年树立正确的世界观、人生观、价值观"③，便是要求要认识到红色资源对于广大人民群众，尤其是青少年群体形成身份认同的重要作用。通过用好红色资源，可以引导群众树立正确的国家观、历史观、民族观、文化观，培育和践行社会主义核心价值观，不断增强人民群众对伟大祖国、中华民族、中华文化、中国共产党、中国特色社会主义的认同。

① 关灵. 高中思想政治课对学生中国共产党认同培育研究［D］. 重庆：西南大学，2021：17.
② 冯雅，吴寒，李刚. 论习近平红色资源观［J］. 图书馆论坛，2022，42（1）：1-12.
③ 习近平. 论中国共产党历史［M］. 北京：中央文献出版社，2021：254.

2. 红色资源具有强大的教育功能

习近平总书记对红色资源价值论的深化还体现在对革命文物和红色资源教育功能的进一步明确和强调。他提出要"发挥好革命文物在党史学习教育、革命传统教育、爱国主义教育等方面的重要作用",在《用好红色资源,传承好红色基因 把红色江山世世代代传下去》一文中强调"要抓好党史、新中国史的学习,用好红色资源,增强党性教育实效",在《用好红色资源 赓续红色血脉 努力创造无愧于历史和人民的新业绩》一文中他又提出:"围绕革命、建设、改革各个历史时期的重大事件、重大节点,研究确定一批重要标识地,讲好党的故事、革命的故事、英雄的故事,彰显时代特色,使之成为教育人、激励人、塑造人的大学校。"这句话明确指出要把革命纪念馆、革命旧址等红色标识塑造成开展革命传统教育、爱国主义教育的"大学校",强调了红色资源的教育功能以及红色场馆的社会教育机构属性。

习近平总书记对红色资源教育功能的进一步强调是基于红色资源的历史性。弘扬以伟大建党精神为源头的中国共产党人精神谱系,就必须用好红色资源。革命文物、红色资源是党性教育、爱国主义教育生动的历史教材,承载了中国共产党的优良革命传统和思想作风,在培养一代代党的优秀干部、培养一代代青少年成为中国特色社会主义事业的可靠接班人的过程中不断发挥着不可替代的重要作用。

3. 红色资源可以牢铸党和人民的理想信念

习近平总书记还从牢铸党和人民理想信念、坚定中国特色社会主义共同理想的维度来论述红色资源的价值。他曾强调:"我党之所以能够经受一次次挫折而又一次次奋起,归根到底是因为我们党有远大理想和崇高追求"[①],而中国共产党人的理想信念就凝聚在红色基因、红色血脉之中。2019 年 5 月 22 日,习近平总书记在江西考察时指出:"我们要从红色基因中汲取强大的信仰力量,增强'四个意识',坚定'四个自信',做到'两个维护',自觉做共产主义远大理想和中国特色社会主义共同理想的坚定信仰者和忠实

---

① 习近平. 在庆祝中国共产党成立 95 周年大会上的讲话 [N]. 人民日报, 2016 - 07 - 02 (2).

实践者，真正成为百折不挠、终生不悔的马克思主义战士。"2020年5月12日，习近平总书记在山西视察时表示，要"以丰富多彩的历史文化、红色文化资源为山西发展提供精神力量。"① 2022年10月27日，习近平总书记在瞻仰延安革命旧址时强调："在延安时期形成和发扬的光荣传统和优良作风，培育形成的以坚定正确的政治方向、解放思想实事求是的思想路线、全心全意为人民服务的根本宗旨、自力更生艰苦奋斗的创业精神为主要内容的延安精神，是党的宝贵精神财富，要代代传承下去。"②

"精神谱系""精神力量""精神财富""信仰力量"都是习近平总书记用来形容红色文化的高频词汇，红色资源是红色文化的载体，集中反映了共产党人为实现共产主义奋斗终身的崇高理想。习近平总书记对于红色资源、红色文化的论述为当代社会的我们重新催生强劲的动力，筑牢了人们的理想信念。红色资源中承载的光荣历史和崇高精神信念能够引导人们牢固树立共产主义远大理想和中国特色社会主义共同理想，弘扬伟大革命精神，树立正确的历史观、价值观、人生观，将自己的思想转化为积极向上的精神追求。

在深化阐释红色资源的价值理论以外，习近平总书记还始终如一地推动红色资源的保护、管理和运用工作，强调红色资源的活化利用。他提出对于红色资源"一定要用心用情用力保护好、管理好、运用好"的要求，并就保护、管理和运用作出顶层设计和理论方针指引，明确了要统筹规划革命文物、红色资源保护管理与开发运用，发挥它们的价值作用。

在《用好红色资源 赓续红色血脉 努力创造无愧于历史和人民的新业绩》一文中，习近平总书记全面系统地阐述了红色资源保护利用的原则与方法，为统筹红色资源的保护、管理、运用工作擘画了方向，并从加强科学保护、开展系统研究、打造精品展陈、强化教育功能等方面提出了红色资源保护、管理、运用的要求。在红色资源的科学保护方面，他提出要"深入开展红色资源专项调查，加强红色遗址、革命文物保护工作，统筹好抢救性保护和预防性保护、本体保护和周边保护、单点保护和集群保护等"；在开展系统研究方面，他指出要"统筹研究力量，强化研究规划，积极开展

---

① 习近平. 用好红色资源，传承好红色基因 把红色江山世世代代传下去［J］. 求是，2021（10）：4-18.
② 人民网. 习近平：高举中国特色社会主义伟大旗帜 为全面建设社会主义现代化国家而团结奋斗——在中国共产党第二十次全国代表大会上的报告［EB/OL］.［2022-10-25］. http：//jhsjk. people. cn/article/32551583.

革命史料的抢救、征集和研究工作，加强革命历史研究，深入挖掘红色资源背后的思想内涵，准确把握党的历史发展的主题主线、主流本质，旗帜鲜明反对和抵制历史虚无主义"；在打造精品展陈方面，他强调"坚持政治性、思想性、艺术性相统一，把好导向、聚焦主题，用史实说话，着力打造高质量精品展陈，增强表现力、传播力、影响力，生动传播红色文化"；在强化教育功能方面，他提出要"设计符合青少年认知特点的教育活动，建设富有特色的革命传统教育、爱国主义教育、青少年思想道德教育基地，引导他们从小在心里树立红色理想。"[1]

红色资源的保护、管理与开发运用具有统一的关系，需要统筹规划以把握尺度。习近平总书记曾在多次讲话中提及文物保护利用工作的"统筹"问题，他在早年的工作经验总结中就高瞻远瞩地提出了要正确处理红色资源保护与经济社会发展的关系、文物保护与旅游开发的关系[2]、老城区改造与保护文化遗产的关系、统筹红色根据地、爱国教育与红色旅游的关系，等等。习近平总书记此前提出的"统筹协调"观点，回答了红色资源保护开发运用的根本性问题，而他又分别在2021年3月30日全国革命文物工作会议召开前夕和2021年6月25日中共中央政治局就用好红色资源、赓续红色血脉举行第三十一次集体学习时，两次指示"保护好、管理好、运用好"红色资源和革命文物，将保护、管理和运用并列，从三个层面构建了从红色资源认识到实践的统一完整的理论体系，形成红色资源保护开发完整的逻辑关系。

除了保护红色资源以外，习近平总书记的论述中还突出了管理和运用二词。"管理好""运用好"红色资源的说法是习近平总书记在2021年3月首次提出，"管理"贯穿于红色资源保护运用的整个流程，其主体指向文物管理部门和文物业务部门，包括革命纪念馆、博物馆、烈士陵园等，要规划好、保障好、统筹好革命文物、红色资源的保护运用，提供资金、政策等支持，健全革命文物法规体系；"运用"则有"根据事物的特性加以利用""灵活变通以用之""灵活使用"的意思，比"利用"含义更为深刻，更强调依据对象的特性来灵活利用。习近平总书记提出的"运用"比"利用"

---

① 光明网. 在青少年心中埋下红色理想的种子［EB/OL］.［2022－12－16］. https：//m. gmw. cn/baijia/2021－06/29/34958190. html.

② 习近平. 干在实处走在前列［M］. 北京：中共中央党校出版社，2006：325.

更强调根据红色资源特点特性，在挖掘红色资源内涵的基础上灵活使用。在红色资源的保护开发过程中，要首先遵循"保护是第一位"的原则，对红色资源进行科学保护和管理，进而实现活化利用，将开发与利用统筹起来，不能顾此失彼，既不能过度保护，使红色资源丧失活力，也不能过度开发，使红色资源难以存续①。

习近平总书记对红色资源保护、管理、运用的要求也为革命纪念馆的革命文物保护利用工作树立了方向，革命纪念馆理当加强革命文物的科学保护和史料征集，提升红色文化研究实力，打造政治性、思想性、艺术性相统一的精品展陈，用心用情用力做好红色教育，用红色资源建设革命传统教育、爱国主义教育、青少年思想道德教育，服务高校立德树人，正确认识红色资源的价值，活化利用革命文物，讲好红色故事，传承红色基因，赓续红色血脉。

（二）明确保护作为运用前提，坚持全面整体保护

革命文物和红色资源承载光荣革命历史，是宝贵的、不可再生的文化遗产资源，其珍贵性不言而喻，因此做好革命文物、红色资源的保护工作既是革命纪念馆必然的历史责任，也是光荣的使命担当。习近平总书记多次指示要保护好红色资源，明确了对红色资源的保护是利用的前提。

1. 提出"保护是首要任务"

2016年4月习近平总书记对文物工作作出重要指示时，就强调要全面贯彻"保护为主、抢救第一、合理利用、加强管理"的工作方针，切实加大文物保护力度，推进文物合理适度利用，使文物保护成果更多惠及人民群众。此后亦多次强调"要加强红色资源保护和利用，尊重历史事实，准确评价历史，正确学史用史。"这将保护、抢救置于革命文物工作的首位，明确了保护作为运用前提。2021年3月30日在全国革命文物工作会议前夕，国务院原副总理孙春兰同志传达了习近平总书记的指示，他指出"加强革命文物保护利用，弘扬革命文化，传承红色基因，是全党全社会的共同责任。各级党委和政府要把革命文物保护利用工作列入重要议事日程"，这也

---

① 冯雅，吴寒，李刚.论习近平红色资源观［J］.图书馆论坛，2022，42（1）：1-12.

强调了革命文物保护利用工作的重要性。2021 年 6 月 25 日习近平总书记在中央政治局第三十一次集体学习的讲话中指出，"红色资源是不可再生、不可替代的珍贵资源，保护是首要任务"，再次强调了对于红色资源、革命文物应把保护作为首要工作。

对于红色资源、革命文物的保护工作，习近平总书记在态度和方法层面都提出了明确要求。在态度层面，习近平总书记强调对于红色资源的保护"要本着对历史负责、对人民负责的态度"，要"用心用情用力"，强调加强对革命文物的保护利用是"全党全社会的共同责任"，牢固树立全党全社会对于保护文物的责任心，以保护文物为己任。在方法与方针层面，习近平总书记指示，保护红色资源要"深入开展红色资源专项调查，加强红色遗址、革命文物保护工作，统筹好抢救性保护和预防性保护、本体保护和周边保护、单点保护和集群保护等。"根据习近平总书记的指示，要坚持预防性和抢救性保护并重的原则。首先要开展专项调查，摸清家底，对革命文物、红色遗址等的调查要全覆盖；其次要加强革命文物的征集行动，面向全国全社会征集重大历史事件、重要人物和爱国志士先进事迹的实物与资料，并开展红军长征史迹、红色交通线旧址等系列调查活动，充分挖掘革命文物的线索，前往全国各地拜访老红军及其子女，抢救老红军留下的宝贵的革命物品，抢救性征集红军及其后人的"口述史"材料；另外要进一步健全完善革命文物保护机制，做好革命文物的修复工作，针对馆藏可移动文物、革命遗址等不可移动文物的不同质地、不同特点、不同现状，采取"一物一策"的方式，制定行之有效的针对性保护措施，对破损的革命文物组织专业人员及时修缮，并建立革命文物数字档案，将损坏的革命文物进行数字还原，搭建数字化革命文物平台。

习近平总书记还强调要兼顾本体保护和周边保护、单点保护和集群保护，维护文物资源的历史真实性、风貌完整性、文化延续性。因此根据习近平总书记的指示精神，要着力优化红色资源保护措施，加强革命历史文化名城、名镇名村、历史文化街区的整体保护，一方面坚决杜绝大拆大建、拆真建假，积极采用微改造"绣花"功夫，注重文明传承、文化延续，让城市留下记忆，让人们记住乡愁；另一方面推动在城市更新前对老建筑进行普查甄别，及时开展保护对象认定公布工作，完善文物资源管理和普查登录等制度，建设国家革命文物资源大数据库，建好管好革命文物保护利用片区，提升文化遗产集群保护管理水平①，让革命精神、红色文化世代传承。

2. 推进革命文物整体保护

习近平总书记有关文物保护利用的重要论述为革命文物保护明确了方向，在习近平总书记的关心指导下，国家对于革命文物、红色资源的保护利用的一系列政策、专项条例和规划陆续出台。2019 年 1 月 15 日，为贯彻落实《国务院关于进一步加强文物工作的指导意见》和中共中央办公厅、国务院办公厅《关于实施革命文物保护利用工程（2018—2022 年）的意见》《关于加强文物保护利用改革的若干意见》，进一步加强对革命旧址保护利用的规范和指导，国家文物局组织编制和印发了《革命旧址保护利用导则（2019）》②，对革命文物旧址的管理、保护、展示、教育等方面进行规范，进一步加强对革命旧址保护利用的规范和指导。2019 年 3 月，中宣部、财政部、文化和旅游部、国家文物局公布革命文物保护利用第一批片区分县名单，确定了 15 个革命文物保护利用片区，涉及 20 个省份的 110 个市、645 个县。

2022 年 1 月国家文物局印发的《革命文物保护利用"十四五"专项规划》提出，革命文物保护利用的主要工作第一条便是推进整体保护，即持续开展革命文物资源普查，重点开展反映"四史"的革命文物专项调查。分批公布革命文物名录，及时将重要革命旧址核定公布为各级文物保护单位，在国土空间规划中落实保护革命文物的空间管制措施。做好革命文物征集、定级工作。建成全国革命文物大数据库，规范数据管理，推动开放共享。加强革命旧址保护维修和馆藏革命文物保护修复。全面推进革命文物保护利用片区工作，强化整体规划、连片保护、统筹展示、梯次利用。加强长征文化遗产线路保护。落实革命文物定期风险排查和日常养护管理制度，推动各地加大省级以下革命文物保护力度。推动建设革命文物建筑消防系统，对火灾风险突出的重要革命文物建筑实现消防设施建设全覆盖，筑牢文物安全底线。③并且就革命文物整体保护提出具体要求。

---

① 中共中央宣传部文化和旅游部国家文物局. 中共中央宣传部文化和旅游部国家文物局印发关于贯彻落实全国文物工作会议精神的通知［N］. 中国文物报，2022 - 08 - 23（001）.
② 国家文物局. 国家文物局关于印发《革命旧址保护利用导则（试行）》的通知［EB/OL］.［2023 - 03 - 11］. http：//www. ncha. gov. cn/art/2020/9/15/art_2407_128. html.
③ 革命文物保护利用"十四五"专项规划［N］. 中国文物报，2022 - 01 - 04（003）.

第一，革命文物大数据库建设工程。用好大数据、云计算、人工智能技术，建成全国革命文物数据统一共享开放平台，实现革命文物资源数据信息的分级填报、分级审核、统计分析和实时更新、动态管理、便捷检索。

第二，革命文物保护利用片区建设工程。以 37 个革命文物保护利用片区为抓手，全面完成片区工作规划编制工作，明确片区革命文物连片保护、整体展示、融合发展的主题提炼、空间结构和项目布局，健全革命文物领域跨部门合作、跨区域协调的推进机制，重点推进 5～10 个革命文物保护利用片区工作，有序实施一批革命文物保护展示项目，鼓励地方创新实践。

第三，革命文物主题保护展示工程。以实现中华民族伟大复兴的奋斗历程为主线，聚焦见证近代以来中国人民争取民族独立和人民解放的伟大斗争、中国共产党领导中国人民救国兴国强国的伟大贡献，着力提升重大事件、重要会议、重要机构、重要人物遗址遗迹以及著名英烈纪念设施保护展示水平。重点开展反映辛亥革命、建党建军、长征、东北抗联、抗美援朝、"两弹一星"等主题的革命文物保护展示工程。

第四，省级以下革命文物保护工程。结合革命老区、民族地区振兴发展，遴选 20～30 个市县级文物保护单位和未核定公布为文物保护单位的不可移动革命文物分布集中的市县为试点，推动地方人民政府落实主体责任，全面摸清其保存状况，实施一批抢救性保护项目，在政策保障、经费支持、管理机制上积累经验、辟出新路，有效改善省级以下不可移动革命文物保护状况。

第五，馆藏革命文物保护工程。强化科技支撑，重点加强材质脆弱、病害严重的馆藏革命文物本体保护修复。切实加大市县级博物馆、纪念馆的馆藏革命文物预防性保护力度，推进其保存环境达标建设。示范开展馆藏革命文物数字化保护。

由习近平总书记的指示批示和根据习近平总书记指示批示精神出台的《革命文物保护利用"十四五"专项规划》等相关文件来看，目前仍迫切需要加强革命文物资源整合、统筹规划和整体保护，坚持科学规划、分级保护、分类管理、有效利用的原则。全国各省市应当尽快制定革命文物保护利用总体规划和专项规划，着力加强革命文物保养维护，开展革命文物研究性保护项目，因地制宜、利用数字化等技术手段实施革命旧址维修保护行动计划和馆藏革命文物保护修复计划，加强革命文物安全防范设施建设。除了在本地加强革命文物保护工作以外，应当加强相邻片区间的合作交流，共同开展革命文物保护利用研究、影视文艺创作、红色旅游等活动，推动革命文物保护管理和传承利用协同发展。

（三）坚持红色文化底色不变，服务"四史"学习教育

习近平总书记反复强调"把红色资源利用好、把红色传统发扬好、把红色基因传承好"[①]，指示要"发挥好革命文物在党史学习教育、革命传统教育、爱国主义教育等方面的重要作用，激发广大干部群众的精神力量"。如何活化运用红色资源，讲好红色故事，使之在新时代焕发光彩，发挥立德树人的重要作用，将红色文化融入思政教育，引导党员不忘初心、牢记使命，引导广大青少年争做堪当民族复兴重任的时代新人，把红色江山世世代代传下去，是新时代党性教育、高校思想政治教育的重要理论和实践命题。

1. 确保红色江山永不变色

红色资源进行运用的前提是坚持红色底色不变，习近平总书记此前多次强调中华人民共和国是红色的，不能淡化这个颜色。2019年9月习近平总书记在河南考察调研时就提出"要讲好党的故事、革命的故事、根据地的故事、英雄和烈士的故事，加强革命传统教育、爱国主义教育、青少年思想道德教育，把红色基因传承好，确保红色江山永不变色"。2021年6月25日在中共中央政治局组织集体学习时习近平总书记在讲话中明确提出，"红色是中国共产党、中华人民共和国最鲜亮的底色，在我国960多万平方公里的广袤大地上红色资源星罗棋布，在我们党团结带领中国人民进行百年奋斗的伟大历程中红色血脉代代相传。每一个历史事件、每一位革命英雄、每一种革命精神、每一件革命文物，都代表着我们党走过的光辉历程、取得的重大成就，展现了我们党的梦想和追求、情怀和担当、牺牲和奉献，汇聚成我们党的红色血脉"。因此，红色资源的活化运用首先就是要保留我国的红色血脉，革命纪念馆更是必须充分认识和提炼自身的红色文化底蕴，完成保留自身红色底色，进而保留中华人民共和国红色底色的历史任务。

---

① 人民网. 习近平：贯彻全军政治工作会议精神 扎实推进依法治军从严治军［EB/OL］.［2022 – 12 – 16］. http：//jhsjk. people. cn/article/26213284.

红色资源开发运用的目的和根本要求都是保留红色底色。红色文化是党和人民为实现民族复兴而不断创造的历史产物，最能体现党带领人民开辟伟大道路、创造伟大事业、取得伟大成就的鲜明政治品格，是中国共产党人的政治标识，红色资源与其他历史文化资源的显著区别就是其中红色所代表的先进性和革命性①。因此，对红色资源的开发运用首先要保证"红色底色"，重视在精神内涵层面传达共产党人的初心使命、品格气质、人民情怀，让人民从红色文化传播、红色教育中体会到革命、建设年代的艰苦与改革开放时代的奋进，接收到红色资源所体现的精神力量，在新时代树立自强不息的理想信念。

2. 活化运用红色资源，赋能"四史"教育

以史为鉴，可以知兴替。习近平总书记指出："历史是最好的教科书，也是最好的清醒剂。"② 2020 年 1 月 8 日，习近平总书记在"不忘初心、牢记使命"主题教育总结大会上首次提出"四史"学习的概念，他强调"要把学习贯彻党的创新理论作为思想武装的重中之重，同学习马克思主义基本原理贯通起来，同学习党史、新中国史、改革开放史、社会主义发展史结合起来，同新时代我们进行伟大斗争、建设伟大工程、推进伟大事业、实现伟大梦想的丰富实践联系起来，在学懂弄通做实上下苦功夫，在解放思想中统一思想，在深化认识中提高认识，切实增强贯彻落实的思想自觉和行动自觉。"③ 习近平总书记在 2021 年 6 月 1 日出版的第 11 期《求是》杂志上发表了重要文章《学好"四史"，永葆初心、永担使命》，文章强调："希望广大党员特别是青年党员认真学习马克思主义理论，结合学习党史、新中国史、改革开放史、社会主义发展史，在学思践悟中坚定理想信念，在奋发有为中践行初心使命，努力为实现'两个一百年'奋斗目标、实现中华民族伟大复兴的中国梦贡献智慧和力量。"④ 党史、新中国史、改革开放史、社会主义发展史是一剂富含真理营养、精神营养、红色基因营养的营养剂。全

---

① 张锋，王跃. 红色文化让思政教育"活"起来 [J]. 江苏教育，2021（Z7）：14-17.
② 人民网. 习近平在纪念全民族抗战爆发七十七周年仪式上的讲话 [EB/OL].[2022-07-07]. https://www.gov.cn/xinwen/2014-07/07/content_2713674.htm.
③ 人民网. 习近平在"不忘初心、牢记使命"主题教育总结大会上的讲话 [EB/OL].[2022-06-30]. http://jhsjk.people.cn/article/31765104.
④ 习近平. 学好"四史"，永葆初心、永担使命 [J]. 中国人大，2021（11）：6-9.

国各级领导干部、广大党员可以在"四史"学习教育中，搞清楚历史事件的来龙去脉，把握"制度优势是党和国家的最大优势"；在不忘初心的历史回顾中，审时度势、明辨是非，找到破解当前问题的"金钥匙"；在改革开放历史的考量中，探索新时代产业振兴、科技创新、生态保护、区域一体化等重大课题的发展路径。

红色资源是加强党性教育、党员四史教育的生动教材，习近平总书记一直重视红色资源的活化利用，强调要发挥红色资源服务党性教育、"四史"教育的重要功能，他指示："要把红色资源作为坚定理想信念、加强党性修养的生动教材，教育引导广大党员、干部永葆初心、永担使命"，"要充分运用红色资源，深化党史学习教育，赓续红色血脉"。习近平总书记指出要把有标识性的红色场所作为提供党性教育、"四史"学习的"大学校"，革命博物馆、纪念馆、烈士陵园、红色旧址等革命历史纪念场所作为红色基因库，是中国共产党人的精神家园，要用好用足"革命老区，党史事件多、红色资源多、革命先辈多，开展党史学习教育具有独特优势"的天然条件，丰富红色教育载体。他在参观四平战役纪念馆时说道："我们一定要牢记革命先辈为中国革命事业付出的鲜血和生命，牢记新中国来之不易。创业难，守业更难。广大党员、干部和人民群众要很好学习了解党史、新中国史，守住党领导人民创立的社会主义伟大事业，世世代代传承下去"①；在参观中国人民革命军事博物馆时强调："要深入学习宣传中国人民志愿军的英雄事迹和革命精神，学好党史、新中国史、改革开放史、社会主义发展史。"②

除了依靠红色物质文化遗产外，习近平总书记还着重强调老同志老党员和"红军后代、革命烈士家属传承革命精神有说服力和感染力"③，要在党史学习教育中发挥应有作用。在原中央苏区、鄂豫皖苏区等地与先烈家属和后代座谈时，习近平总书记总是鼓励大家要在讲好红色故事、传承红色基因方面发挥积极作用，"把先辈们的英雄故事讲给大家听，讲给年轻一代听，

① 人民网．习近平在吉林考察时强调：坚持新发展理念深入实施东北振兴战略　加快推动新时代吉林全面振兴全方位振兴［EB/OL］．［2022－07－25］．http：//jhsjk．people．cn/article/31797420.
② 人民网．习近平：在新时代继承和弘扬伟大抗美援朝精神　为实现中华民族伟大复兴而奋斗［EB/OL］．［2022－07－25］．http：//jhsjk．people．cn/article/31897908.
③ 人民网．习近平：坚定信心埋头苦干奋勇争先　谱写新时代中原更加出彩的绚丽篇章［EB/OL］．［2022－09－19］．http：//jhsjk．people．cn/article/31361035.

激励人们坚定不移跟党走，为实现美好生活而奋斗"①。另外，习近平总书记还很重视宣讲工作对于红色文化传播的重要作用，革命历史纪念场所讲解人员承担着重要的宣讲教学工作，他总会在考察参观纪念馆时关怀慰问讲解人员，并勉励大家从党的光辉历史中汲取奋进的力量，在为党和人民事业不断做出贡献的同时书写好自己的人生篇章②。

习近平总书记强调，"学史力行是党史学习教育的落脚点，要把学史明理、学史增信、学史崇德的成果转化为改造主观世界和客观世界的实际行动。"③他还强调："要在锤炼党性上力行，教育引导广大党员、干部发扬党的光荣传统、赓续红色血脉，用伟大建党精神滋养党性修养，坚定理想信念，不断提高政治判断力、政治领悟力、政治执行力，胸怀'国之大者'，始终用党性原则修身律己，切实以坚强党性取信于民、引领群众。"④党员干部通过参观红色资源，学习历史故事应当认识到"对一切为党、为国家、为人民作出奉献和牺牲的英雄模范人物，我们都要发扬他们的精神，从他们身上汲取奋发的力量，共同为推进中国特色社会主义伟大事业、实现中华民族伟大复兴的中国梦而顽强奋斗、艰苦奋斗、不懈奋斗"⑤，从而守护好我们党的根脉。革命传统和伟大精神"过去是、现在是、将来仍然是我们党的宝贵精神财富，永远不会过时……任何一个民族都需要有这样的精神构成其强大精神力量，这样的精神无论时代发展到哪一步都不会过时"。⑥

习近平总书记除了强调运用好红色资源服务党史教育，还强调要在全社会开展"四史"教育。2021年3月7日习近平总书记在参加十三届全国人大四次会议青海代表团审议时提到："在党史学习教育中，要充分运用红色资源，教育引导广大党员、干部坚定理想信念、筑牢初心使命，不断增强斗争精神、提高斗争本领，做到在复杂形势面前不迷航、在艰巨斗争面前不退缩。要通过在全社会开展党史、新中国史、改革开放史、社会主义发展史教

①③ 人民网．习近平在西藏考察时强调 全面贯彻新时代党的治藏方略 谱写雪域高原长治久安和高质量发展新篇章［EB/OL］．［2022－07－24］．http：//jhsjk．people．cn/article/32168440．

② 人民网．南湖革命纪念馆馆员：讲好革命故事 传承"红船精神"［EB/OL］．（2022－12－29）［2023－10－02］．http：//politics．people．com．cn/n1/2017/1229/c1001－29735171．html．

④⑤ 人民网．习近平春节前夕赴江西看望慰问广大干部群众［EB/OL］．［2022－02－04］．http：//jhsjk．people．cn/article/28109432．

⑥ 人民网．党的伟大精神永远是党和国家的宝贵精神财富［EB/OL］．［2022－08－31］．http：//jhsjk．people．cn/article/32213603．

育，引导广大人民群众特别是青少年弄清楚中国共产党为什么'能'、马克思主义为什么'行'、中国特色社会主义为什么'好'等基本道理，坚定不移听党话、跟党走，在全面建设社会主义现代化国家伟大实践中建功立业。"① 当下我们仍旧迫切需要深化红色资源、革命文物价值挖掘阐释传播，迫切需要出发挥其服务大局、资政育人和推动发展的独特作用。同时，充分发挥互联网在"四史"宣传教育中的重要作用，通过网络文学、网络视频、网络动漫等新颖形式，讲好党的故事、革命的故事、英雄的故事，厚植爱党、爱国、爱社会主义的情感，让青少年切身感受党和国家事业发展的艰辛历程、巨大变化、辉煌成就，激励青少年铭记党的光辉历程、传承光荣革命传统，让红色基因、革命薪火代代传承。

---

① 人民网．习近平参加青海代表团审议［EB/OL］．［2022－03－7］．http://jhsjk.people.cn/article/32045096.

第二章

革命文物工作协同管理体系的形成

协同管理将系统看作一个有机整体，在这个系统中涉及的个体、组织、资源都紧密关联，通过协调配合为完成系统目标发挥最大的效益。我国纪念馆的革命文物工作在近几年的发展中逐步构建了以纪念馆为载体、以保护利用为目标、以革命文物机构队伍为架构、以政策落实和多途径治理为抓手、以资源投放为推动力的协同管理体系。

一、革命文物机构队伍建设取得重大突破

机构队伍建设是革命文物事业发展之根本。通过自上而下的革命文物管理队伍建设形成发展合力，通过建立革命文物综合协调机制实现多向赋能，通过革命文物行业组织设立凸显引导示范效果，国家革命文物机构队伍协同工作取得了重大进展。

（一）构建了自上而下的革命文物管理队伍

中央广播电视总台中国之声《百位专家谈中国制度》曾推出的《中国治理的特色在于自上而下的管理和自下而上的自治》解读了中国治理体系的最大优势就是集中力量办大事，国家自上而下的引导作用与基层自下而上的能动作用结合起来，形成两方面的合力可以促进任务更高效地完成。革命文物的管理队伍建设正是遵循了国家治理体系构建的这一特性，在实践中逐

渐形成了革命文物工作党委领导、政府主导、部门协作、社会参与的格局，凝聚并发挥了顶层与基层的合力。

2019 年 12 月 30 日至 31 日，全国文物局长会议在北京召开。12 月 30 日，国家文物局网站发布《改革创新行稳致远——盘点文物工作 2019 年亮点和 2020 年要点》，明确提出中央已批准国家文物局成立革命文物司，核增行政编制 15 名，与之相应，江西、福建、陕西等省级文物行政部门也增设革命文物处。这标志着革命文物行政机构从无到有，革命文物保护工作也开启了新阶段。

国家文物局印发《革命文物保护利用"十四五"专项规划》（以下简称《专项规划》），为革命文物保护管理运用体系的建设确立了主要任务和实施保障，在中央号召下，截至 2023 年 3 月，26 个省级、32 个市级文物主管部门设立革命文物处（科）[①]，逐步形成了政府负责、部门协调、社会合作的革命文物保护的工作格局，革命文物管理机构、机制基本建立。如山东省成立了全国首个省级红色文化保护传承工作协调机制，将文物保护巡查列入公益性公共管理类岗位，2022 年 3 月，山东省人力资源和社会保障厅、山东省文化和旅游厅印发《关于组建齐长城巡护公益性岗位队伍的通知》，提出依据齐长城沿线 7 市的长度和巡护任务量，全省共设置 860 个齐长城巡护公益性岗位；2023 年 5 月，山东省人力资源和社会保障厅、山东省文化和旅游厅联合印发《关于设置文保单位巡查看护公益性岗位的通知》，在全省设置 1700 余个公益性岗位，用于全国重点文物保护单位、省级文物保护单位巡查看护工作。

在革命文物管理队伍建设的过程中，也显现出了一些问题。譬如，地方政府机构改革后，文化局和旅游局合并为文化和旅游局，简称文旅局，市级与县级的文物机构也由原先归口文化局划归至文旅局，虽然全国文物机构改革整体上加强了革命文物管理队伍的建设，但也存在市级和县级文物机构整合导致的职责划分粗略笼统、人才不足、老龄化突出等问题。这些问题也逐渐得到行业的重视，各省级文物机构开始自发解决，如陕西省最新施行的《陕西省革命文物保护利用条例》中针对革命文物保护责任划分不到位易造

---

① 李元梅. 新时代新作为：革命文物工作取得重要进展［EB/OL］.［2023 - 03 - 31］. http：//www. ncha. gov. cn/art/2023/3/31/art_722_180699. html.

成的出现问题相互推诿的情况，将职权划分直接明确到部门，从而保证各部门工作的明确性和专业性。

（二）形成了革命文物工作的综合协调机制

革命文物工作的综合协调机制首先在国家层面形成，然后逐步推广到各省、自治区、直辖市。各级文物主管部门在各级党委和政府的领导下，依据国家文物局印发的《专项规划》，"加强与宣传、党史文献、发展改革、教育、科技、财政、文化和旅游、退役军人事务等部门沟通协作，形成合力"。国家文物局在此方面首先展现了突出的示范效果。

在党史研究方面，国家文物局与中央党史和文献研究院、中央档案馆（国家档案馆）等机构在深挖革命文物背后历史细节、拓展革命文物教育功能方面协同合作，比如由国家广播电视总局组织，中央党史和文献研究院、中央档案馆（国家档案局）、国家文物局、中国社会科学院等指导的大型主题电视节目《时间的答卷》，以革命文物为载体，结合现代艺术形式，在展现了文物历史积淀的同时刻画出时代价值。

在财政支持方面，国家文物局、财政部联合印发《关于加强新时代革命文物工作的通知》，提出切实加大省级及省级以下革命文物保护力度，并对文物保护项目的补助向革命文物项目加大倾斜，2018～2020年共下达资金预算合计17.8亿元，支持实施约600个革命文物保护项目[①]；2021年安排国家文物保护资金64亿元，支持全国不可移动文物保护单位保护、考古发掘和珍贵可移动文物保护等项目。[②]

在资源共享方面，国家文物局与退役军人事务部于2022年7月在香山纪念馆签订了战略合作协议，退役军人事务部在大力推进烈士纪念设施规划建设的同时，与国家文物局通过红色资源的保护利用，在政策规划衔接、信息共享管理、人才培育等方面实现双向赋能。

在教育推进方面，2021年以来国家文物局联合教育部陆续发布了《充分运用革命文物资源加强新时代高校思想政治工作》《关于实施考古学国家急需高层次人才培养专项的通知》《关于利用博物馆资源开展中小学教育教

---

① 王珏. 革命文物，绽放时代光彩［N］. 人民日报，2021－04－07（014）.
② 财政部. 中央财政支持加强历史文化遗产保护情况［EB/OL］.［2022－12－31］. http://jkw. mof. gov. cn/gongzuodongtai/202112/t20211231_3780328. htm.

学的意见》等文件，明确了将革命文物资源积极转化为教育资源、及时补充革命文物研究的后备力量、促进博物馆纪念馆资源与中小学教育有效对接等工作布局。

在国家有效引导下，各省市自治区也积极与各部门综合协调并卓有成效。比如，贵州省文旅厅 2018 年以来，共安排 2.7 亿元资金以支持 139 个革命文物保护展示项目，其中 2021 年支持 66 个项目、1.4 亿元①，共改善了遵义会议会址、四渡赤水战役旧址、川滇黔省革命委员会旧址等大批革命文物的状况。再如，福建省文旅厅联合省委宣传部、省发改委、省财政厅、省人社厅、省文物局等 7 部门制定《关于贯彻落实〈文化和旅游部等部委关于进一步推动文化文物单位文化创意产品开发的若干措施〉的通知》，鼓励文化文物单位活用文物资源，融合多方力量，将革命文物工作的一部分聚焦于文化创意产品。

（三）行业机构组织治理功能日益彰显

1935 年 5 月 18 日，第一个全国性的博物馆机构组织"中国博物馆协会"在北京景山诞生，之后以博物馆各领域研究为目的委员会先后成立，包括市场推广与公共关系专业委员会、博物馆管理专业委员会、传媒专业委员会等 35 个协会的分支机构，延伸了博物馆的内涵，委员会通过各项活动引导行业创新。其中，中国博物馆协会纪念馆专业委员会（以下简称"纪念馆专委会"）也是重要的组成部分，纪念馆专委会于 2007 年 5 月受中国博物馆协会委托，由中国人民抗日战争纪念馆牵头，联合侵华日军南京大屠杀遇难同胞纪念馆等数十家著名纪念馆联合发起成立，围绕爱国主义教育和国防教育事业发展、红色旅游以及国内外纪念馆合作交流展开工作，截至 2021 年 4 月，共有会员单位 237 家②，有效促进了纪念馆行业的发展。

纪念馆专委会是纪念馆行业机构组织发展的开端，近几年纪念馆相关机构组织也开始朝着细分化、专业化方向发展。2021 年在南京举行的中国革命纪念馆高质量发展峰会上，针对《关于实施革命文物保护利用工程

---

① 穆小敏. 2021 年贵州投入 1.4 亿 支持 66 个革命文物保护项目［EB/OL］.［2022 - 06 - 23］. https：//www. gzstv. com/a/fbef5bc8075847f4adff3d5b31333a84.
② 中国博物馆协会. 纪念馆专业委员会［EB/OL］.［2022 - 04 - 06］. https：//www. chinamuse-um. org. cn/cma/detail. html？ id = 10&contentId = 23.

（2018—2022 年）的意见》"鼓励同一类型革命文物保护管理机构加强协作"的工作要求，中国文物交流中心联合全国二十余家革命类博物馆纪念馆、革命旧址保护管理机构共同成立全国革命文物展示联盟。该联盟以习近平总书记关于革命文物工作重要指示精神为根本遵循，在促进革命文物展示、推动革命文物保护管理方面发挥应有之用。成立以来，革命文物展示联盟先后支持或举办了系列活动，如表 2 - 1 所示，积极发挥行业治理能力，主动承担起推动行业发展的重任。

表 2 - 1　　　　革命文物展示联盟自成立以来先后支持的系列活动

序号	主题	类型	时间
1	"不忘来时路"	系列专题节目	2021 年 8 月
2	红色印记——革命文物背后的故事	主题展	2021 年 11 月
3	旗帜飘扬——党旗国旗军旗诞生珍贵史料展	主题展	2022 年 1 月
4	全国革命文物陈列展览线上培训班	免费公益课程	2022 年 5 月 6 ~ 11 日

二、革命文物政策体系日趋完善

革命文物政策体系的建立以强化支持、优化供给为发展思路，从制度建设、展览规划、行业标准三个方面进行体系构建，在政策体系日臻完善中，革命文物的保护利用工作得以顺利开展并取得成效。

（一）保护利用的宏观制度体系

我国对于革命文物保护利用的宏观体系制度建设是循序渐进、稳中求进的。1931 年，中华苏维埃第一次全国代表大会制定了《中国工农红军优待条例》，提出"死亡战士之遗物应由红军机关或历史博物馆陈列，以示纪念"。这一规定是我党领导政权保护革命文物的滥觞。新中国成立至 20 世纪初，我国对于革命文物的保护利用更多的是从全局出发，涉及的文物保护制度也以所有文物为对象，如 1982 年第五届全国人民代表大会常务委员会第二十五次会议通过的《中华人民共和国文物保护法》，弥补了《文物保护管理暂行条例》的不足，从法律层面完善了文物保护政策。从 2004 年起，国家对于革命文物的保护利用具有更明确的目标和举措，中共中央、国务院发布了一系列关于革命文物资源保护及利用的相关文件，如在中央宣传部协调下，国家文物局等 10 部门在调查研究后，联合印发的《关于加强革命文物工作的若干意见》等；通过公布全国重点文物保护单位、全国爱国主义教育示范基地，有效改善革命文物保护的基础设施条件；国务院发布《关于开展第三次全国文物普查的通知》，要求在第三次全国文物普查中做好革命文物的征集、建档、保管和保护工作。

除了指导意见与规范条例，革命文物的法律保护工作也是重点之一。从 1982 年《文物保护法》发布以来，我国的文物保护的法律法规制度不断完善，逐渐形成了以宪法为核心，辅之以《文物保护法》《文物保护法实施条例》以及地方性文物保护法规等的文物保护法律体系。并且在党的十八大以来，文物保护的法律体系得到了完善和发展①，陆续发布了《关于进一步加强文物工作的指导意见》《关于进一步加强文物安全工作的实施意见》《关于加强文物保护利用改革的若干意见》等多份指导文件，为全面加强文物保护利用工作指明了新时代的发展方向。全国各省市在中央的号召下也及时发布实施地方性法规，自觉对革命文物的法规制度进行增强与补充，如 2021 年 7 月《河北省人民代表大会常务委员会关于加强革命文物保护利用的决定》正式实施②；2021 年 11 月 19 日江西省第十三届人民代表大会常务委员会第三十四次会议通过《江西省革命文物保护条例》；2022 年 12 月 1 日，陕西省第十三届人民代表大会常务委员会第三十七次会议表决通过了《陕西省革命文物保护利用条例》，这些地方性法规与全国性革命文物法规、保护条例等构成了具有中国特色、具有地方特色的革命文物保护法规体系，成为革命文物保护的有力支撑。

（二）事业发展的战略规划体系

党的十八大以来，习近平总书记对革命文物的保护利用念兹在兹，对革命旧址、革命博物馆纪念馆考察 50 余次，并多次对革命文物保护利用作出

---

① 李晓东. 革命文物保护法规创建发展述略（下）[J]. 中外文化交流，2020（3）：2.
② 蔡洪坡. 全国首个规范革命文物保护利用省级地方性法规 7 月 1 日起实施 [N]. 河北经济日报，2021 - 07 - 02（006）.

重要指示批示。国家文物局印发的《专项规划》的通知，以及中共中央办公厅和国务院办公厅印发的《关于实施革命文物保护利用工程（2018—2022年）的意见》（以下简称《意见》），两个文件从主要任务和实施保障等方面，从全局角度对革命文物的保护利用工作提出了高质量发展的战略规划。

2022年作为《意见》的收官之年，经过五年的努力与坚持，革命文物保护利用工作的夯实基础工作、加大保护力度、拓展利用途径、提升展示水平、创新传播方式等五大主要任务圆满完成，对于革命文物保护的工作更是在不断夯实基础中实现了质的飞跃。第一，全国登记的不可移动革命文物达到3.6万处、国有可移动革命文物超过100万件/套，革命博物馆纪念馆1600多家，全国重点文物保护单位革命旧址开放率达到94%[1]；第二，中央宣传部、财政部、文化和旅游部、国家文物局公布两批革命文物保护利用片区分县名单，名单中的37个片区覆盖了31个省（区、市）268个市1433个县[2]；第三，五年中央财政累计投入革命文物保护利用经费40多亿元；第四，以北大红楼、上海中共一大会址、遵义会议会址、香山革命纪念地旧址为代表的革命文物保护展示和环境整治工程300多项。[3]

协同中央、各省市自治区在贯彻落实国家对于革命文物片区规划策略精神的前提下，各地自主探索革命文物保护利用事业的总体规划和实现路径，包括了编制革命文物名录、设立专项经费抢救性保护红色资源、实施革命文物保护项目等方式。例如，信阳市委宣传部、市文广旅局联合印发《信阳市革命文物保护利用三年行动计划（2022—2024）》，明确了本市革命文物工作的任务书和路线图；重庆市委宣传部、市文化旅游委印发《重庆市革命文物保护利用总体规划》提出实施"重点保护、展示陈列、基础支撑、传承传播、文旅融合"等五个革命文物保护利用工程，明确了拟实施的162个具体项目。此外，还有部分革命文物资源大省，针对本地区革命文物数量多、分布广等特性，对革命文物实行集中连片保护利用工程，并积极开展跨

---

① 朱宁宁. 革命文物家底基本摸清保护状况持续改善 保护革命文物助力赓续红色基因［N］. 法治社会，2022 – 05 – 17（07）.

② 张贺. 摸清资源家底、设计主题活动，第二批革命文物保护利用片区分县名单公布——红色文物 在创新传承中活起来［N］. 人民日报，2020 – 07 – 02（012）.

③ 国家文物局. 国家文物局举行第四季度例行新闻发布会［EB/OL］.［2022 – 12 – 28］. http：//www.scio.gov.cn/xwfb/bwxwfb/gbwfbh/wwj/202307/t20230703_722003.html.

区域联合保护的行动计划，例如安徽省组织编制《大别山区革命文物保护利用战略规划》，进一步改善了大别山革命旧址群的革命文物保护情况。

（三）公共服务的行业标准体系

2003 年，国家文物局印发了《近现代文物征集参考范围》和《近现代一级文物藏品定级标准（试行）》，一大批具有重要价值的可移动革命文物得到收藏保护。

2018 年，中共中央办公厅、国务院办公厅印发《关于建立健全基本公共服务标准体系的指导意见》的通知（以下简称《指导意见》），明确了国家基本公共服务的质量要求，包括了"文体服务保障"，其中"为中小学生放映爱国主义教育影片""推动公共文化设施免费开放或优惠开放"是革命纪念馆可以且应当负起的责任。在此基础上，国家发展和改革委员会联合文化和旅游部等多部门于 2021 年 4 月发布《国家基本公共服务标准（2021 年版）》，进一步明确了公共文化服务的主要范围，其中与革命文物工作最为相关的是"公共文化设施免费开放"。据统计，"十三五"期间共有 31 个省（区、市）制定了具体实施标准；五年间，中央财政安排相关资金 470.56 亿元，支持全国包括博物馆、纪念馆在内的 5 万余个文化场馆免费开放和提供公益性讲座、展览等基本公共文化服务。①

针对《指导意见》中提到的"明确政府在公共服务中兜底职能"和"制定中央与地方共同财政事权基本公共服务保障国家基础标准"，财政部印发《中央对地方博物馆纪念馆免费开放补助资金管理办法》的通知，明确规定了就博物馆纪念馆免费开放补助资金支出范围、支出内容与分配方式、申报与审批等，主要用途中包括列入中央免费开放名单馆的运转经费补助、陈列布展补助以及国家级重点博物馆补助等。

《指导意见》部署的重点任务中重要一项有"制定各行业领域基本公共服务标准体系实施方案，系统梳理并修订完善现有标准"，在全国文物保护方面，2020 年 12 月 16 日，全国文物保护标准化技术委员会年会在北京召开，总结了"十三五"文物保护标准化工作经验，包括印发《2017—2020

---

① 公共服务司. 明确了基本公共文化服务范围!《国家基本公共服务标准（2021 年版）》[EB/OL]. [2022 - 04 - 25]. https：//www.mct.gov.cn/whzx/bnsj/ggwhs/202104/t20210425_923963.html.

年文物保护行业标准制修订项目计划》并提出了 80 项标准计划项目，启动《文物保护标准制修订计划（2021—2025 年）》，进一步梳理文物保护标准体系等。在"十三五"期间，文物公共服务标准化建设方面取得了较有价值的成效，加快了博物馆陈列展览、教育传播、智慧博物馆、文物保护单位开放利用等方面标准的研制。2022 年 7 月，国家市场监督管理总局等 16 部门印发《贯彻实施〈国家标准化发展纲要〉行动计划》的通知，将文物数字化、考古、文物自然灾害防御等文物保护标准化纳入了国家标准化发展的整体布局中，成为"十四五"时期文物标准化工作谋篇布局的重要抓手。

此外，《指导意见》重点任务中提出了"结合实际制定本地区基本公共服务具体实施标准"，对于地方各级政府及有关部门提出了责任要求。针对此，各地区政府印发公共服务、红色旅游景区乃至博物馆纪念馆服务的实施标准，并积极申报国家标准化管理委员会下发社会管理和公共服务综合标准化试点项目，如山东省淄博市博山焦裕禄纪念馆红色教育服务标准化试点等。

三、革命文物治理路径多元高效

革命文物工作通过多元治理和高效共治构建了具有中国特色的治理路径，从定级评估、标杆管理和高端会议三个维度，推动中国革命纪念馆的规范科学发展，成为增强行业认同、凝聚行业共识的应然之举。

（一）运行评估促进革命纪念馆规范化、流程化、科学化

定级评估是革命文物工作中最具有先决性的工作，为接续的文物工作奠定了基础，其在革命纪念馆自身及其文物管理工作中均有体现。

自 2008 年以来，国家文物局、中国博物馆协会在革命纪念馆定级工作层面先后组织开展了四轮博物馆定级评估工作，共评出国家一、二、三级博物馆 1224 家，占全国博物馆总数的 22.1%。根据《中国革命纪念馆概览》调研数据，截至 2020 年，全国革命纪念馆中共有一级博物馆 49 家、二级博物馆 68 家、三级博物馆 80 家，通过评估产生的级别纪念馆，在革命纪念馆事业发展中发挥了标杆和示范作用。在第四轮定级评估工作前，国家文物局

组织修订了《博物馆定级评估办法》《博物馆定级评估标准》《评分细则计分表》等文件，其中《博物馆定级评估办法》减少了评估工作层级和环节设置，鼓励不同资源属性、不同举办者性质、不同地理区域的博物馆平等参与评估，在申报环节增设了博物馆行业数据互联互通、互为印证的条款，同时更重视公众使用博物馆的体验；《博物馆定级评估标准》适当降低藏品总量、开放时长和年观众量等硬性指标限制，完善了学术研究、青少年教育、志愿者服务等软性指标要求，鼓励互相帮扶，推动协同融合发展，增设学术研究、高清资源开放共享、馆际交流合作等方面的加分项目。更新后的评估定级总结了国内博物馆的管理经验，借鉴了国内外的相关标准条文以及技术规程，全方面优化了博物馆评估系统，使得评估流程和标准符合发展的实际情况，更能激发博物馆活力。通过评估定级，博物馆质量评价体系更为完善，并且博物馆、纪念馆的发展整体情况也得以展现，革命纪念馆的发展有据可依，发展路径也更为规范化、科学化。

在革命纪念馆文物定级工作层面，新中国成立以来，相关部门先后颁布了《文物藏品定级标准》《近现代一级文物藏品定级标准（试行）》等文物征集、定级标准，文化部 2009 年公布施行的《文物认定管理暂行办法》明确规定了文物认定的责任归属与认定流程，这部分文件条例的对象是广义范围的文物，运用到革命文物工作中具有一定的不适应性。《专项规划》中明确提出了"做好革命文物征集、定级工作"的主要任务，《关于实施革命文物保护利用工程（2018—2022 年）的意见》也提出"做好馆藏革命文物的认定、定级、建账和建档工作"。2020 年，中央宣传部、国家文物局联合印发《关于持续开展革命文物名录公布工作的通知》，提出了"省级文物主管部门应加强对革命历史类馆藏文物定级、核定工作的业务指导，对革命历史类馆藏一级文物公布工作须认真把关"的工作要求，同期发布的《国家文物局办公室关于核定公布革命文物名录的补充通知》明确了公布范围和遴选标准，虽然目前对于评级评估的范畴界定较为笼统造成了认定的不确定性，但总体来说对于革命文物的定级仍然是坚持科学稳妥这一大原则的。

（二）标杆管理增强行业的荣誉感、归属感、认同感

标杆管理又称"基准管理"，其本质是不断寻找最佳实践，以此为基准不断地"测量分析与持续改进"。① 革命纪念馆行业也将这种管理方式逐步运用到实践中,推动革命纪念馆对标国内乃至世界一流博物馆,在循序渐进的学习中不断提升自我。纪念馆行业的标杆管理通过示范基地建设、推介活动等形式展开,围绕的主题包含宣传教育、保护利用等多个方面。

1. 示范基地

全国范围内革命纪念馆适用的示范基地包括爱国主义教育示范基地、国家国防教育示范基地。1997 年 7 月,中央宣传部公布了首批百个爱国主义教育示范基地,直至 2021 年 6 月,中央宣传部共公布了 7 批、547 个爱国主义教育示范基地,基本覆盖了中国共产党成立到解放战争百年党史的重要事件、重要地点、重要人物,突出建设成就,成为党史学习教育、"四史"宣传教育的重要阵地,其中革命主题的基地共 477 个,占比达 87.20%。②在此基础上,为迎接建党百年,2020 年 7 月,中央宣传部文改办从全国爱国主义教育示范基地中遴选出香山革命纪念馆、井冈山革命博物馆等 15 家纪念馆作为第一期中华民族文化基因库红色基因库首批试点单位,旨在推动红色资源数据化、现代化、智能化发展,体现了纪念馆发展从优到精的追求,增强了纪念馆行业的荣誉感。

2009 年 9 月,国家国防教育办公室从各省市自治区所命名的国防教育基地中遴选出第一批 160 个国家级国防教育示范基地。③ 纪念馆作为爱国主义基地和国防教育基地的重要组成部分,示范基地的入选和建设,对于纪念馆行业开展爱国和国防教育起到了良好的标杆引导作用。

2. 示范项目

纪念馆示范项目更多由省级单位实现,覆盖的范围更为广泛和细化,包括文旅融合、文物保护、建设提升等。如四川省发布《四川省文物局 四川省财政厅关于开展 2022 年度革命老区革命博物馆纪念馆提升行动示范项目申报工作的通知》,推动革命纪念馆运用现代手段增强革命文物的传播力

---

① 陈泓冰. 标杆兴国——从对标到创标 [M]. 北京:现代出版社,2011:6.
② 宋雨伦,杜凡丁,张玥,等. 革命文物资源服务党史学习教育、"四史"宣传教育的大数据研究 [J]. 中国文化遗产,2021 (6):44-52.
③ 毛雷,牛良玉. 寻英烈访民俗 感受"多面"临高 [EB/OL]. [2023-06-23]. http://hi. people. cn/n2/2023/0623/c231190-40467677. html.

与表现力，优化革命纪念馆的区域布局。

除了专门面向革命纪念馆的示范项目，革命纪念馆也可以积极参与本行业相关项目的立项工作，把纪念馆打造成为全国纪念馆某项业务的标杆。如2022 年 7 月，江苏省市场监管局、江苏省发展和改革委员会联合下发《关于下达 2022 年江苏省战略性新兴产业和服务业标准化试点项目的通知》，侵华日军南京大屠杀遇难同胞纪念馆（以下简称"江东门纪念馆"）在社会管理和公共服务类别下的"革命纪念馆宣传教育标准化试点"顺利立项，江东门纪念馆在南京市标准化研究院的指导下，构建了包含党建工作、新媒体传播、展览陈列等模块在内的标准化管理体系，全面提升了观众的体验感和爱国主义教育的针对性，将江东门纪念馆打造成为宣传教育的标杆单位，有助于其他场馆学习其公共服务和整体流程，重新整合内部资源，形成最佳实践路径。

3. 推介活动

2019 年，为推动《关于实施革命文物保护利用工程（2018—2022 年）的意见》"革命文物宣传传播工程"的工作任务落实，在国家文物局指导下，中国博物馆协会、中国文物学会、中国文物报社主办了"全国革命文物保护利用优秀案例宣传推介活动"，迄今已成功举办三届。十佳案例和优秀案例展现了全国各地革命纪念馆在革命文物保护中取得的创新成果，具有良好的典型性、代表性和示范性。此外，还举办了"庆祝中国共产党成立100 周年精品展览""弘扬中华优秀传统文化、培育社会主义核心价值观主题优秀展览"等推介活动。推介革命文物保护利用的成功案例，可以不断提升革命文物保护利用的行业参与度，从而提高认同度和归属感。历届全国革命文物保护利用十佳案例、优秀案例情况见本书附录二。

（三）高端会议增强了行业凝聚力

高端会议的召开能够总结经验、博采众长、凝聚共识，为行业解决所面临的桎梏，并带来更清晰的发展方向和前景。新中国成立以来，曾在 1997年开展过全国革命文物工作会议，正是这次会议推动了 1998 年中宣部、文化部、国家教委、民政部、团中央、国家文物局六部委《关于加强革命文物工作的意见》的提出与实施，对于当时革命文物工作走出低潮、推动下一时期文物工作起到了弥足珍贵的作用。

到 2021 年 3 月，全国革命文物工作会议时隔 24 年再次召开，阐明了革命文物工作的重要意义、目标任务以及基本要求，体现了新时代对于革命文物工作保护、管理与利用的统筹布局。全国文物工作会议并非昙花一现，而是往常态化发展的重要起点，2022 年 7 月，全国文物工作会议在京召开，会议再次强调了新形势下文物工作的方向，并且表彰了全国文物系统先进集体、先进工作者和劳动模范，增强广大文物工作者历史责任感和使命感的同时，肯定了他们的付出与成效。

两次全国性会议之后，各省市自治区就传达习近平总书记关于革命文物工作的重要指示精神，陆续召开了本地区的革命文物工作会议，并围绕各自革命文物工作进展情况展开交流，对于新时代文物工作提出了贯彻落实意见和具体要求，如中华文明重要发祥地山西省，在 2022 年 11 月 8 日召开的文物工作会上提出实施好文明探源工程、文明守望工程，统筹做好各级各类文物保护特别是灾后维修保护，坚持保护第一，创新文物管理机制；抓好考古研究阐释，助力讲好中国故事山西故事；运用数字化手段，做好文物保护和文化传播工作；加强活化展示，深化文旅融合；抓好人才建设，夯实文物工作高质量发展基础；深化合作交流，增强山西文化影响力等 6 个方面提出文物工作要求。

除了全国革命文物工作会议，革命纪念馆高质量发展峰会也是行业内具有影响力的会议。革命纪念馆高质量发展峰会为迎接建党百年而创办，革命文物工作在当时体现出"四个前所未有"，革命纪念馆发展也获得了场馆建设建成体系、陈列展览提质升级、社教活动亮点纷呈、交流合作日益拓展等新成效。峰会迄今已连续举办三届，中央和国家机关相关部门、各省级文物行政部门、部分革命纪念馆负责同志以及博物馆纪念馆行业专家参与会议，围绕革命纪念馆高质量发展进行研讨交流，并相应推出年度的研究成果，已举办的峰会情况如表 2-2 所示。

在定下革命文物工作总体基调的同时，会议还会围绕文物安全、文物建筑预防性保护、思政工作等主题展开，如 2022 年 9 月召开的"中国博物馆协会藏品保护专业委员会 2022 年学术研讨会"以"馆藏脆弱文物保护研究"为主题，会议邀请了 14 位专家学者就国内外文物保护的多学科协同与科技创新赋能文物保护修复做专题汇报；同月，国家文物局召开的"全国文物建筑预防性保护试点工作推进会",推进了第一批文物建筑预防性保护试点实施;2021 年 10 月于济南举办的全国革命文物与新时代高校思想政治工作融合发展论坛,深入贯彻了教育部、国家文物局《关于充分运用革命文物资源加强新时代高校思想政治工作的意见》的有关部署,推动革命文物资源融入高校思想政治工作体系,联合开展革命文物学术研究,系统构建馆校全方位实践育人共同体。

表 2 - 2　　　　　　革命纪念馆高质量发展峰会举办情况

年份	地点	成果发布及系列活动
2020	南京	《革命纪念馆高质量发展倡议》发布
2021	南京	全国革命文物展示联盟成立、南京大学革命纪念馆研究中心揭牌、《中国革命纪念馆概览》发布
2022	重庆	《见证新时代》新书发布

通过全国范围内的革命文物会议,行业工作者围绕会议主题建言献策,在思想火花碰撞的同时,行业的凝聚力得以不断增强。

四、资源精准投入引导事业发展方向

《专项规划》在实施保障中明确提出"健全革命文物保护支持机制,强化政策供给和资源要素支持……鼓励地方因地制宜、创新推出更多原创性、差异化改革举措,提高革命文物领域治理效能";《国家文物局　财政部关于加强新时代革命文物工作的通知》提出"加强组织协调,拓展资金渠道,加大投入力度,统筹谋划革命文物保护重点任务、重大项目……国家文物保护资金用于省级及省级以下文物保护单位保护的一般项目补助应向革命文物保护项目加大倾斜",对于"列入片区工作规划的集中连片保护项目和整体陈列展示项目可按规定申请国家文物保护资金支持"。从政策层面,国家积极推动资金、政策等资源要素更多地投入革命纪念馆行业中,做好平台搭建、项目落实、服务提升等工作,为革命文物工作、革命纪念馆发展提供指引。

同时社会力量的广泛参与也为纪念馆事业的发展整合了优势，如 2022
年腾讯基金会和中国博物馆协会共同设立"博物馆纪念馆可持续发展与文
化传播公益基金"，重点在博物馆纪念馆学术成果出版、专业青年人才培
养、展览数字化方面展开工作，助力全国博物馆纪念馆整体水平提升。

（一）文物平台

1. 文物数字保护平台——文物资源数据库

《关于实施革命文物保护利用工程（2018—2022 年）的意见》《革命文
物保护利用"十四五"专项规划》、2022 年全国文物局长会议等均强调了加
快建设"革命文物资源目录和大数据库"，推动数据信息规范管理、实现革
命文物资源共享。目前国家层面已经建成"全国革命文物资源大数据库平
台"，形成革命文物数据信息的分级填报审核、统计更新、检索管理的体
系。在建立革命文物数据库的基础上，国家文物局不断细化，开启红色标语
类革命文物专项调查，针对红色标语这一政治宣传、思想动员的独特文化现
象予以评估保护，建立全国红色标语类数据库。

同时各地也积极探索文物数据平台搭建的路径。如广东省建设的可移动
革命文物数字化保护利用平台以"一个中心、两个支撑、四个领域"为核
心构建整体框架，综合运用软件即服务（Software‐as‐a‐Service，SaaS）、
多维数据采集、大数据、人工智能等技术手段，努力成为大湾区红色文化数
字化管理的标杆。此外，江苏省、山西省、吉林省等省份也在积极公布革命
文物名录，建立完善革命文物资源数据库。

2. 文物利用平台——云上展览

各省文物局创新革命文物利用传播方式，联合高校、互联网公司打造本
省的文物宣传展示平台，有效延伸了文物的内在价值和展示效果。陕西省的
"互联网＋革命文物教育平台"打造了电脑、手机和电视三屏互动传播的革
命文物 5G 全媒体传播体系，利用动漫、游戏等新颖形式，为观众提供革命
文物全息欣赏、革命事件沉浸式体验，做到让文物活起来，"陕西互联网＋
革命文物教育平台"运行特征如图 2‐1 所示。山西省建设了全省革命文物
全景展示平台，从革命文物概况、革命文物片区、革命主题展示、革命文物

故事四个方面进行展示，目前累计浏览量 56367 次。

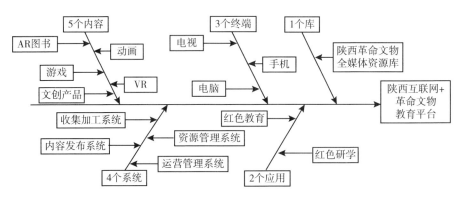

图 2 - 1　"陕西互联网 + 革命文物教育平台"运行特征

注：根据官网图片制作。

3. 文物研究平台——协同研究中心

《专项规划》提出"支持文物博物馆机构与高等院校、科研机构合作开展革命文物领域课题研究，建设革命文物协同研究中心"。2022 年，国家文物局、教育部拟认定一批国家革命文物协同研究中心①，研究中心由文博单位与高校联合建设。通过整合多方力量、发挥高校与革命纪念馆资源优势，构建研究体系，积极打造红色资源研究开发与共建共享的高端智库、革命文物保护利用的平台高地。利用合力推动革命文物保护利用的理论与实践创新，开展史料的征集、抢救与保护工作，深化革命文物的党史、思政教育功能。目前，中共一大纪念馆与上海大学、西南大学与红岩革命历史博物馆、四川大学与邓小平故居陈列馆已开展革命文物协同研究中心共建工作，充分深化馆校合作，共享人力物力资源，挖掘革命文物背后的红色基因，就革命文物的保护利用、阐释传播、文教融合等方面开展深入交流与合作。

（二）课题项目

中共中央办公厅、国务院办公厅首次出台《关于实施革命文物保护利

---

① 我国将建国家革命文物协同研究中心 ［N］. 北京日报，2022 - 05 - 29（03）.

用工程（2018—2022 年）的意见》（简称《意见》），中央全面深化改革委员会审议通过长城、大运河、长征国家文化公园建设方案，打出政策"组合拳"，确立新时代革命文物工作的任务书和路线图，全面部署新时代革命文物工作。其中单独列出"重点项目"一项，包括百年党史文物保护展示工程、革命文物集中连片保护利用工程、长征文化线路整体保护工程、革命文物主题保护展示工程、革命文物陈列展览精品工程、革命文物宣传传播工程。《意见》实施以来，各项重点项目得到了统筹规划与具体落实。

根据 2022 年 12 月国家文物局正式发布的五年革命文物保护利用的"成绩单"，中央财政累计投入北大红楼、遵义会议会址等为代表的革命文物保护展示和整治工程 300 多项，公布革命文物保护利用片区 37 个，实施长征文物保护展示项目 500 余项，批复革命文物项目计划 42 项，实施革命旧址保护工程 129 项。显示出革命文物保护利用重点项目的卓越成效。①

各个项目按照整体规划、统筹安排、组织实施、政策配套、项目细化等内在逻辑有序展开。如长征文化线路整体保护工程中，国家文化公园建设工作领导小组印发《长征国家文化公园建设保护规划》，以保护长征文物、利用长征资源为目标，分三个阶段完成长征国家文化公园的建设保护工作，并做好相应统筹安排，围绕保护传承工程、研发挖掘工程、环境配套工程、文旅融合工程、数字再现工程、教育培训工程等关键领域，明确了沿线 15 个省市区的重点项目。

在《意见》的精神指引下，各地也积极探索本地区亟待发展的文物项目，推动革命文物系统内课题的高质量成果实现。如山西省发出《关于开展 2023 年度文物科技项目申报工作的通知》，其中不可移动文物数字化保护项目重点围绕世界文化遗产、国宝级文物、革命文物等展开数字化保护，项目包含文物对象结构、病理调查分析、历次修缮项目分析等内容，为革命文物数字资源利用提供支持；北京市文物局发布《关于开展 2023 年度科研课题申报工作的通知》，选题范围包括了北京地区革命文物内涵挖掘、保护研究，实现项目的提升。

---

① 国家文物局. 国家文物局举行第四季度例行新闻发布会［EB/OL］.［2022 - 12 - 28］. http://www.scio.gov.cn/xwfb/bwxwfb/gbwfbh/wwj/202307/t20230703_722003.html.

（三）公共服务

1. 学习教育

2021年3月国家文物局、退役军人事务部联合印发了《关于充分用好革命文物资源及烈士纪念设施服务党史学习教育的通知》，指出"文物系统、退役军人事务系统要在开展好系统内党史学习教育的同时，充分用好革命文物资源及烈士纪念设施高质量服务好党史学习教育"。2022年3月，中共中央办公厅印发了《关于推动党史学习教育常态化长效化的意见》，强调"用好革命遗址遗迹、纪念馆、博物馆等红色资源，发挥革命英烈、时代楷模示范引领作用"。革命纪念馆利用馆内丰富的革命文献史料、烈士遗物、口述资料等革命文物，深入研究文物内所含的精神内涵，通过与企业事业单位、社区、高校等建立协调共建机制，综合利用展览陈列设计、革命知识读本编撰等线下形式，虚拟展览、直播、短视频等线上形式。

根据中国联通的"革命文物资源服务党史学习教育大数据分析"项目，分析全国100处代表性革命纪念馆的相关数据后，得出革命文物在服务教育方面，存在整体参观人数上升、年轻人群参观增长速度显著、参观停留时间增长、跨省参观比例不断提升、纪念馆新媒体建设能力增强等新特性。这个项目是中国联通在革命文物局革命文物司的指导下，利用数据优势和模型算法进行的革命文物纪念馆学习教育的数据分析，体现了信息技术资源投入革命文物的全新尝试。

各地文物局、纪念馆立足自身革命文物资源情况，发挥资源优势，制订了一系列学习教育的计划，通过免费开放、免费讲解、参观引导等服务，在抓好本馆党史教育的同时，为参观者搭建良好的学习平台。如北京鲁迅旧居以提升服务群众能力为落脚点，发挥馆内鲁迅书店、文创商店的功能，先后接待100余个团体、1万余人次来馆开展主题党日活动，配合50余家媒体拍摄节目、采访、报道等①，传播鲁迅新文化思想；同时与相关支部单位开展共学共建，做好"鲁迅生平基本陈列"的改造和整体提升。

---

① 马海亭，任延. 发挥革命文物资源优势　学党史促服务能力提升［EB/OL］.［2022－05－12］. https：//m. thepaper. cn/baijiahao_12635905.

2. 红色旅游

2021 年 2 月，国务院印发《关于新时代支持革命老区振兴发展的意见》，文件中提及"推动红色旅游高质量发展"的意见，针对此，2022 年 1 月，国家发展改革委、文化和旅游部、国家文物局联合印发《推动革命老区红色旅游高质量发展有关方案》（以下简称《方案》），《方案》着眼"十四五"时期文物发展战略，部署了加强红色资源保护利用、推进红色旅游品质升级、优化红色旅游发展格局等三方面 12 项重点任务。

在加强红色资源保护利用方面，《方案》提出了加大革命文物保护力度、深入挖掘红色文化内涵、稳妥建设红色纪念设施、创新红色旅游产品开发等 4 项任务。在此方面，山东省文化和旅游厅积极研发红色旅游产品项目，自 2021 年以来，开发了基于 416 个资源点、172 条红色旅游线路、200 余项红色主题活动及体验项目的 100 条山东红色旅游线路并对外发布，经过党史研究、旅游业、营销学等多学科的专家论证，打造出 10 余个山东红色旅游亮点产品和创新产品①；同时，山东省文化和旅游厅开展全省旅游产品优秀案例评选，推动纪念馆与红色旅游融合产品推陈出新，天蒙景区《沂蒙星火，小调情长》入选 2022 年山东省优质旅游产品名单。

在推进红色旅游品质升级方面，《方案》提出了健全红色旅游基础设施、推进红色旅游资源整合、提升红色旅游服务质量、加强红色旅游人才建设等 4 项任务。在庆祝建党百年之际，文化和旅游部联合中央宣传部、中央党史和文献研究院、国家发展改革委专门推出"建党百年红色旅游百条精品线路"，通过资源整合，将全国红色旅游景区由点及线再成面，形成了具有中国特色的红色旅游体系。

在优化红色旅游发展格局方面，《方案》提出了提升红色旅游规范发展水平、深化红色旅游与乡村振兴融合、促进革命老区城乡区域协调、推进红色旅游适度多元发展等 4 项任务。江西省井冈山将虚拟现实（VR）、区块链等科技元素与井冈山的红色资源、自然资源全面融合，形成元宇宙·井冈山项目，参观者可以在井冈山的风光中，通过与数字人的交流互动、VR 虚拟

---

① 于新悦. 山东发布八大主题百条红色旅游线路［EB/OL］.［2022 - 03 - 18］. http：//www. shandong. gov. cn/art/2021/3/18/art_97904_404831. html.

场景重回四渡赤水战役现场、观看《大美中国》《中共一大》等纪录片，感受到井冈山深厚的文化底蕴。

近年来，文化和旅游部大力鼓励"红色＋研学""红色＋科技"等红色旅游融合发展新业态，推出了一系列高质量的产品及线路，并于2023年1月公布一批全国红色旅游融合发展试点单位名单。入选单位具有红色资源富集、存在一定市场基础的特性，逐步形成了集聚效应，展现出文旅融合推动革命文物事业发展的初步成果。

第三章

2019～2021年革命文物
与革命纪念馆业务发展

在以习近平同志为核心的党中央坚强领导下，革命纪念馆事业正处于乘势而上、大有可为的重要战略机遇期，全国革命纪念馆在服务党史学习教育、构建协同育人机制、深化红色资源研究、推动红色基因传承等方面呈现出崭新面貌。参考九部委《关于推进博物馆改革发展的指导意见》中关于"健全博物馆质量评价体系""建立博物馆年报制度和信用体系"要求，本章以国家文物局全国博物馆年度报告信息系统数据为基础，结合各省市主管部门公布的相关数据，尝试通过数据和案例形式呈现2019～2021年革命文物与革命纪念馆在场馆实体建设、藏品资源构建、社会教育实践等方面的突出成绩。

一、场馆体系建设持续完善

革命博物馆、纪念馆、党史馆、烈士陵园等是党和国家红色基因库[①]，其作为开展革命传统教育、爱国主义教育、青少年思想道德教育的重要场所，是集中保护利用革命文物的主要纪念设施或空间。随着国家对于博物馆免费开放事业的持续投入，以及对革命纪念馆事业的顶层设计完善，协同发

---

① 人民网．习近平：用好红色资源，传承好红色基因　把红色江山世代代传下去［EB/OL］.［2022－05－16］．http：//jhsjk.people.cn/article/32104621.

展的革命纪念馆体系已基本形成，步入由高速增长阶段转向高质量发展的新阶段。

（一）中国共产党历史展览馆拔地而起

2021年6月18日，中国共产党历史展览馆（简称"展览馆"）正式开馆，其展示空间的展览面积为16800平方米，展线长度3500米，使用2600余幅图片。展览馆筹展期间，先后从各省区市的200多家红色场馆和档案馆征调文物实物6000余件。[①] 作为革命纪念馆事业上的又一里程碑，展览馆无论是政治站位、内容形式设计还是建筑风格都决定了其作为革命纪念馆界的标杆，处于革命纪念馆场馆体系中的核心地位。

首先是政治站位。始终坚持以习近平总书记重要指示作为根本遵循。习近平总书记对建好中国共产党历史展览馆、办好中国共产党历史展览高度重视，亲自谋划、亲切关怀，亲自决策、亲自部署。2018年4月，习近平总书记专门听取中国共产党历史展览馆工程建设汇报，作出重要指示批示。2020年9月，习近平总书记专门听取中国共产党历史展览展陈布展情况汇报，审看中国共产党历史展览视频汇报片，对建好党史展览馆、办好党史展览、发挥好党史展览作用作出重要指示，提出明确要求。2021年2月，习近平总书记主持召开中央政治局常委会会议，审议并原则同意中宣部《中国共产党历史展览工作方案》。[②] 在庆祝中国共产党成立100周年之际，习近平总书记前往中国共产党历史展览馆，参观"'不忘初心、牢记使命'中国共产党历史展览"，并带领党员领导同志重温入党誓词。[③] 习近平总书记的重要指示为展览馆的建设、筹展、布展，指明了意义和定位、功能和作用，充分反映了中国共产党鉴往知来、继往开来的历史自觉。革命纪念馆应始终深入学习贯彻习近平总书记有关革命文物、革命博物馆纪念馆的相关重要指示精神，把场馆建设和陈列展览等作为政治任务，把中国共产党百年波

---

① 中国共产党新闻网. 让红色基因代代相传——写在中国共产党历史展览馆开馆一周年之际 [EB/OL]. （2022－06－18）［2023－06－11］. http：//cpc. people. com. cn/n1/2022/0618/c64387－32449857. html.

② 人民网. 中国共产党历史展览馆：展示中国共产党奋斗历史的精神殿堂 [EB/OL].［2022－08－17］. http：//lbyygdz. people. cn/n1/2021/0817/c437265－32196389. html.

③ 中国共产党新闻网. 习近平前往中国共产党历史展览馆参观"'不忘初心、牢记使命'中国共产党历史展览"[EB/OL].［2022－06－18］. http：//cpc. people. com. cn/n1/2021/0618/c64094－32134397. html.

澜壮阔的历史展示好，坚决承担好"红色基因库"的光荣而神圣职责。

其次是内容设计。全方位全过程全景式史诗般反映党的百年辉煌。展览馆全方位、全过程、全景式、史诗般展现中国共产党波澜壮阔的百年历程，浓墨重彩地反映党的不懈奋斗史、不怕牺牲史、理论探索史、为民造福史、自身建设史。① 中国共产党历史展览根据习近平总书记重要指示，强化"不忘初心、牢记使命"的主题主线，紧紧围绕这八个字，将其作为红线贯穿内容设计、展览布置、场景运营、文物利用等业务工作，更好地彰显党为人民谋幸福、为民族谋复兴的初心和使命。展览馆就有关展览方面提炼出五条指导思想和方针原则：一是高举一面旗帜，就是高举中国特色社会主义伟大旗帜。党的十八大以来，习近平总书记关于党史的重要论述，深刻阐明了党史学习教育的重大意义，集中体现了学习宣传党史的立场观点方法，是办好百年党史展览的根本依据。二是贯彻三个历史决议，《关于若干历史问题的决议》《关于建国以来党的若干历史问题的决议》以及《中共中央关于党的百年奋斗重大成就和历史经验的决议》。三个历史决议都是在重大历史关头作出的，都具有统一全党思想、团结人民奋斗、推动开创未来的历史意义和时代价值。② 三是把握三个重点，就是做到导向正确、史实准确、评价明确。革命纪念馆应始终保持政治站位，在有关党的历史表述方面严谨细致。四是划分四大部分，就是按照"站起来、富起来、强起来"的历史脉络，将整个展览划分为四个部分。历史主题的脉络梳理对于把准内容设计、展览流程至关重要，而这需要场馆深厚的历史积淀。五是做到五史融合，就是全面反映党的不懈奋斗史、不怕牺牲史、理论探索史、为民造福史、自身建设史。纪念馆在展陈时可以尝试打破以往的线性展陈方式，突出党的元素，通过研究提炼运用有代表性的展览元素更好地展示纪念馆主题。③

再次是形式设计。用新方式新技术新体验达到最佳展示效果。习近平总书记强调，展陈风格要简洁朴实、庄重典雅、大气耐看，用新技术创造新体

---

① 求是网．这些年，总书记参观展览时强调的［EB/OL］．［2022 － 06 － 18］．http：//www. qstheory. cn/zhuanqu/2021 － 06/18/c_1127577238. htm.

② 人民网．从百年党史解读三个历史决议［EB/OL］．［2022 － 02 － 24］．http：//theory. people. com. cn/n1/2022/0224/c415239 － 32359184. html.

③ 人民网．中国共产党历史展览馆：展示中国共产党奋斗历史的精神殿堂［EB/OL］．［2022 － 08 － 17］．http：//lbyygdz. people. cn/n1/2021/0817/c437265 － 32196389. html.

验，确保展览效果。① 展览内容应该非常丰富，有文物、有资料、有图片，展览方式上也要运用雕塑、画作，要注重情景设计，运用声光电、高新技术，用好三维空间。一是把时间与空间结合起来、技术与艺术结合起来。革命纪念馆只有处理好时空关系，在相对有限的空间里让人们穿越时空、沉浸其中，才能最大化地发挥展览效果；二是把呈现与再现结合起来，把赋形与赋能结合起来。在党的百年历史中，留下许许多多经典的画面。展览中充分选取人们耳熟能详的照片图片、文物实物、音视频资料等，让观众引发共鸣，收获温暖与感动②；三是革命纪念馆需要把体验与体悟结合起来。展览运用新技术新手段，研究设计体验式、沉浸式、互动式的项目，满足青少年的观展需求，吸引他们多到党史展览馆参观学习。③ 革命纪念馆通过对于青少年的认知规律，选择符合其学习习惯的设计模式，更好地调动青少年的兴趣，启迪青少年思考、感悟胜利果实的来之不易，更好地投入社会主义新时代的建设过程中。

最后是建筑风格。中国共产党历史展览馆不仅在建筑上庄重肃穆、与时俱进，具有殿堂般的仪式感，更在陈列展览的内容与形式设计上创下了行业发展的新高度。陈列展览的工作流程往往是由内容到形式，抽象到具体，分为思想阶段、专业化阶段与美学阶段，并按照"一征二借三复制"的原则，充分调动、整合文物资源，统筹规划将展陈思想与文物在博物馆学的基础上实现专业化融合。最后从美学设计理念的角度出发，通过场景复原、油画雕塑等多种形式设计手段升华展览主题。展览馆采用了大量具有当代现实主义风格的雕塑，通过室内外常设性雕塑、室内临时雕塑等，强化雕塑人物的立体感，使雕塑人物与背景画分开，突出了空间视觉层次。不同的雕塑之间相互关联，既是统一的整体，又含蓄地拥有各自主题特征，实现了革命纪念馆在造像细节语言、组块形式语言、线面再造等方面的新突破。中国共产党历史展览馆不仅是一座崭新的红色地标，更是中国革命纪念馆发展史上的一座重要里程碑。

---

① 学习强国. 中国共产党历史展览馆：展示中国共产党奋斗历史的精神殿堂 [EB/OL]. [2023 – 08 – 17]. https：//www. xuexi. cn/lgpage/detail/index. html? id =14063407385580486742.
②③ 人民网. 中国共产党历史展览馆：展示中国共产党奋斗历史的精神殿堂 [EB/OL]. [2022 – 08 – 17]. http：//lbyygdz. people. cn/n1/2021/0817/c437265 – 32196389. html.

（二） 高质量协调发展体系初步形成

随着革命纪念馆事业顶层设计的不断完善，以及博物馆定级评估近年来对于展示教育指标的优化突出，革命纪念馆类型结构持续优化、质量等级进一步提升。截至 2021 年全国共有革命类博物馆、纪念馆 1600 余家。[1][2] 为了更好地呈现革命纪念馆事业的动态发展趋势，本章以国家文物局全国博物馆年度报告信息系统中 2019～2021 年登记备案为博物馆的革命类博物馆、纪念馆为对象进行分析。从系统名录中人工筛选革命类博物馆、纪念馆的标准，严格按照国家文物局编写的《中国革命纪念馆概览》收录范围执行。[3]选择国家文物局全国博物馆年度报告信息系统中的数据，主要基于以下三个方面的考量：一是近年来暂无专门针对全国革命类博物馆、纪念馆的官方连续性统计数据；二是由于革命类博物馆、纪念馆的高度政治属性及博物馆登记备案制的要求，使得选择登记备案过的场馆数据更具权威性和代表性；三是该信息系统中的数据属于开源信息，且其中信息由博物馆根据《博物馆信息公开指引（试行)》进行填写登记。

革命纪念馆行业体系日趋完善。据统计，2019 年全国登记备案的革命类博物馆、纪念馆数量约为 970 家，2020 年约为 1035 家，2021 年约为 1153 家。需要说明的是以上数据的统计对象均为已登记备案过的博物馆，属于革命纪念馆小口径统计，并不包括未登记备案的革命类博物馆、纪念馆，因此 2021 年革命类博物馆、纪念馆 1153 家的数量会少于官方公布的包含未登记备案的数量。根据场馆数据中的"设立时间"字段，以 5 年为一个时间间隔绘制了图 3－1。如图 3－1 所示，1996 年及以前成立的革命类博物馆、纪念馆数量为 387 家，在 26 年时间内全国登记备案的革命类博物馆、纪念馆数量增长至 1153 家，年平均增长 30 家。其中，场馆数量增幅在 2011 年达

---

① 此处全国革命博物馆、纪念馆数量超过 1600 余家，包括已登记备案和未登记备案的革命博物馆、纪念馆。

② 国家文物局．中宣部举行中外记者见面会文博系统五位一线党员畅谈文明传承的使命与担当 [EB/OL].（2021－09－24）[2023－06－11]. http：//www. ncha. gov. cn/art/2021/9/24/art_722_171060. html.

③ 主要收录中华人民共和国境内（不含香港、澳门、台湾地区）中国共产党成立以来，领导中国人民进行革命、建设、改革各个时期的革命纪念馆（含革命类博物馆、陈列馆、展览馆等）；收录纪念和反映近代以来中国人民抵御外来侵略、维护国家主权、捍卫民族独立、争取人民自由时纪念馆（含革命类博物馆、陈列馆、展览馆等）；收录反映中国人民遭受侵略的实证性、遗址性相关纪念馆。

到顶峰，2012 年以来革命类博物馆、纪念馆数量同比增长维持在高位水平。在国家文物局革命文物司成立之后，革命类博物馆、纪念馆又迎来快速增长。2020 年全国革命纪念馆数量同比增长 6.7%，2021 年同比增长 11.3%，即 2021 年每三天新增一家革命类博物馆、纪念馆。

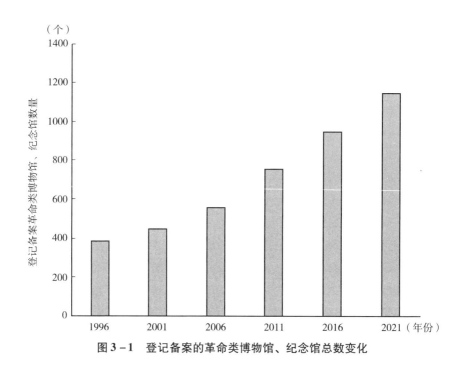

图 3-1　登记备案的革命类博物馆、纪念馆总数变化

革命纪念馆高质量发展梯队日渐成型。2019 年 12 月，国家文物局修订并公布了《博物馆定级评估办法》《博物馆定级评估标准》等文件，逐步建立起博物馆质量评价体系。随后，九部委联合发文《关于推进博物馆改革发展的指导意见》强调"建立健全绩效考评、专业评价和第三方评估相结合的博物馆考评监督机制。"革命类博物馆、纪念馆诸如革命传统教育等内容被逐渐吸收进博物馆评价指标体系。根据 2019～2021 年全国登记备案的革命博物馆纪念馆数据（详见表 3-1、表 3-2、表 3-3、图 3-2），2019 年全国登记备案等级革命类博物馆、纪念馆为 124 家，2020 年为 158 家，增速达到 27%。2021 年由于少数省份等级革命类博物馆、纪念馆合并以及疫情原因，数量基本持平，然而未定级的备案革命博物馆、纪念馆数量仍保

持了强劲的增长趋势，2021年未定级备案革命博物馆、纪念馆同比增长14.75%。综上可见，我国革命博物馆、纪念馆高质量发展梯队已基本形成，后备力量仍在增强。

表3-1　　　2019年不同质量等级下各类型革命纪念馆数量情况　　　单位：家

博物馆性质	质量等级				
	一级	二级	三级	未定级	总计
文物系统国有	29	37	58	472	595
其他行业国有	5	12	11	264	292
非国有	0	1	0	82	83
总计	34	50	69	818	970

表3-2　　　2020年不同质量等级下各类型革命纪念馆数量情况　　　单位：家

博物馆性质	质量等级				
	一级	二级	三级	未定级	总计
文物系统国有	34	59	65	503	660
其他行业国有	10	17	18	231	276
非国有	1	2	10	86	99
总计	45	78	93	820	1035

表3-3　　　2021年不同质量等级下各类型革命纪念馆数量情况　　　单位：家

博物馆性质	质量等级				
	一级	二级	三级	未定级	总计
文物系统国有	34	55	66	582	736
其他行业国有	10	20	16	267	313
非国有	1	1	10	92	104
总计	45	76	92	941	1153

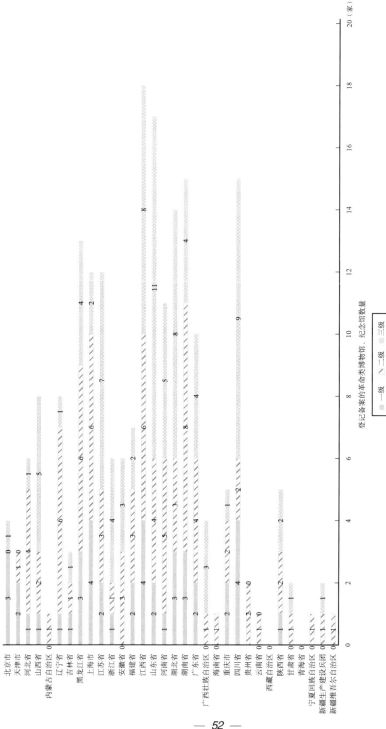

图3-2 各省(自治区、直辖市)和新疆生产建设兵团登记备案的革命类博物馆、纪念馆等级情况

资料来源：2021年全国博物馆年度报告信息系统。

其中，2021 年全国博物馆年度报告信息系统显示，西藏自治区共有 12 家博物馆，其中一级博物馆有西藏博物馆，二级博物馆有西藏牦牛博物馆，三级博物馆暂无；而青海省共有 41 家博物馆，其中一级博物馆有青海省博物馆、青海藏医药文化博物馆，二级博物馆有青海柳湾彩陶博物馆、西宁市湟中区博物馆，三级博物馆有海南藏族自治州民族博物馆、互助土族自治县博物馆、黄南州民族博物馆。综上所述，截至 2020 年底，西藏自治区与青海省登记备案的革命类博物馆、纪念馆中暂无等级博物馆。

革命纪念馆实现类型多样化，不同区域协调发展。其在保持高速增长的同时，形成了类型丰富、区域协调发展的体系结构。按照纪念馆性质分类，2021 年包括文物系统国有博物馆 736 家、其他行业国有博物馆 313 家以及 104 家非国有博物馆；按照法人类型划分，事业单位法人 932 家、民办非企业单位法人 103 家以及其他类型法人 118 家。其中，仅有 26 家场馆并非免费开放。除此之外，国家文物局印发《革命文物保护利用"十四五"专项规划》强调要进一步优化场馆布局并研究确定重要标识地。围绕革命、建设、改革各个历史时期的重要时间、重大节点，研究确定一批重要标识地。依托革命旧址、场馆，突出教育功能，彰显时代特色，使之成为中国共产党人的精神殿堂、中国人民的精神家园、中华民族的精神高地。按照革命纪念馆的隶属层级，可以将其分为中央级纪念馆、省（市、区）级纪念馆、地（市、州、盟）级纪念馆、县（区、旗）级纪念馆、乡（镇）级纪念馆以及其他层级纪念馆。通过对 2021 年已登记备案的革命类博物馆、纪念馆数据统计得出图 3－3，县（区、旗）层级的革命纪念馆数量占到革命纪念馆总数的主体地位。此外，针对不同行政区域不同等级的革命纪念馆数量进行统计，得到图 3－4。首先，就分布范围来看，华东区革命纪念馆数量较多，占到全国总数的 25%。其次，就各行政区域革命纪念馆的隶属层级来看，隶属于中央级的纪念馆、省（市、区）级的纪念馆、地（市、州、盟）级的纪念馆、县（区、旗）级的纪念馆、乡（镇）级的纪念馆以及其他隶属层级的纪念馆占比依次为 1%、6%、29%、56%、4% 以及 4%。虽然东北区与华北区的革命纪念馆绝对数量少于全国各行政区域的革命纪念馆平均值，但是两个区域均有各隶属层次的革命纪念馆，类型发展相对均衡。由此可以看出，虽然各行政区域之间的发展状况存在着一定差距，但是国家以及各行政区域对革命纪念馆的发展都十分重视，并未出现某一区域发展相对滞后的现象。

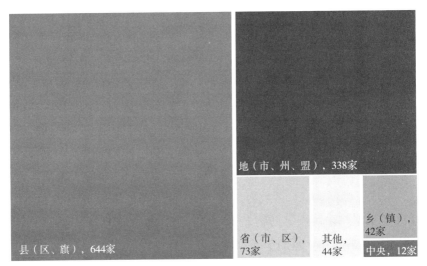

图 3 - 3　各隶属层级革命类博物馆、纪念馆数量统计

资料来源：2021 年全国博物馆年度报告信息系统。

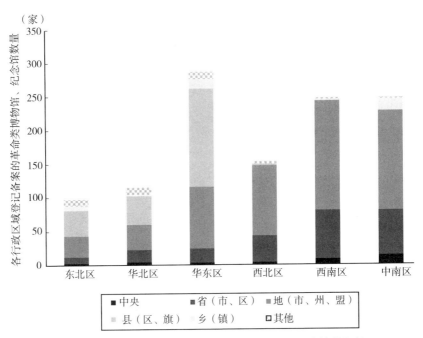

图 3 - 4　各行政区域登记备案的革命类博物馆、纪念馆等级情况

资料来源：2021 年全国博物馆年度报告信息系统。

按照各省（自治区、直辖市）和新疆生产建设兵团登记备案的革命类博物馆、纪念馆的统计数据，可得到全国范围内的革命纪念馆数量分布图，详见图3－5。其中，拥有60家及以上革命类博物馆、纪念馆的省份包括四川省、湖南省、山东省、河南省、甘肃省以及江苏省。

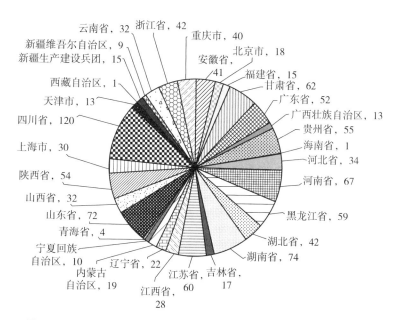

图3－5 各省（自治区、直辖市）和新疆生产建设兵团登记备案的革命类博物馆、纪念馆数量分布情况

资料来源：2021年全国博物馆年度报告信息系统。

二、藏品资源建设规范有序

据官方统计，全国不可移动革命文物3.6万多处，国有馆藏可移动革命文物超过100万件/套，革命文物工作呈现出向上向前的良好态势。① 在文物保护方面，革命文物家底进一步摸清，整体保护得到了加强。

---

① 国家文物局. 新时代新作为：革命文物工作取得重要进展［EB/OL］.（2023－03－31）［2023－10－02］. http://www. ncha. gov. cn/art/2023/3/31/art_722_180699. html.

（一）摸底排查工作基本结束

根据《国家文物局关于开展革命文物名录公布工作的通知》《国家文物局办公室关于核定公布革命文物名录的补充通知》以及《中央宣传部　国家文物局关于持续开展革命文物公布工作的通知》要求，革命文物承载党和人民英勇奋斗的光荣历史，记载中国革命的伟大历程和感人事迹，各部门从用好红色资源、传承红色基因、赓续红色血脉的政治高度出发，坚持政治属性和历史属性相统一，准确把握革命文物内涵，系统梳理本行业本地区所属文物资源，将符合条件的全面纳入革命文物名录公布范围。全国革命文物资源家底基本摸清，各省市革命文物资源建设工作已逐渐规范化、常态化，根据课题组统计，北京、上海等29个省（区、市）相继公布第一批革命文物名录（见表3－4），并有19个省（区、市）已经公布了第二批革命文物名录，合计公布326505件/套，已接近可移动革命文物总数的1/3，为藏品资源实现典藏活化奠定了坚实基础。

表3－4　　　各省（自治区、直辖市）革命文物名录（第一批）　　单位：件/套

序号	省份	第一批可移动	第一批不可移动
1	北京市	2111	158
2	天津市	7154	56
3	河北省	10302	595
4	山西省	4478	687
5	内蒙古自治区	/	39
6	辽宁省	10818	650
7	吉林省	724	269
8	黑龙江省	2000	546
9	上海市	208	150
10	江苏省	8759	447
11	浙江省	9061	547
12	安徽省	3646	580
13	福建省	142581	1658

序号	省份	第一批可移动	第一批不可移动
14	江西省	9759	1321
15	山东省	3233	897
16	河南省	4405	115
17	湖北省	2810	1018
18	湖南省	8643	288
19	广东省	4544	1513
20	广西壮族自治区	3562	359
21	海南省	437	263
22	重庆市	/	417
23	四川省	184	233
24	贵州省	112	604
25	云南省	229	928
26	西藏自治区	1592	138
27	陕西省	40703	753
28	甘肃省	4466	483
29	青海省	147	18
30	宁夏回族自治区	2035	80
31	新疆维吾尔自治区	83	28
	总计	288786	15838

注：表中"/"表示暂未在互联网公开渠道检索到相关数据信息。
资料来源：各省（自治区、直辖市）官方网站。

根据课题组此次整理的 2019～2021 年全国登记备案的革命博物馆纪念馆数据，2019 年、2020 年、2021 年全国登记备案革命博物馆纪念馆藏品总数分别为 3294180 件/套、6022194 件/套、6350704 件/套。另外，拥有全国重点文物保护单位的革命类博物馆、纪念馆共有 306 家。而从 2021 年起，国家文物局全国博物馆年度报告信息系统公布的 2020 年全国博物馆数据中新增了"库房面积"字段，2020 年、2021 年全国登记备案革命类博物馆、纪念馆库房面积总数分别为 234266m² 和 250928.13m²（见表 3-5），增速为 7.11%，高于全国登记备案博物馆 6.66% 平均水平。

表 3 – 5   **2019～2021 年全国备案革命博物馆、**
纪念馆藏品资源建设相关数据

年份	藏品总数 （件/套）	库房面积 （m²）	库房单位平方米容纳藏品数量 （件套/m²）	实验修复面积 （m²）
2019	3294180	/	/	/
2020	6022194	234266	26	79091.01
2021	6350704	250928.13	25	79625.21

资料来源：2021 年全国博物馆年度报告信息系统。

（二）革命文物保护利用科学规范

革命纪念馆的文物保护利用工作逐渐实现规范化，针对藏品的鉴定、分类、征集、保管等建立了更为明确的工作规范与标准；在此基础上，通过红色基因库采集、红色文化标注等数字化手段，充分提高藏品资源的开放程度，为活化利用藏品资源、讲好中国故事提供了丰富的养料。

文物藏品管理保护逐渐规范化。目前，革命纪念馆行业已经初步形成了藏品征集迅速、鉴定科学谨慎、编目建档翔实、保护利用并重的一套藏品资源管理体系。藏品征集的目的不再仅仅局限于实物藏品，搜集口述资料，以口述史等形式传承先烈事迹、弘扬英雄精神等逐渐受到革命纪念馆的重视。根据课题组此次整理的 2019～2021 年全国登记备案的革命博物馆纪念馆数据，其中文物藏品总数为 2421964 件/套，一级、二级文物分别为 8073 件/套、25743 件/套（见表 3 – 6）。2021 年全国登记备案的革命博物馆、纪念馆新增藏品 48501 件/套，其中接受捐赠是革命博物馆、纪念馆藏品的主要来源，共 34061 件/套，占到总新增藏品数的 70.23%。除此之外，革命博物馆、纪念馆的藏品还有来其他社会组织机构的移交，占到总数的 31.54%。

表3－6　　　　　　　　　　2021年全国登记备案革命博物馆、

纪念馆各级文物数量　　　　　　　　　　　单位：件/套

藏品总数	文物藏品总数	非文物藏品数	一级文物	二级文物
6350594	2421964	3928630	8073	25743

资料来源：2021年全国博物馆年度报告信息系统。

同时，针对文物的保护工作也在不断深化。有17家革命类博物馆、纪念馆具有可移动文物修复资质。另外，国家文物局也通过专项课题形式，委托重庆红岩革命历史博物馆等场馆开展馆藏纸质和纺织品文物保护修复修旧。根据课题组此次整理的2019～2021年全国登记备案的革命博物馆、纪念馆数据，2021年全国登记革命博物馆、纪念馆共修复藏品3077件/套，其中71%为一般文物，共2199件/套，一级、二级、三级文物数量分别为70件/套、191件/套以及617件/套（见图3－6）。

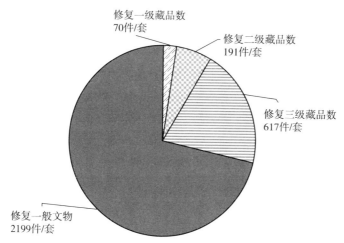

图3－6　2021年全国登记备案的革命类博物馆、纪念馆藏品修复数据

资料来源：2021年全国博物馆年度报告信息系统。

值得关注的还有革命文物的利用水平，根据课题组此次整理的2021年全国登记备案的革命博物馆纪念馆数据，2021年用于基本陈列的藏品总数达到866067件/套，用于临时展览的藏品数量达到51169件/套，合计占到藏品总数 6350704 件/套的 14.44%。藏品资源数字化利用手段日益丰富。近年来，国家文物局大力推动文物数字化建设，90% 的革命纪念馆利用第一次全国可移动文物普查数字化成果，进行了革命文物信息数字化建设。提升藏品信息化比率，推动中华民族文化基因库、红色基因库建设，有助于梳理、规划、整合革命纪念馆的藏品资源，更好服务于藏品的保护、管理和利用。特别是将革命文物保护纳入"互联网＋中华文明"行动计划，建立全国红色资源公共数据库，是充分提高藏品资源的开放程度，实现活化利用藏品资源、讲好中国故事的有力尝试。[①]

三、陈列展览服务时代需求

陈列展览是革命纪念馆面向社会公众提供公共服务的重要形式，也是文物藏品保护与研究成果的直接体现，是革命纪念馆发挥教育功能的主要手段。陈列展览通过梳理大量原始文物、资料以及图片，并配以雕塑、景观、模型、声光电气等手段，最大限度还原所纪念的那段历史，挖掘其人、物、事件背后的精神，以历史观对照现实的方式传播历史知识、弘扬优秀精神，切实增强文化自信。近年来，我国革命纪念馆在陈列展览方面积极探索，大胆创新，注重策划理念的更新和科技手段的运用，使得基本陈列内容与时俱进，推出了一批契合时代主题和深受群众喜爱的展览。

（一）结合重大节点推陈出新

政治站位不断提高。中央宣传部和各地省、市党委宣传部门高度重视纪念馆在宣传历史和弘扬精神方面发挥的重要作用，对纪念馆的陈列展览工作的政治性及科学性进行严格把关，纪念馆自身也严格落实意识形态责任制，展览大纲、文案的编写都经过多轮专家论证，上报上级宣传部门审核把关后方可通过。近年来，纪念馆围绕纪念中国人民抗日战争暨世界反法西斯战争胜利 70 周年、纪念红军长征胜利 80 周年、庆祝中国人民解放军建军 90 周年、庆祝改革开放 40 周年、庆祝中国共产党成立 100 周年等重大时

---

① 国家文物局.中国革命纪念馆概览［M］.南京：南京出版社，2021：10.

间节点推出了一批主题鲜明、导向正确、具有广泛影响力的主题展览。西柏坡纪念馆、辽沈战役纪念馆、淮海战役纪念馆、平津战役纪念馆、渡江战役纪念馆联合举办"新中国从这里走来——纪念建军90周年解放战争经典战役联展",走进天津、锦州、徐州等地70多所机关单位、高校和军营开展巡展。①

精品展览不断涌现。全国博物馆十大陈列展览精品推介是文博行业陈列展览的最高奖项,汇聚了全国文博行业的精品展览。自1997～2019年,全国博物馆十大陈列展览精品推介活动已持续举办17届②,根据课题组统计,在评选出的400余个展览中,有关纪念馆获奖的展览近70个,接近1/5。香山革命纪念馆推出的"为新中国奠基——中共中央在香山"、武汉革命博物馆推出的"纪律建设永远在路上——中国共产党纪律建设历史陈列"获得2019年度全国博物馆十大陈列展览精品推介特别奖,中国人民革命军事博物馆推出的"铭记伟大胜利 捍卫和平正义——纪念中国人民志愿军抗美援朝出国作战70周年主题展览"、抗美援朝纪念馆推出的"抗美援朝保家卫国"获得2020年度全国博物馆十大陈列展览精品推介特别奖。除此之外,自2014年起国家文物局面向全国征集"弘扬优秀传统文化、培育社会主义核心价值观"展览,2021年5月19日,中央宣传部和国家文物局公布由其联合推介的109个庆祝中国共产党成立100周年精品展览。这些行业奖项极大激活了纪念馆行业的文物资源,充分发挥了精品展览项目的示范引领效应,各纪念馆不断更新办展理念,努力提升办展水平和服务质量,推出更多精品展览以更好地满足人民群众对美好生活的新期待。

（二）展览类型方式日趋多元

基本陈列的内容和形式相互依存,通过强调内容与形式的统一,主题鲜明的陈列内容依靠新颖的形式设计和精致的展览制作传递给观众,诸如抗美援朝纪念馆的"抗美援朝保家卫国"（荣获第十八届全国博物馆十大陈列展览精品推介特别奖）、中国人民革命军事博物馆的"铭记伟大胜利 捍卫和

① 新华网. 建设中华民族共有的精神家园——全国爱国主义教育示范基地建设综述［EB/OL］.（2019－09－16）［2023－10－01］. http：//www. xinhuanet. com/politics/2019－09/16/c_1125002120. htm.
② 国家文物局. 2019年度全国博物馆十大陈列展览精品揭晓［EB/OL］.（2020－05－18）［2023－10－01］. http：//www. ncha. gov. cn/art/2020/5/18/art_722_160604. html.

平正义——纪念中国人民志愿军抗美援朝出国作战 70 周年主题展览"（荣获第十八届全国博物馆十大陈列展览精品推介特别奖）等。根据课题组此次整理的 2021 年全国登记备案的革命博物馆纪念馆数据，2021 年全国登记备案的革命类博物馆、纪念馆共开展临时展览 2333 场，与基本陈列一道吸引了 28543 万人次参观，反映了革命类博物馆、纪念馆行业蓬勃的生命力（见表 3 – 7 和表 3 – 8）。

表 3 – 7　　　　2019 ~ 2021 年全国登记备案的革命类博物馆、纪念馆参观人次

年份	2019	2020	2021
参观人数（人次）	423096089	178206386	285436241

资料来源：2021 年全国博物馆年度报告信息系统。

表 3 – 8　　　　　　2021 年全国登记备案的革命类博物馆、
纪念馆基本陈列、临时展览数量

年度陈列展览总数	基本陈列	临时展览	出境展览	入境展览
5274	2926	2333	6	9

资料来源：2021 年全国博物馆年度报告信息系统。

临时展览形式的灵活多样是其发挥补充和辅助基本陈列、活跃博物馆工作、激发观众参观博物馆的兴趣、增强博物馆对观众的吸引力作用的重要因素之一。形式设计是一种艺术创作，它以陈列主题和陈列内容为基础最终表现出来的设计方案，是内容设计的艺术升华。历史文化和现实生活结合点，正是陈列形式设计所应当着力把握的。近年来，各革命博物馆、纪念馆在策划临时展览时，从"物的重心"逐渐转变到"以人为本"，努力做到"让文物活起来"，让有限的革命文物藏品资源最大限度地发挥出文化价值。同时，合理应用数字技术和科技手段，发挥临时展览灵活性的优势，促进基地临时展览丰富化、高质量化、多元化发展，成为革命传统教育中的亮点。

根据课题组此次整理的 2021 年全国登记备案的革命类博物馆、纪念馆数据，除了基本陈列和临时展览，革命纪念馆也开展了大量的交流展览、出境展览、入境展览和线上展览。为了更好地适应疫情防控的相关规定，2021

年全国登记备案的革命博物馆、纪念馆共开展了线上展览991场次，占到当年度国内临时展览总数2333场的42.47%。国内临时展览总数为馆内原创临时展览、交流展览（非原创临时展览）数量之和（见表3-9）。

表3-9　　　　　2021年全国登记备案的革命类博物馆、
纪念馆陈列展览形式相关数据

原创临时展览	交流展览（非原创临时展览）	出境展览	入境展览	线上展览数
1614	719	6	9	991

资料来源：2021年全国博物馆年度报告信息系统。

线上展览成为工作亮点。受疫情影响，各地革命纪念馆按照疫情防控要求实行闭馆，线下展览开展受到影响。由此，各家革命纪念馆开始尝试依托官方网站、微信及微博等平台推出线上展览，开启"云"游纪念馆活动。各大革命纪念馆利用现代科技手段为观众提供多元化"云体验"，使群众足不出户就可享受到丰富的精神文化产品，增进了公众文化福祉的深度和广度。线上展览的转型给革命纪念馆界就如何实践数智赋能带来新的发展方向，2023年5月在国家文物局革命文物司、中国博物馆协会、中共上海市委宣传部、上海市文化和旅游局的指导下，由纪念馆专委会，中共一、二、四大场馆管理委员会共同主办了"自信自强铸辉煌——红色文旅智慧融合发展峰会"，就新时代如何做好革命纪念馆展陈、数字化场馆建设、文旅融合等内容进行了探讨。

四、社会教育注重共建共享

深入贯彻落实习近平总书记的讲话精神，以传承红色基因为主线，融入礼仪、重大历史事件、传统和现代节日的丰富内涵，结合场馆特色与藏品优势，发挥纪念与庆祝活动、报告会、文艺展演等载体的教育功能，面向不同受众开展针对性活动。根据本次调研的数据，2021年全国登记备案革命纪念馆共组织志愿者5.1万人次，共举办社会教育活动136833场，累计惠及13085万人次，全国革命传统教育已呈现出内涵丰富、形式多样、针对性强、覆盖面广的特点。

（一）积极服务党内集中教育

党性教育作为革命纪念馆服务党内集中教育的重要组成部分，通过依托革命纪念馆其特有的历史价值，展现革命先辈、先进典型人物的模范事迹，来加强党员培训工作、思想教育和理论武装，彰显红色基因文化精神。通过深入挖掘红色革命故事，挖掘革命先烈的光辉事迹，坚守思想阵地，对抗历史虚无主义；探索特色党性教育展览、党员教育实境课堂、红色主题演出等创新党性教育形式，为加强党员干部党性修养开辟新阵地；重视干部学院与培训班建设，打造由主题课、专题课、教学情景剧、互动访谈课、红色故事会、红色诵读会、音像教学、现场教学构成的特色教学课程体系。

基于重点省的调研数据，结合大数据的综合分析，全国在 2021 年依托革命文物资源共举办党史学习主题活动约 85 万场，接待参观团体共约 136 万批，接受党史学习教育的人群达 4.29 亿人次。[①]

举办特色党性教育展览与党课。特色党性教育展览与党课充分利用了爱国主义教育基地的馆藏资源，在日常展览的基础上更加抓紧党性教育这条主线，进一步提炼历史文物、照片、原声录音等素材的教育价值，重新梳理展览脉络与党课思路，在特色党性教育展览与党课中充分还原历史真实事件、丰富英雄人物形象。例如，淮海战役烈士纪念塔（馆）则是通过情景党课，从战役全貌、典型英烈、支前民工、亲历者、烈士亲属等多角度生动展示了淮海战役时期共产党员集中体现的"忠于信仰、团结协作、勇于担当、严守纪律"的崇高精神和"一切为了人民，一切依靠人民"的优良传统，引导党员干部坚定理想信念，继续奋勇前进。

建设党员教育实境课堂。党员教育实境课堂在单一的展览和党课的基础上，加入了沉浸式的体验、组织生活等环节，例如邀请革命老人讲革命故事制作视频录像，并聘请老党员、老干部现场讲述革命历史，让现场变课堂、素材变教材、讲解变互动，引导广大党员干部自我教育、自我革新和自我提升，为加强党员干部党性修养开辟新阵地。

---

① 国家文物局. 深厚的滋养 革命文物资源服务党史学习教育大数据分析与案例探究［M］. 南京：南京出版社，2022：14.

（二）加强青少年革命传统教育

根据课题组此次整理的2021年全国登记备案的革命博物馆纪念馆数据，共得到年度观众总数、本地观众人数、未成年观众人数、境外观众人数以及免费参观人数。根据国家文物局年度报告信息填报说明中的指标说明，本地居民观众人数是指年度内博物馆接待本地居民观众数量；未成年观众人数是指年度内博物馆接待18周岁以下未成年观众数量；境外观众人数是指年度内博物馆接待外国以及港、澳、台地区观众数量。[①] 将其中与青少年观众有关的数据提取出来，得到图3-7，其中1153家登记备案的革命博物馆、纪念馆共接待未成年近5974万人次，约占年度参观总人次28543万的21%。

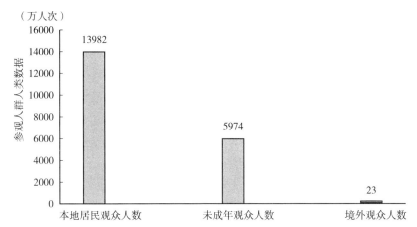

图3-7　2021年全国登记备案的革命类博物馆、纪念馆参观人群分类数据

资料来源：2021年全国博物馆年度报告信息系统。

送展、送课、送教材进校园。革命博物馆、纪念馆不断加强与各地教育部门、学校以及出版集团的交流合作，挖掘革命传统教育资源，发挥学校教育主阵地的作用，将爱国主义贯穿于育人的全过程。例如韶山毛泽东同志纪念馆根据学生的特点，发挥创新精神，积极开拓素质教育的新方式，充分利用其独特、全面的红色资源优势设计了三个系列的精品课——励志修

---

① 全国博物馆年度报告信息系统. 年度报告信息填报说明［EB/OL］.［2023-10-01］. http://nb.ncha.gov.cn：8081/login.html.

身、情景演绎、诗词大会，全面打造了以"毛泽东诗词大会""毛泽东励志修身"为主题的青少年励志修身研学实践课堂，通过情景演绎带领同学们在轻松愉悦的实践中，有学有赏、有张有弛，达到了"游""研""学"的充分结合。

组织青少年红色研学旅行。诸如中共一大纪念馆，通过打造"党的诞生地"系列情景党课以实景表演和朗诵的形式引领观众一同追忆中国共产党在上海开启的伟大征程，通过挖掘对中国共产党成立有重大意义的场景、故事，并将其以新颖的形式阐释出来，更生动地讲述中共一大召开前的建党准备工作，让参观者对相关历史有更全面的了解，激励党员不忘初心、牢记使命、永远奋斗。这种形式生动、内容新颖的党课，获得了社会的广泛好评。

开展"小小讲解员"志愿活动。"小小讲解员"的培养活动是革命博物馆纪念馆在青少年教育方面的重要举措，活动将青少年教育与青少年志愿服务相结合，使青少年参与到讲解、引导等服务中，将青少年被动灌溉转变为主动分享和感悟，引导青少年在实践中通过共学、共讲历史事迹，共赞、共传承爱国主义情怀，深化青少年党史国情教育。例如，国家文物局汇通共青团中央、全国少工委启动的"党的故事我来讲——争做红领巾讲解员"实践体验活动，为全国范围内革命博物馆纪念馆开展小小讲解员支援活动提供了示范案例。截至 2021 年 12 月 31 日，共发放"红领巾讲解员身份卡"10320998 张，通过全国少工委微信公众号进入 H5 参与活动的浏览量为 10661974 次。①

五、学术研究深入阐发精神内涵

近年来，各革命纪念馆获得了快速发展，在此过程中，学术研究作为革命纪念馆的内涵支撑起到了不可替代的作用。各革命纪念馆学术研究通过对基地历史资源、文化资源、文献资料等深入挖掘和研究，对革命纪念馆发展

---

① 国家文物局. 深厚的滋养　革命文物资源服务党史学习教育大数据分析与案例探究［M］.南京：南京出版社，2022：15.

中的问题进行分析和探讨，结出较为丰硕的学术成果。学术研究工作已经成为"提质升级"的重要举措之一，学术成果也为革命纪念馆服务能力、教育能力的发展提供了有力支撑。

（一） 革命文物史料研究逐步系统化体系化

根据课题组此次整理的 2021 年全国登记备案的革命博物馆纪念馆数据，1153 家登记备案的革命博物馆、纪念馆共承担科研项目 304 项，部分革命博物馆、纪念馆自成立以来已承接国家社科基金项目多达 6 项。除此之外，作为我国革命博物馆、纪念馆中的有生力量，已定级的革命博物馆、纪念馆约创办了 60 余份刊物，以馆内刊物为主，但也包括 CSSCI 扩展版刊物（以下简称"C 扩"）《日本侵华南京大屠杀研究》以及《中国纪念馆研究》《上海鲁迅研究》等，发挥了革命博物馆纪念馆作为文化建设阵地的重要作用，促进了对于场馆核心历史资源的再开发、再利用、再研究。在学术论文方面，2021 年全国登记备案的革命博物馆纪念馆共公开发表了论文约 1971 份，出版物约 6519 种，部分革命纪念馆共开展了国际学术活动共 23 场次，其为革命博物馆纪念馆场馆的理论与实务工作提供了坚实的探索与研究。

以北京鲁迅博物馆为例，2021 年全年该馆发表文章 42 篇，出版书籍 2 部，承担科研项目 1 个。其中书籍《他山之石：鲁迅读过的百来篇外国作品》为人们进一步了解和研究鲁迅提供了重要的依据；书籍《新文化运动中心》讲述辛亥革命失败以后中国进步知识分子追求思想解放、探索中国出路、发动新文化运动的历史，重点突出 1917 年新文化运动中心北移，北京大学和《新青年》编辑部成为新文化运动主要阵地，以及新文化运动代表人物在北大红楼传播新思想等重大史实。

而在科研项目方面，重庆红岩革命历史博物馆具有一定代表性。该馆 2021 年全力推进 31 个课题研究（其中省部级以上 18 个），共结项 5 个；主办"传承红色基因 凝聚时代伟力——新时代传承弘扬红岩精神"等学术研讨会 3 个，参加全国性研讨交流 14 场；推进《中共中央南方局的国际统战工作》等 9 部图书编撰；录制《一封感人肺腑的烈士遗信》等革命文物故事专题片 21 集；发表研究论文 98 篇，2 篇论文入选重庆市"庆祝中国共产党成立 100 周年理论研讨会"优秀论文，1 篇代表重庆入选中宣部等主办的全国研讨会。其坚实的理论研究与实务探索推动红岩精神成功纳入首批中国共产党人精神谱系。

（二）党史党建一级学科为革命历史研究工作开拓新路

习近平总书记在哲学社会科学工作座谈会上明确指出："只有以我国实际为研究起点，提出具有主体性、原创性的理论观点，构建具有自身特质的学科体系、学术体系、话语体系，我国哲学社会科学才能形成自己的特色和优势。"① 国务院学位委员会、教育部 2022 年 9 月印发《研究生教育学科专业目录（2022 年）》，对学科门类、一级学科与专业学位类别进行调整与补充，"中共党史党建学"以一级学科列入。党史党建成为一级学科有助于革命博物馆、纪念馆结合高校资源加深场馆专题特色研究力量与团队建设。一是明确学科的研究对象，实现党史与党建的高度统一；二是明确研究范围与方向，促进革命博物馆纪念馆实践与理论的统一；三是进一步明确学科建设的目标与任务，为革命博物馆、纪念馆、党史党建研究提供理论人才支撑；四是加强革命博物馆、纪念馆的学科基础。

党史党建学科作为革命博物馆、纪念馆构建"三大体系"的学科体系支撑，为革命文物保护利用的学术研究体系开拓了新的方向，也催生了一些新的概念和新的表达方式，比如"初心使命""政治生态""伟大建党精神"等概念和命题的运用，为学科发展注入新的生机活力。② 同时，革命博物馆纪念馆可以充分发挥该一级学科的优势，借助其打通与高校历史学、政治学、管理学等学科之间的沟通桥梁，培养革命文物与革命纪念馆研究与实务的复合型人才。未设立一级学科前，全国中共党史专业招生规模偏小，2017～2020 年本科年均招生量 131 人，硕士年均招生总量 297 人，博士年均招生总量 69 人。③ 招生规模与革命纪念馆专业化、高水平人才的需求之间存在不小差距，根据课题组此次整理的 2021 年全国登记备案的革命类博物馆、纪念馆数据相比，1153 家革命类博物馆、纪念馆中，从业人员总数29188 人，专业人员职称占比 25%。其中，正高级、副高级、中级以及初级职称分别占专业人员职称总数的 3%、13%、43% 以及 41%（见图 3 - 8）。

---

① 中国社会科学网．"三大体系"建设引领哲学社会科学迈向未来［EB/OL］.［2022 - 05 - 15］. http://www.nopss.gov.cn/n1/2021/0515/c437517 - 32104208.html.
② 王炳林．中共党史党建学科建设的基本问题探析［J］.北京师范大学学报（社会科学版），2022（4）：21 - 30.
③ 耿化敏．中共党史学科建设的回顾与展望［J］.大学与学科，2021，2（3）：6 - 16.

对比博物馆定级评估的相关人员比例标准，革命纪念馆在引进党史党建学专家、学者方面仍然有很大的提升空间。

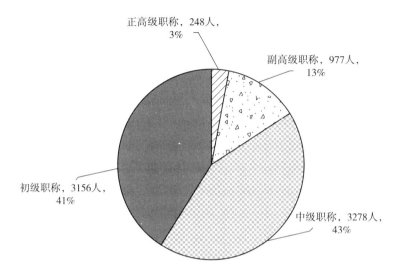

图3-8 2021年全国登记备案革命博物馆纪念馆人员职称情况

资料来源：2021年全国博物馆年度报告信息系统。

六、创新传播渠道加快融合发展

随着数字交互技术的不断发展，传统以基本陈列为主的传播形式正在被拓展，除了借助线上展览、融媒体传播等场馆层面的积极尝试，国家有关部门也在统筹谋划，通过特色活动、革命文物宣传传播专项工程等，持续推进革命文物数字化展示传播，聚焦革命文物内涵，深入社区生活和网络空间打造永不落幕的革命传统教育空间。

（一）革命文物宣传传播工程有声有色

2019年7月4日，国家文物局下发通知，部署开展革命文物宣传传播工程有关工作，贯彻落实中共中央办公厅、国务院办公厅《关于实施革命文物保护利用工程（2018—2022年）的意见》，统筹推进革命文物展示传播，加强革命精神宣传教育，以实际行动迎接新中国成立70周年。其中，在重点项目中单列"革命文物宣传传播工程"，包括百集革命文物故事微视频、百集革命旧址短片、百集革命人物传记片视频资料报送和红色文物数字展厅线上展示传播工作。① 以全国革命文物百佳讲述人为例，截至 2002 年上半年，网上相关活动信息近 30000 条②；截至 2023 年下半年微博话题"革命文物百佳讲述人"阅读量达 3680 万。③

2021 年，国家文物局开展了革命文物保护利用宣传活动月。活动月以"展示百年风华 传承红色基因"为主题，通过 2021 年文化和自然遗产日活动、展览展示活动、群众性主题宣传教育活动、电视专题片展播活动、主题论坛，生动鲜活讲好党的故事，激发广大干部群众的精神力量，信心百倍为建设社会主义现代化国家、实现中华民族伟大复兴中国梦而奋斗。④ 同时，国家文物局联合中央宣传部向社会公开推介庆祝中国共产党成立 100 周年精品展览名单，详见本书附录二革命纪念馆工作优秀案例名录汇编。

根据课题组此次整理的 2021 年全国登记备案的革命博物馆纪念馆数据，1153 家革命博物馆、纪念馆中，共有 530 家场馆提供了"互联网址"，网站综合浏览量达到 3.6 亿人次。同时还有 736 家场馆通过微博、微信、音视频等新媒体平台，向社会公众提供了形式丰富多样、活泼而又严肃的网上革命传统教育服务，新媒体访问量和关注量都远超革命博物馆、纪念馆网站综合浏览量。⑤ 除了传统线下社会教育活动，全国登记备案的革命博物馆纪念馆还开展大量主题丰富、形式多样的线上课程、讲座、直播等线上教育活动，场次达到 1 万余场。

抓好网上革命传统教育阵地建设，其主要手段是创新革命传统教育网络传播渠道与方式，探究爱国主义网上教育的新路径。在信息化时代的大背景

---

① 新华社. 中共中央办公厅国务院办公厅印发《关于实施革命文物保护利用工程（2018—2022 年）的意见》［EB/OL］.［2022 - 07 - 29］. http：//www. gov. cn/zhengce/2018 - 07/29/content_5310268. htm？trs = 1.

② 国家文物局. 深厚的滋养 革命文物资源服务党史学习教育大数据分析与案例探究［M］. 南京：南京出版社，2022：16.

③ 微博. 革命文物百佳讲述人［EB/OL］.［2023 - 10 - 03］. https：//m. s. weibo. com/vtopic/detail_new？click_from = searchpc&q = % 23% E9% 9D% A9% E5% 91% BD% E6% 96% 87% E7% 89% A9% E7% 99% BE% E4% BD% B3% E8% AE% B2% E8% BF% B0% E4% BA% BA% 23.

④ 国家文物局. 百馆百展颂百年［EB/OL］.［2022 - 07 - 07］. http：//www. ncha. gov. cn/art/2021/7/7/art_2491_169817. html.

⑤ 国家文物局. 深厚的滋养 革命文物资源服务党史学习教育大数据分析与案例探究［M］. 南京：南京出版社，2022：27.

下，部分革命博物馆、纪念馆紧跟"互联网＋"潮流，不断向数字化发展探索，通过对计算机、大数据、虚拟现实、云网络等先进技术的运用，延伸和拓展了革命传统教育基地的基本功能，将基地各类馆藏、展览、学术成果以数字化的形式呈现在公众面前。如中国工农红军强渡大渡河纪念馆采用"互联网＋"开启党史学习教育新模式。通过"互联网＋长征"项目建设，抓软件促体验，开发"长征文物地图"小程序，实现全国1600余处长征文物地理位置信息的可视化展示。上线"强渡天险"5G＋AR互动体验APP，实现不可移动革命文物遗址地与全景式AR的良好结合。[1]

依托网站、微博、微信以及各类音视频平台的应用优势，基地将爱国主义教育、历史文化教育、革命传统教育与互联网进行融合创新，为社会公众提供更为贴心与完善的人性化服务，激发公众的爱国热情与民族精神。革命博物馆、纪念馆通过新媒体宣传的方式吸引了大量的报道，根据此次调查数据显示，521家革命博物馆、纪念馆共获得近五千万人次的新媒体关注量。其中，新媒体平台中以微博为主要信息讨论、发布的平台，占到信息总发布量的近五成。互联网与新技术改变了革命传统教育基地传统的传播模式，也改变了公众获取信息的习惯与方式。为了更好地应对这种变化，抓好网上革命传统教育阵地建设，南湖革命纪念馆通过利用新媒体手段，突破地域和时空的限制，以深入挖掘革命文物内涵为导向，在公众微信号、网站以及浙江新闻客户端，以视频或音频的形式，推出了"革命文物里的初心故事""百年航程里的初心故事"系列"云"讲解，仅浙江新闻客户端的点击阅读量就达到33.9万次。[2]

（二）红色文创方兴未艾

2020年12月17日，"文旅融合背景下的红色文创"研讨会暨"红色文创联盟"成立大会在中国国家博物馆举行。来自文化和旅游部、国家文物局、中国国家博物馆、中国人民抗日战争纪念馆、香山革命纪念馆、中共一大会址纪念馆、清华大学文创研究院等部门单位的60余位专家、代

---

① 国家文物局．深厚的滋养 革命文物资源服务党史学习教育大数据分析与案例探究 [M]．南京：南京出版社，2022：304.
② 国家文物局．深厚的滋养 革命文物资源服务党史学习教育大数据分析与案例探究 [M]．南京：南京出版社，2022：146.

表围绕"文旅融合背景下红色文创发展的新机遇与新挑战"这一主题，从不同视角深入探讨，研讨"红色文化联盟"如何借助科技手段传播、弘扬红色文化。①

根据课题组此次整理的2021年全国登记备案的革命博物馆纪念馆数据，共有309家革命博物馆纪念馆开发了共计10556件/套文化创意产品，共实现了8000万余元的收入。文创产品的开发不仅推动了革命类博物馆、纪念馆的宣传工作，同时按照《关于推进博物馆改革发展的指导意见》也可以发挥文创产品销售带来的激励效应，用于藏品征集、事业发展和对符合规定的人员予以绩效奖励等。以重庆红岩革命历史博物馆为例，2021年总开发新文创40种，全年文创产品销售收入339.7万元。设计开发共产党党史教育笔记本、红岩精神永放光芒笔记本礼盒等5款；针对性开发红岩干部学院、红岩研学文创产品15款；创新开发模式，与文化传播有限公司签订《文创产品开发授权合作协议》，授权其进行红岩IP形象研发、生产制造、销售运营。在"重庆好礼"旅游商品比赛中，其文创产品"红梅八头茶具"获银奖，"红岩蓝牙音箱"获铜奖；《红岩智慧随身记》荣获"十三五"期间全国文化创意产品开发优秀成果，并纳入《全国博物馆文化创意产品目录汇编》。

在开发模式方面创新的还有中共一大纪念馆。根据中共一大纪念馆提供的数据，从2021年6月开馆到当年底，将观众热潮转化为红色文创发展的巨大助力，创新运行模式从零起点实现当年文创收入3300万元，开拓出红色文创的品牌授权、冠名授权、内容授权、经营授权四种方式。除此之外，根据课题组统计：中国人民革命军事博物馆则在2021年通过搭建运营2个实体店，与中国邮政集团有限公司北京市分公司合作设立主题邮局，发行军事博物馆主题邮票、邮折。主题邮局开通首日封和人民军队庆祝中国共产党成立100周年主题展览纪念封；配合主题展览推出20余款产品，如"军魂"纪念章、"百年红星"限量版手表、"百发百中"滑动尺等。中国人民革命军事博物馆充分运用北京高校资源，与清华大学美术学院信息艺术设计系合作，依托该系开设的课程专门为军事博物馆定制设计文创产品，共设计

---

① 中国国家博物馆."文旅融合背景下的红色文创"研讨会暨"红色文创联盟"成立大会在国家博物馆举行［EB/OL］.［2022 - 12 - 14］. https://www.mct.gov.cn/whzx/zsdw/zggjbwg/202012/t20201213_919501.htm.

开发文创产品 133 款，销售额 984 万余元，其文创产品"抗美援朝保家卫国"主题子弹钢笔入选"十三五"期间全国文化文物单位（博物馆）文化创意产品优秀成果。

新时代以来，党和政府为纪念馆发展提供了良好的政策环境与物质支持，在习近平总书记的殷切关心下，我国革命纪念馆事业正处于蓬勃发展阶段，行业建设能力逐步提高，公共文化服务能力日趋增强，呈现出馆藏建设规范有序、学术研究深入发展、陈列展览积极有为、社会教育职能强化的特征。

中 篇 | 专题报告篇

第四章

赓续红色血脉 传承百年党史

2021 年是"十四五"规划实施的开局之年、起步之年，也同样是在这一年，带领中国人民从风雨飘摇走向复兴富强的中国共产党迎来了百年华诞。在中国共产党诞生的一百年里，无数共产党人不惧牺牲、前赴后继，用自己的血肉之躯铺就民族复兴的道路，形成了以伟大建党精神为源头的精神谱系。作为革命历史与革命精神载体的革命纪念馆，赓续红色血脉、传承百年党史，从而鼓舞人心、展望未来，是其重要责任。本章将以 2021 年为主要时间截点，就革命纪念馆在服务党内集中教育，以及迎接建党百年过程中所发挥的积极作用与取得的成绩进行报告。

一、用好革命文物资源，服务党史学习教育

革命文物资源是党史文化遗产的重要组成部分，也是普遍应用的党史学习教育实体教材。通过挖掘革命文物资源价值，历史血脉得以延续，文物背后故事内涵向历史价值创造性转化，革命纪念馆也能够进一步做好革命文物资源保护工作，从而在扩大党史学习教育受众的基础上推进党史学习教育更加深入开展，让红色基因得到传承与发扬。

（一）"不忘初心、牢记使命"的重要部署

"不忘初心、牢记使命"出自党的十九大报告，是中国共产党第十九次

全国代表大会这一在全面建成小康社会决胜阶段、中国特色社会主义进入新时代的关键时期召开的重要会议的会议主题，也是在全党范围开展的教育主题。2017 年 10 月 18 日，习近平总书记在党的十九大报告中指出："在全党开展'不忘初心、牢记使命'主题教育，用党的创新理论武装头脑，推动全党更加自觉地为实现新时代党的历史使命不懈奋斗……""中国共产党人的使命，就是为中国人民谋幸福，为中华民族谋复兴。"中国共产党能够砥砺前行、带领中国人民走向富强复兴，恪守本心、不忘初衷是重要原因。在中共中央发布的《关于在全党开展党史学习教育的通知》中指出为巩固深化"不忘初心、牢记使命"主题教育成果，激励全党全国各族人民满怀信心迈进全面建设社会主义现代化国家新征程，党中央决定在全党开展党史学习教育。① 因此，"不忘初心、牢记使命"主题教育是以习近平同志为核心的党中央作出的重要部署，充分理解并落实"不忘初心、牢记使命"的重要部署对于做好党史学习教育而言具有重大而深远的意义。

为深入贯彻习近平总书记关于"不忘初心、牢记使命"主题教育的重要指示，从 2019 年起，国家各组织机构就出台了一系列措施与政策法规推动主题教育的开展。2019 年 5 月 13 日，中共中央政治局召开会议，决定从 2019 年 6 月开始，在全党自上而下分两批开展"不忘初心、牢记使命"主题教育：第一批主题教育从 2019 年 6 月开始，8 月基本结束，第二批主题教育从 2019 年 9 月开始，到 11 月底基本结束。② 该主题教育在中央政治局常委会领导下开展，在此基础上还成立了中央主题教育领导小组及其办公室，以便更好地在党内推动教育开展与贯彻落实。开展这次主题教育，是用新时代中国特色社会主义思想武装全党以全面提升党的力量，从而更好地推进新时代党的建设，强化党的先进性和纯洁性，保持党和人民群众的血肉联系，筑牢建国建党的坚实根基。

为响应党组织号召，2019 年 6 月 18 日，国家文物局在北京新文化运动纪念馆开展"不忘初心、牢记使命"主题教育党日活动，指出北大红楼在发扬革命传统、传承革命文化中的独特作用，认真贯彻落实习近平总书记关

---

① 新华社. 中共中央印发《通知》在全党开展党史学习教育 [EB/OL]. [2021 – 02 – 26]. http：//www. gov. cn/zhengce/2021 – 02/26/content_5588966. htm.

② 新华社. 新中国峥嵘岁月 | "不忘初心、牢记使命"主题教育 [EB/OL]. [2022 – 11 – 17]. https：//baijiahao. baidu. com/s？id = 1653705703232601798&wfr = spider&for = pc.

于"加强对五四运动史料和文物收集、整理、保护"的重要指示精神。① 同年7月15日，国家文物局以"守初心 担使命 奋力推动新时代文物事业高质量发展"为题，为局系统党员干部讲授"不忘初心、牢记使命"主题教育专题党课，主要从四个方面展开：一是深刻感悟习近平总书记关于文物工作重要论述和指示批示的核心要义和实践要求，切实加大文物保护力度，推进文物合理适度利用，努力走出一条符合国情的文物保护利用之路，指明了文物事业改革发展方向，对于文物工作具有特殊重要的意义；二是深刻感悟新时代文物工作的初心和使命，广大党员干部要传承和发扬优良传统，担负起新时代文物工作者的使命；三是深刻感悟党中央对新时代文物工作的要求和现阶段存在的差距；四是深刻感悟新时代文物工作的初心和使命，即加强文物保护利用和文化遗产保护传承，努力走出一条符合国情的文物保护利用之路，坚持精准管理、着力提升文物保护能力，着力推进文物合理利用、让文物活起来，坚持文明交流互鉴、着力加强文物国际合作，着力推进中办、国办《关于加强文物保护利用改革的若干意见》《关于实施革命文物保护利用工程（2018—2022年）的意见》落地见效，是对文物工作高质量发展的重要指示。② 同年9月3日，国家文物局召开"不忘初心、牢记使命"主题教育总结会，进一步强调要贯彻落实习近平总书记关于文物工作的重要指示批示，特别是习近平总书记在敦煌研究院文物保护座谈会上的重要讲话精神作为首要责任和任务，矢志不移推进文物保护利用改革，持续抓好文物合理利用、革命文物保护、文物安全、博物馆发展、海外流失文物追索等重点工作，努力走出一条符合国情的文物保护利用之路。同时，要发挥革命文物资源优势和博物馆、文物保护单位等公共文化服务阵地作用，弘扬革命传统，传承红色基因，达到主题教育预期目标。并要求全体党员干部以巩固和扩大主题教育成果为契机，把初心和使命转化为锐意进取、开拓创新的精气神，转化为埋头苦干、真抓实干的自觉行动，推动文物保护利用改革事业不断有新突破新发展，为实现"两个一百年"奋斗目标作出新的贡献。③

---

① 国家文物局. 国家文物局开展"不忘初心、牢记使命"主题教育党日活动［EB/OL］.［2022 – 11 – 17］. http：//www. ncha. gov. cn/art/2019/6/20/art_722_155702. html.

② 国家文物局. 守初心 担使命 奋力推动新时代文物事业高质量发展［EB/OL］.［2022 – 11 – 17］. https：//www. mct. gov. cn/whzx/whyw/201907/t20190717_845119. htm.

③ 国家文物局. 国家文物局召开"不忘初心、牢记使命"主题教育总结会［EB/OL］.［2022 – 11 – 17］. http：//www. ncha. gov. cn/art/2019/9/5/art_2243_156653. html.

2019年9月，中央"不忘初心、牢记使命"主题教育领导小组印发《关于开展第二批"不忘初心、牢记使命"主题教育的指导意见》，指出第二批主题教育要认真学习贯彻习近平总书记重要指示精神和中央部署要求，把深入学习贯彻习近平新时代中国特色社会主义思想作为根本任务，全面把握守初心、担使命，找差距、抓落实的总要求，坚持抓思想认识到位、抓检视问题到位、抓整改落实到位、抓组织领导到位，充分借鉴运用第一批主题教育成功经验，以彻底的自我革命精神解决违背初心和使命的各种问题，努力实现理论学习有收获、思想政治受洗礼、干事创业敢担当、为民服务解难题、清正廉洁作表率的目标。① 2019年11月，中央"不忘初心、牢记使命"主题教育领导小组印发《关于第二批主题教育单位基层党组织召开专题组织生活会和开展民主评议党员的通知》，要求深入学习贯彻习近平新时代中国特色社会主义思想，认真检视问题，坚持实事求是，用好批评和自我批评锐利武器，保证高质量开好专题组织生活会，这是守初心、担使命的一次政治体检。② 2020年9月，中共中央办公厅印发《关于巩固深化"不忘初心、牢记使命"主题教育成果的意见》，再次提出坚持用习近平新时代中国特色社会主义思想武装全党，强化理想信念教育和党性教育，开展经常性政治体检，推动党员、干部履职尽责、担当作为等意见，要求各地区各部门结合实际认真贯彻落实。③

（二）革命纪念馆主动作为　积极服务党史学习教育

革命文物是伟大革命精神的重要载体，也是革命纪念馆资源的主要构成要素，它承载了党一路走来艰苦奋斗的发展历史。因此，革命纪念馆积极运用革命文物资源服务党史学习教育是其重要责任，也是推动革命文物高质量发展的关键一环。2021年2月20日，党史学习教育动员大会在北京召开。习近平总书记指出，在全党开展党史学习教育，是党的政治生活中的一件大

---

① 新华社. 中央"不忘初心、牢记使命"主题教育领导小组印发《关于开展第二批"不忘初心、牢记使命"主题教育的指导意见》［EB/OL］.［2022 – 11 – 17］. http：//www. gov. cn/xinwen/2019 –09/05/content_5427679. htm.

② 新华社. 中央"不忘初心、牢记使命"主题教育领导小组印发《关于第二批主题教育单位基层党组织召开专题组织生活会和开展民主评议党员的通知》［EB/OL］.［2022 – 11 – 17］. http：//www. gov. cn/xinwen/2019 – 11/20/content_5453976. htm.

③ 新华社. 中共中央办公厅印发《关于巩固深化"不忘初心、牢记使命"主题教育成果的意见》［EB/OL］.［2022 – 11 – 17］. http：//www. gov. cn/zhengce/2020 – 09/14/content_5543377. htm.

事。① 全国革命纪念馆基于本馆红色资源推出多种活动，以用好革命文物这一生动教材，从而达到摸清革命文物家底、寓教于乐，主动服务党史学习教育的目的。

文物精选征调，筑牢红色根脉。挖掘红色资源的前提条件永远是有物可依，积极主动收集红色文物资源是开展文物内涵精神研究的基础，也是向中国、向世界讲述红色故事的前提。中国共产党的百年历程与百年热血风华为祖国积累了不计其数的革命文物，作为红色基因的载体，这些文物肩负传承红色血脉的重任，遍布在祖国的大江南北。为做好红色基因的传承，深入挖掘、阐释革命文物背后的精神内涵，从而为祖国和人民讲好党史、再现红色记忆，开展党史学习教育以来，全国各地革命纪念馆纷纷加大统筹协调力度，在文物征集上下足功夫，基于本馆馆藏具体情况对文物征集工作作出了相应调整，出台《藏品征集管理办法》《藏品征集计划》等适用于本馆实际工作情况的工作制度，并专门组建藏品征集工作专家小组，有计划、有目的地进行藏品征集工作，为本馆文物征集做好补充工作，进而推动藏品文物征集工作更加科学化、规范化。同时，征集工作与文物定级工作相结合同步推进。这种情况下，文物征集工作形成了多元化、多方面的藏品文物资源征集新格局，其专业性和权威性都得到大大提高，在全国范围内征集革命文物这一生动的历史教材也体现了革命纪念馆力求用文物说话、获取更多党史的重要见证而付出的努力。

以西柏坡纪念馆为例。西柏坡是解放战争时期中共中央和解放军总部的根据地，中国共产党在此处的革命实践活动为其带来了丰富且珍贵的革命文物，因此西柏坡也是重要的革命纪念地。为深入挖掘更多生动的文物教材，西柏坡纪念馆借助党史学习教育的浓厚氛围和学习热潮，进一步提高了本馆对文物的征集强度。一是制定科学系统的文物征集方案，配备层级清晰、分工明确的专业文物征集团队。根据本馆文物保管现状，西柏坡纪念馆制订了符合本馆实际情况的文物征集计划，对征集内容、方式和要求都作出明确规定，征集的文物包括 1949 年 3 月中共中央机关离开西柏坡进北平时留存下来的，西柏坡纪念馆成立后由解放战争时期曾在西柏坡工作的老领导、老同

---

① 人民网. 习近平在党史学习教育动员大会上强调　学党史悟思想办实事开新局以优异成绩迎接建党一百周年［EB/OL］.（2021 – 02 – 21）［2023 – 10 – 02］. http://cpc.people.com.cn/nl/2021/0221/c64094 – 32033008.html.

志及其家属、工作人员捐赠的。纪念馆不断派出工作人员进行走访征集，力求以点带面，获取更多信息源，充分获取革命文物线索。二是互联网协助文物征集发力。微信公众号、官方网站等新媒体传播途径为西柏坡纪念馆的文物征集打通了线上渠道，西柏坡纪念馆借助这些平台发布了《西柏坡纪念馆关于征集党史文物资料的公告》，进一步打通纪念馆与社会层面的沟通路径，征集得到革命战争时期文物23件，征集书画作品75幅，文献资料78件①，其中不乏著名作家、翻译家郁文哉使用过的毛毯以及辽沈战役缴获的国民党立功证书一类的重要文物，不仅为馆藏革命资源注入了新的活力，也为党史学习教育提供了重要载体。

为赋能助力党史学习教育，中国工农红军西路军纪念馆也力求做厚家底，强化革命文物征集保护力度，从而通过积极开展革命文物征集与研究帮助充分挖掘红色文物的内涵价值，构筑服务党史学习教育的精神高地。一是实地调查走访征集。中国工农红军西路军纪念馆组织馆内骨干力量成立专项文物征集小组，实地调查走访中国工农红军西路军曾走过的历史道路，在红西路军转战河西、血战高台壮烈牺牲的革命烈士战斗过的地方进行访查搜寻，获取散落在社会民间的红色文物。二是通过征集公告拓宽文物获取途径。通过每年向社会发布文物征集公告，中国工农红军西路军纪念馆的红色文物收获颇丰，累计征集藏品152余件②，同时积极联络红西路军老战士及战士的家属、后代以期获取将士遗物或战争留存物，在一定程度上扩展了文物征集范围。

革命文物是党史和红色文化的重要载体，加大搜集革命文物力度就是为党史学习教育夯实基础。在这次持续性文物征集工作中，各馆拓展了包括战场旧址发掘、社会征集、后代家属主动捐赠、探访革命先烈后辈等在内的多条征集渠道，形成了多元化、多渠道、多形式的文物征集路径，文物征集成果收获颇丰，馆藏文物类型得到进一步丰富，其中不乏珍贵的革命文物和艺术作品，文物数量和文物价值层级也得到了显著提升。

剧目展演还原党史，打造育人新模式。开展党史学习教育的过程中，为

---

① 金立兴. 牢记初心使命 打造红色资源宣教阵地 [EB/OL]. (2022 - 01 - 10) [2023 - 10 - 01]. http：//www. ncha. gov. cn/art/2022/1/10/art_2477_172684. html.

② 高台县人民政府. 不负深情厚望 传承红色基因——写在习近平总书记参观中国工农红军西路军纪念馆四周年之际 [EB/OL]. (2023 - 08 - 18) [2023 - 10 - 01]. http：//www. gaotai. gov. cn/yw/zwyw/202308/t20230818_1096402. html.

拓展红色文化受众范围，使党史教育更具亲和力与普适性，革命纪念馆在教育方式的创新和选择上也逐渐体现出多元化的特点，其中设计策划红色剧目展演与沉浸式情景剧成为了目前众多革命纪念馆普遍选择的党史育人新途径。革命纪念馆以本馆纪念主题为依托所策划打造的党史微党课、舞台剧、实景剧具有更广泛的观众，不论是青少年还是老年群体都可以作为这一教育方式的受众，更加新颖的形式、题材，都大幅提高了影响力和吸引力。剧目设计往往首先进行文物选定和主题确定，然后进一步选择符合人物个性的演员，制作协助环境塑造和演员表演的仿真道具，技艺精湛的角色演员和犹如亲临的舞台环境共同为观众再现史实场景，帮助观众体会中国共产党的百年峥嵘岁月，信仰力量与革命精神的冲击直抵人心。比如南昌八一起义纪念馆设计打造的沉浸式情景讲述展演《八一军旗红》，该展演以本馆文物资源为依托，通过馆内珍贵文物资源呈现和讲解员与志愿者讲解相结合的方式，融合舞蹈、歌曲、讲解等多种表现手法从《前夜》《惊雷》《火种》《军魂》《青春》共五个篇章来还原中国共产党南昌八一起义时的真实历史场景，使观众沉浸式体会、学习中国共产党不畏牺牲的革命精神。

郑州二七纪念馆、湖南党史陈列馆、八路军西安办事处纪念馆、南湖革命纪念馆等革命纪念馆也都以微党课、情景剧等形式推出了如《二七风暴》《唯一的嫁妆》《听王会悟讲"一大"故事》等剧目践行这种"党史＋艺术"的教育实践新模式。这种模式通过纪念馆专业讲解和舞台艺术表现的融合向社会公众还原百年党史中可歌可泣的故事和振奋人心的瞬间，使得基层理论的宣讲和党史精神的学习变得更有温情和感染力，公众对于党的使命和初心的理解也更深刻，是开拓更好发挥革命文物作用路径的一次成功尝试。

创新策展手段，塑造特色展览。近年来，革命纪念馆在展览设计方面开始更偏向平衡"守正"与"创新"之间的关系，在保证陈列展览简洁朴实、庄重大方的基础上，创新使用各种声光电技术为观众进一步提供新感觉与新体验，并广泛联动周边革命纪念馆形成矩阵效应从而提高展览吸引力，达到观赏性、艺术性与政治性结合。目前，革命纪念馆普遍喜爱运用的手段是新媒体技术，即在有限的展陈空间内利用各种艺术装置、灯光使用、投影技术、声音结合、实景打造与 VR 技术应用等手段创新革命文物资源的呈现形式，进而丰富展览内容和展示方式。以南湖革命纪念馆为例。在建党百年之际，南湖革命纪念馆高质量完成"红船起航主题展"，并采取请展和送展相结合的方式与其他红色场馆统筹联动策划"百年航程红船初心——中国革命精神大联展"，同时开展"红船起航——'一大'代表故里行"巡展活动、"'红船精神万里行'大型图片展"巡展活动，先后赴浙江、北京、江西、贵州、陕西、河北等多个主要革命精神发源地的省会城市展出。此外，还有遵义会议纪念馆通过综合运用文物、图片、模型、雕塑、景观等多种形式打造的"遵义会议""翻越雪山草地"等重点文物柜特色展示方式，利用立体背景图、再现原貌、大型等身幻影成像、半景画等方式形成故事情节完整的独立空间，不仅在独立空间中多维度呈现影像凸显革命文物在展览中的地位，也达到了文物资料在陈列中思想性、艺术性与观赏性的和谐统一。

2021 年是中国共产党成立 100 周年，众多革命纪念馆都推出了以本馆革命文物资源为主要载体的百年党史专题展览，包括武汉革命博物馆举办的反映英雄城市百年历史的"英雄城市·百年荣光——庆祝中国共产党成立 100 周年武汉专题展"及"伟大历程——中共一大至七大巡展"；延安革命纪念馆按编年体加专题的形式打造推出的"伟大历程——中共中央在延安十三年的历史陈列"，自主策划举办的"不忘来时路——庆祝中国共产党成立 100 周年特展""延安·延安——吴为山革命主题雕塑作品展"；韶山毛泽东同志纪念馆打造并在吐鲁番、廊坊等多地巡展的"恰是百年风华——庆祝中国共产党成立 100 周年主题展"，该展览还入选了中宣部、国家文物局"庆祝中国共产党成立 100 周年精品展览"推介名单，为勾勒红色足迹、彰显红色精神、传承红色血脉作出了重要贡献。

搭建宣传新媒体矩阵，科技赋能党史传播。新媒体视域下各类文化的传播路径发生了显著变化，革命纪念馆行业亦是如此。随着高新技术的迅猛发展及其适用领域范围逐步扩大，新兴技术在革命纪念馆行业的运用也逐渐趋向广泛，运用多媒体、网络、移动端等新媒体的多元渠道搭建宣传矩阵赋能场馆文化内容传播的方式开始受到革命纪念馆的普遍青睐。近年来，一些规模较大的革命纪念馆对技术的应用变得得心应手，许多小型场馆也被带动起来开始进行这种新的技术尝试。通过运用媒体传播红色故事，场馆宣传教育能力增强，微信公众号、官方微博、官方网站等线上渠道都成为了革命纪念馆扩大受众规模、讲述红色故事的重要平台，尤其是大型革命纪念馆官方网站的制作设计，突破了传统网页单一无趣的普遍情况，将革命文物、革命主题陈列展览等内容均以数字化形式在网站上进行展览，并设计了革命纪念馆与网页浏览者的互动渠道，以供观众为场馆提出改进建议。与此同时，革命纪念馆还积极邀请新闻媒体对其举办的各类活动进行宣传报道，场馆吸引力与影响力得到大大提高。由此可见，多样媒介与载体的融合对宣传弘扬党史和伟大建党精神的支撑是强而有力的。以雨花台烈士纪念馆为例，雨花台烈士纪念馆依托"中国雨花台"媒体阵地在重大时间节点联动中央及地方主流媒体搭建全媒体矩阵讲述雨花英烈故事，助力党史学习教育宣传。如打造包括官方微博、微信公众号、官方网站、头条号、抖音号在内的五大自媒体矩阵，策划推出"雨花英烈"系列绘本朗读比赛、"纪念馆里的党史故事"等专题系列活动。同时，雨花台红色题材专题在 2021 年"七一"期间受到央视庆祝建党百年特别活动《今日中国》《美术经典中的党史》宣传报道，包括近代革命名迹《雨花台颂》等。根据课题组统计，党史学习教育开展以来，中央及省市各级各类媒体累计发布雨花台相关宣传报道 1400 余篇，其中中央媒体报道 200 余篇，党史学习教育开展效果显著，也进一步扩大了场馆品牌影响力。

此外，利用新媒体手段聚焦百年党史中的重要事件节点、人物故事挖掘红色精神与文化内涵以打造党史教育精品也是党史学习教育的全新传播模式。作为建党百年纪念活动核心场所之一，南湖革命纪念馆在公众微信号、网站以及浙江新闻客户端，以视频或音频的形式推出"革命文物里的初心故事"等系列栏目，讲述本馆文物背后的故事和精神，这种富有红色文化内涵和重大教育意义的网络传播作品使党史学习教育方式更委婉生动，教育阵地也从线下单轨输出转为线上线下双线传播。科技赋能文化传播方式，使革命纪念馆不再将教育形式局限于场馆这一方阵地，通过多种线上媒体平台的使用，革命纪念馆文物资源在利用方式和内涵表现形式上都更具多样性，其影响力和生命力在党史学习教育中也得到了一定程度的延伸。

红色教育资源有效整合，品牌教育课程特色塑造。教育是革命纪念馆的重要功能之一，开展党史学习教育以来，各革命纪念馆积极整合各类优质红色资源，打造创新党史学习教育途径、开发党史学习教育精品课程，以分众教育、品牌课程等多种形式极大地促进了红色教学资源的有效整合与优势互补，力求打造教育多元化。为积极赋能党史学习教育，革命纪念馆广纳人才，积极与业内专家、教育合作组成党史教育精品课程开发团队，以馆内资源为主面向青少年、干部等群体开发精品课程，不仅接受到馆参观，还开展送展、送教到各个组织，通过"引进来"与"走出去"相结合的方式双管齐下，达到教育最优化的效果。

以重庆红岩革命历史博物馆为例，2021 年 4 月，重庆红岩革命历史博物馆下辖的红岩革命纪念馆举办了中央广播电视总台党史学习教育基地启用仪式，这也是总台在红岩设立的全国首个党史学习教育基地。基地启用后，重庆红岩革命纪念馆结合重庆红岩联线，连同歌乐山革命纪念馆、曾家岩50 号等红岩精神载体，为中国广播电视总台党史学习教育提供实地实景专题课程培训。重庆红岩革命历史博物馆一直力求做精红色品牌、做优红色课堂，打造"传承红色基因争做时代新人——红岩革命故事展演"这一党史学习教育特色课程并在全国范围演出，并持续开展"让烈士回家""小萝卜头进校园""寻找红岩发声人"等品牌宣教活动。同时，创新推出"重温一次入党誓词、开展一场深情祭扫、参观一个专题展览、聆听一堂专题党课、观看一场专题演出、重走一段红岩小路、抒写一段学习感悟""七个一"特色课程，打造 4 门党史理论课程，帮助传承红岩革命文化。

为帮助扩大党史学习教育覆盖面，引导青少年学史明理、学史崇德，延安革命纪念馆采用适用于青少年的方式，以珍贵文物为"窗口"，以"中共中央在延安十三年"为主线，依托重大事件推出《落脚陕北开新篇》《革命友谊万年长》《爱国青年奔赴延安》《版画里的抗战》《保育院的记忆》《〈黄河大合唱〉诞生记》等数字化青少年党史教育课程 13 节，适用于从小学生到大学生的各个年龄阶段，以寓教于乐的方式让红色基因融入青少年血脉。同时，延安革命纪念馆还依托数字网络技术，采用"人物讲述 + 场馆实拍 + 历史影像资料"的方式拍摄系列微视频《延安·延安》，该系列微视频搜集了大量的史实影像和真实背景资料，共拍摄形成 100 集，分四季播出。通过在中小学校选拔培养的"小小讲解员"讲述延安时期革命文物背后的内涵故事，青少年进一步切身体会了延安时期波澜壮阔的峥嵘岁月，对延安精神的感悟也更加深刻。

革命纪念馆推出的各色党史学习教育精品课程以"线上 + 线下"的形式全面推广，打破了传统的党史学习教育形式，真正做到让革命文物"发声讲述历史"。这些品牌课程及其创新的教育形式丰富了党史学习教育课堂，是鲜活生动的党史学习教育教材，更接地气，效果也更显著。

软硬件同步升级打造党史学习教育红色阵地。为进一步高效提供党史学习教育，更好地向入馆观众提供优质服务体验，革命纪念馆在加强革命文物保护利用管理的同时，也从馆内基础设施与公共服务两个层面同步入手为纪念馆综合水平提质升级，包括馆内物联网环境构建、园区环境优化、志愿服务常态化、人性化服务打造等，比如在馆内增设多国语言的语音导览以满足不同国家游客的参观需要、陈列展览增设二维码提供扫码了解展区背景知识、设置残疾人专用通道与服务人员以及增设游客休息区等。服务能力往往体现在细微之处，通过这些细节上的改进完善，游客能够得到更贴心的参观体验，对于革命纪念馆场馆的认可度也就更高。以桂林红军长征湘江战役纪念馆为例。桂林红军长征湘江战役纪念馆在建党百年之际积极对接国家重大文化工程，推动基础设施升级改造。该馆主要以长征国家文化公园广西段建设为抓手，串联湘江战役重要遗址遗存、民族文化、自然生态等资源，以达到革命遗址与自然生态有机融合的目的。同时，红军长征湘江战役纪念园不断加强馆内基础设施建设与软硬件完善，从参观者休息区、主题雕塑、公共厕所等方面进行改善，并加强全景展示馆建设，对广场雕塑长廊及其周边环境进行细化提升，成功打造了富有区域特色的党史学习红色阵地，为区内外党史学习教育团队开展现场教学、情景教学提供了更好的参观学习体验场所。

二、迎接建党百年，学习建党精神

中国共产党成立的一百周年，是党从根本上改变中国人民前途命运的一百周年，也是为中华民族独立、解放、繁荣而奋斗的一百周年。2021 年 7 月 1 日，习近平总书记在庆祝中国共产党成立 100 周年大会上概括提出伟大建党精神：坚持真理、坚守理想，践行初心、担当使命，不怕牺牲、英勇斗争，对党忠诚、不负人民。[1] 因此，全国上下以各种不同的方式歌颂党的百年华诞不仅是为庆祝，更是为学习党的建党精神，将这精神传承、发扬光大。

---

① 中国政府网. 习近平：在庆祝中国共产党成立 100 周年大会上的讲话 [EB/OL]. [2023 - 02 - 18]. http：//www. gov. cn/xinwen/2021 - 07/15/content_5625254. htm.

（一）国家有关部委通力合作　献礼建党百年

在中国共产党百岁华诞之际，从国家相关部门到地方企业纷纷开展多种系列活动以表庆祝，共同歌颂中国共产党带领中华儿女开拓奋进的百年岁月。国家文物局围绕建党百年推出一系列活动，如开展革命文物保护利用工程、推选一批建党百年的优秀精品陈列展览、专门开展全国革命文物保护利用宣传活动月等，同时联合中央广播电视总台、国家广播电视总局等多个有关部门基于革命文物资源策划了系列主题节目，在加强革命文物保护利用工作的基础上深挖革命文物价值，进一步弘扬革命文化。

围绕革命文物开展系列活动。作为红色基因的重要物质载体，革命文物在革命历史中流传下来向人们无声地讲述了伟大革命历程与伟大革命精神。在2021年5月19日的国务院新闻办新闻发布会上，国家文物局副局长顾玉才介绍了新时代革命文物工作所取得的成就与进步，其向前向上的良好态势主要体现在四个方面，一是在顶层设计方面，相关制度和协同机制不断得到完善。包括首次出台的《关于实施革命文物保护利用工程（2018—2022年）的意见》以及在2019年经中央编办批复成立的革命文物司。二是在文物保护方面，家底进一步摸清，整体保护得到加强。三是在展示传播方面，坚持守正创新，逐渐形成了较为完备的革命文物展览陈列体系。四是在合理利用方面，赋能能力逐步显现，在促进经济社会发展上发挥了独特作用。依托革命旧址、革命文物开展红色旅游的规模和热度全面攀升。[①] 为充分发挥革命文物作用、进一步弘扬革命文化，国家文物局在此基础上开展了一系列活动以加强革命文物保护利用，并举办"展示百年风华　传承红色基因"为主题的全国革命文物保护利用宣传活动月活动，通过制作专题网站，汇集活动月的各项信息资源，从而集中展示全国各地革命文物保护利用工作成果，充分发挥革命文物资源优势以及革命文物在建党百年党史学习教育上的关键作用。

加强革命文物保护利用。近几年，国家各部委所开展的各项革命文化利用保护活动很大程度上都以革命文物保护利用工程为指导，该工程是根据中

[①]　中华人民共和国国务院新闻办公室. 国新办举行庆祝建党百年革命文物保护利用情况发布会图文实录［EB/OL］.［2023 – 02 – 18］. http：//www. scio. gov. cn/xwfbh/xwbfbh/wqfbh/44687/45588/wz45590/Document/1704188/1704188. htm.

共中央办公厅、国务院办公厅印发《关于实施革命文物保护利用工程（2018—2022 年）的意见》实施的文物保护利用工程，也是被列入《中华优秀传统文化传承发展工程"十四五"重点项目规划》的重点项目。为深入贯彻落实这一工程项目，2021 年国家文物局持续开展革命文物资源普查，并在进一步摸清革命文物家底、加强整体文物保护的基础上实施了一批重要的党史文物保护工程。革命文物保护工程上主要实施了赣南等原中央苏区革命遗址、延安革命旧址群等保护工程以及抗战文物和抗美援朝文物保护项目，其中"赣南等原中央苏区革命遗址保护利用工程"更是受到国家文物局的高度评价与特别推介，成为全国革命文物保护样板在全国范围内宣传推广。2021 年国家文物局还公布了第三届（2021）全国革命文物保护利用十佳案例、优秀案例简介，以期为全国革命文物保护工作提供经验借鉴。以作为百年党史文物保护展示工程重点项目的北大红楼保护展示工程为例，该文物原本作为新文化运动纪念馆开放，后经全面维修重建后作为中国共产党早期北京革命活动纪念馆。该保护展示工程项目在推进过程中注重系统研究、修旧如旧，将深化研究贯穿旧址保护修缮的方案制定和工程实施全过程，加强文献档案研究和之前参与修缮的文物专家回访，考察北京周边同时期同类型历史建筑的特点，同时加强勘察评估，坚持现状整修、局部加固的总体思路，尽可能保留历史信息，[①] 使这座有着上百年历史的红色地标得以吸引大批观众前来追寻革命历史发展足迹，感受觉醒年代的红色力量与红色精神。此外，国家文物局还全面推进革命文物保护利用片区工作，陆续公布革命文物保护利用片区名单，强化片区整体规划、在促进革命文物连片保护的基础上加强革命文物的资源利用。

开展革命文物展陈推介活动。2021 年作为建党百年，全国各地革命纪念馆、博物馆均积极参与，根据本馆相关主题和革命文物资源围绕建党百年这一重大时间节点举办了一系列革命文物陈列展览活动。为此，国家文物局专门创新展示传播形式，以"百馆百展颂百年"为主题向社会公开推介"庆祝中国共产党成立 100 周年精品展览"109 个，如"不忘初心　牢记使命——中国共产党历史展览""永远跟党走——庆祝中国共产党成立 100 周

---

① 国家文物局. 第三届（2021）全国革命文物保护利用十佳案例、优秀案例简介［EB/OL］.［2023－01－17］. http://www. ncha. gov. cn/art/2022/3/24/art_722_173510. html.

年大别山革命文物陈列展览""红色电波中的领袖风范——毛泽东同志香山时期发布电报手稿专题展览""铁窗犹见坚壮志——雨花英烈狱中斗争革命文物展"等。推介展览以中国共产党领导中国人民进行革命、建设和改革的100年奋斗历程为主线，集中展示中国共产党在内外忧患中诞生、在磨难挫折中成长、在攻坚克难中壮大，与人民同呼吸、共命运、心连心，风雨同舟、生死与共，从胜利走向胜利的伟大历程。① 这些展览典型性强、特点分明，包括反映中国共产党建党及发展历程的综合性展览、对我国发展作出杰出贡献的中国共产党领导人专题展览以及极具地方地域特色的党史展览，从不同视角多方面地向人民群众重现了中国共产党不懈奋斗的发展史。

除这些系统开展的革命文物保护利用工作外，国家文物局还根据中央对全党开展党史学习教育的要求做了四方面的工作，目的是运用好宝贵的革命文物资源，在党史学习教育中更充分地发挥作用。第一，在中央党史学习教育动员大会联合退役军人事务部下发《关于充分用好革命文物资源及烈士纪念设施服务党史学习教育的通知》，要求各地充分利用革命文物资源和烈士纪念设施作为党史学习教育资源和学习产地服务于党史学习教育，深入挖掘革命文物蕴含的革命精神与时代价值，为党史教育提供周到服务。第二，提升博物馆、纪念馆服务党史学习教育的水平，包括开展有针对性的文物征集活动，调整提高展览水平和讲解员能力，为公众提供更高水平的展览和更高水准的讲解服务。第三，全国范围内积极开拓创新，拓宽服务党史学习教育方式，如巡展、巡讲、线上展览、网上竞答、剧目展演等各种形式。第四，拓展服务党史学习教育的覆盖面，扩大革命纪念馆、博物馆受众范围，提高场馆吸引力、影响力。

联合媒体制作革命文物电视专题影片。通过使用人民群众喜闻乐见的作品形式向社会发出红色声音，讲述中国共产党的奋斗故事一直是各个相关部门共同努力的方向。近年来，为进一步贯彻落实习近平总书记关于革命文物保护利用重要论述精神，全国各部门均响应号召寻找党史学习教育新形式。在各个部门联合出品的各种节目和活动中可以发现，积极运用新媒体宣传渠道让红色文化发声是普遍受到欢迎的重要创新举措，且红色声音的发声人也

---

① 国家文物局．百馆百展颂百年——"庆祝中国共产党成立100周年精品展览"巡礼［EB/OL］．［2023－01－17］．http：//www.ncha.gov.cn/art/2021/7/7/art_2491_169817.html.

从节目出品方的一小部分人扩展到包括青少年群体、社会各行各业人士的广大人民群众，如国家文物局、中央广播电视总台、中央网信办联合印发文件，共同开展全国革命文物百佳讲述人遴选和展示推介工作等，是真真正正将党史教育带入了中国千万家。

联合中央广播电视总台制作出品《红色烙印——革命文物的故事》。一直以来，国家文物局积极发挥革命文物资源优势作用，联合中央广播电视总台制作出品一系列专题节目，采用人民群众喜闻乐见的形式生动传播红色文化，取得了显著成效和广泛影响。其中，最具代表性的是 300 集系列微纪录片《红色烙印——革命文物的故事》。该微纪录片聚焦于革命历史，集合百集革命文物故事微视频、百集革命旧址短片、百集革命人物纪录片的系列节目，包括革命旧址 100 集，馆藏革命文物 100 集，革命人物 100 集，每集时长 5 分钟左右，以中国共产党百年来带领中国人民不畏牺牲不断抗争、艰苦奋斗的伟大历程为主线，充分展现了中国共产党人的伟大精神与使命担当。

与国家广播电视总局合作推出系列广播电视专题节目。截至 2021 年底，国家文物局与国家广播电视总局联合出品了一系列广播电视专题节目以献礼建党百年，包括《时间的答卷》《闪光的记忆》《红色文物 100》等。《时间的答卷》是国家广播电视总局组织，中央党史和文献研究院、中央档案馆（国家档案局）、国家文物局、中国社会科学院、上海市委宣传部支持指导，上海市广播电视局、上海广播电视台东方卫视中心承担制作的建党 100 周年主题电视节目，主要以依托真实事件和人物的档案文物为载体讲述历史故事，通过艺术家演绎或是场景还原塑造了 16 位不同时期的中国共产党员形象。《闪光的记忆》则是系列节目中较为创新的一个，该节目以革命历史文物和其承载的故事为切口，向观众讲好党的故事，诠释初心使命。同时在包含常规革命纪念馆讲解员的基础上，还在社会各行业中挑选了一部分年轻人参与到各革命重大事件、重要人物活动地的讲解中，扩大了节目参与者与受众范围。截至 2023 年 2 月 2 日，在新浪微博"闪光的记忆"话题已达到 1.9 万人次参与讨论，总阅读量高达 1.6 亿次①，影响力可见一斑。

举办青少年系列党史学习教育。青少年是开展党史学习教育与革命历史

---

① 新浪微博 . 闪光的记忆［EB/OL］.［2023 - 10 - 02］. https：//m. s. weibo. com/vtopic/detail_new？click_from = searchpc&q =％23％E9％97％AA％E5％85％89％E7％9A％84％E8％AE％B0％E5％BF％86％23.

教育的重要对象，而革命纪念馆与革命文物就是青少年感悟红色精神、传承红色基因的宝贵教材资源和学习阵地。在迎接中国共产党成立100周年的过程中，形成了全国党史学习教育氛围，全国各个部门普遍开展包括青少年群体在内的分众党史学习教育，如共青团中央、全国少工委在全国青少年中开展的"学党史、强信念、跟党走"学习教育活动，为青少年提供生动的党史学习教育课堂，以及依托革命文物资源的教育作用，在各大重要时间节点向青少年开展仪式教育等。为充分利用革命纪念馆与革命文物等重要红色资源，强化教育功能，国家文物局也展开了一系列活动。

第一，引导青少年走进革命场馆学讲党史。近年来，学校与革命纪念馆之间的联动模式开始从场馆主动讲述、学生被动接收向学生主动讲史转变，增强了学生入馆的参与感与认同感。这种转变更能抓住青少年的眼球，党史学习教育效果也更加显著，在一定程度上避免了馆校联动"走形式、走过场"，学生走马观花式参观的问题。国家文物局、共青团中央、全国少工委联合启动的"党的故事我来讲——争做红领巾讲解员"实践体验活动为青少年走进革命场馆提供了更多渠道，让全国范围内的众多少年儿童依托当地的革命资源在队日活动、"六一"儿童节、少先队建队日和重大历史纪念日及节假日走进革命纪念馆、博物馆开展学习参观，并担任"红领巾讲解员"主动学讲党史、感悟精神。这一活动是对革命文物教育功能的加强，也是对青少年价值观塑造的实践，有利于少年儿童有关党史、新中国史、改革开放史、社会主义发展史的学习以及思想道德的建设，从而推动少先队成为革命故事的讲述者、革命精神的传承者。

第二，打造青少年党史教育网络课程。依托全国现有的可移动、不可移动革命文物资源与革命纪念馆实景地，相关部门与革命纪念馆合作推出了一系列精品党史教育网络课程。这些网络宣传文化产品普遍采用实地取景、青少年自行讲解、互动答题、兑换奖励等多种创新形式，以青少年全年龄段为受众范围，为青少年的党史学习教育过程提供了足够的趣味性和吸引力。如聚焦庆祝中国共产党建党100周年而打造的"青年大学习·一起学党史"系列专辑网上主题团课，通过引入交互环节与动画解说的形式带领广大青年团员遍访、点亮祖国各地的红色地标，如身临其境般感悟中国共产党伟大革命精神，同时还可通过中国青年报客户端参与答题以巩固党史知识学习效果。诸如此类的党史课程还有名为"红领巾爱学习"的党史主题团课专辑，前者以青年为受众，后者则以少年儿童为学习对象，在一定程度上较全面地覆盖了青少年各个时段。

第三，创建青少年校外实践教育基地。为更好地利用各种革命教育资源，国家文物局积极推动馆校共建，将革命纪念馆等革命场馆与爱国主义教育基地打造成青少年党史学习教育实践基地，这些基地都会配备相应的教育实践资源和必要条件，并在场馆中单独开辟青少年学习活动空间，是除网络学习教育课程以外的现场活动实践教育形式。通过亲临革命遗迹、参观革命文物的形式，青少年能够充分感悟红色精神，亲身体验革命氛围，如许多场馆设立的"红领巾 e 站 1013"阵地，就是专门为青少年开辟的活动阵地，以供学校开展党史教育。

（二）革命纪念馆点亮红色地标 颂扬伟大精神

作为红色资源的一部分，革命纪念馆和馆藏的珍贵文物是建党精神的生动载体，这些红色地标见证了中国共产党的发展历史，是中国共产党百年间于艰难困苦中坚定不移走中国特色社会主义道路最清晰的见证。近年来，全国各地在习近平总书记的指示下纷纷强化了对红色地标、红色资源的使用，红色氛围愈发浓郁。

"文旅＋交通"融合红色旅游新形式。历史是一个国家最好的教科书，而党史则是这本教科书中最浓墨重彩、最振奋人心的营养剂。为了让人民群众能够在出行游玩的路上同时学习革命党史、感悟革命精神，近距离受到红色文化的熏陶从而吸收来自历史给予的营养，全国多地相关部门联合革命纪念馆博物馆打造红色旅游专列，以"流动的红色课堂"与静谧的红色故里相结合，让人民群众得以在游历中接受来自红色文化的洗礼。红色旅游专列是"文旅＋交通"融合红色旅游专列的一种新形式，通常由铁路部门主导，与当地著名的革命纪念馆博物馆等红色地标合作形成追寻红色印记的红色旅游线路，通过发挥"铁路＋旅游"这种旅游新业态的行业优势，地方能够进一步吸引客流资源，革命纪念馆博物馆也能迎来更多受众，带动当地经济增长。目前，"文旅＋交通"形成的红色旅游新形式主要包括两种，分别是红色文化与列车结合打造"移动红色课堂"，以及红色地标所在地串联成线推出的红色旅游精品线路。

打造列车"移动红色课堂"。作为人们感受革命圣地红色基因的重要平台，近年来革命纪念馆突破故步自封，常与相关部门进行合作推出一些新形式的服务，其中就包括与地方铁路部门积极配合，为游客提供了以革命纪念馆主题元素、党史学习教育元素为主的优质旅游服务，让游客们得以在旅途中时刻感悟党史，寻找革命历史的足迹。同时，铁路专列也被打造成移动红色课堂，改造为红色教育主题功能车厢，将革命元素融入列车环境，安排革命歌曲演唱、党史教育片观看等主题教育活动，将党史学习教育和爱国主义教育充分融入其中。如地方政府与嘉兴市、中国铁路上海局集团有限公司联合开通的上海－嘉兴"南湖·1921"红色旅游列车，这趟专列将上海中共一大会址、中共一大纪念馆、博文女校旧址与嘉兴火车站复建老站房、狮子汇渡口旧址、南湖红船、南湖革命纪念馆等红色资源进行了有机结合，并在行程中突出革命历史人物、革命历史事件等元素，每日固定往返开行一次，单程运行时间73分钟。专列注重实景打造，便于广大人民群众前往中共一大会址、嘉兴南湖红船等党的起航地，极大程度地弘扬了红船精神，受到群众普遍欢迎。此外，还有武汉革命博物馆打造的"移动红色博物馆"的形式，通过开辟红色旅游公交专线、打造地铁红色专列等形式，将红色血脉、红色氛围融入到市民的日常生活，提高了红色文化传播能力。

红色资源与特色旅游景点串联成线。红色旅游精品线路是推动党史学习教育常态化、创新党史学习教育新形式的特色方式。2021年，各省联合本土红色革命场馆推出了多种旅游线路，用以展示中国共产党带领人民在革命、建设、改革的各个历史时期的奋进征程，引导广大干部群众寓教于游、感悟时代进步和历史，从而激发本省的红色旅游市场活力与潜力，极大程度帮助了本地旅游产业发展。甘肃省文化和旅游厅推出"红色陇原行·甘肃人游甘肃"7大主题35条红色旅游精品线路，将甘肃省内众多红色资源和特色旅游景点串联成线，华池县南梁革命纪念馆、抗大七分校旧址、大凤川军民大生产纪念馆、南梁镇荔园堡村等革命红色地标均纳入其中。此外，还有无锡打造的红色旅游、人文旅游与绿色旅游的特色有机结合，新吴区开通的包含泰伯庙、党建古镇街区、二胡文化产业园、新四军江抗东进纪念馆4个站点在内的红色免费微公交；整合纳入"一包三改"纪念馆、吴文化公园、洛社尚田小镇等文旅资源的"惠山红色之旅"等。这些红色旅游精品线路不仅广受中老年人喜爱，还普遍受到年轻人群好评，满足了各个年龄阶段人群重温激情岁月、感怀时代变迁的需求。此外，许多革命纪念馆也主动作为，自主开发红色旅游研学精品线路，活动内容包括爱国主义教育、劳动体能训练、革命遗址等红色地标参观、观看红色电影等，能够充分调动学生的学习参与积极性，这种寓教于旅、学旅共进的青少年党史学习教育形式为社会公众提供了红色文化学习指引。如桂林红军长征湘江战役纪念馆群，依托湘江战役纪念设施开发的"血战湘江突破包围"精品线路、桂林红军长征湘江战役纪念园以园为核心串联全州境内重要湘江战役遗址遗存策划的多条红色旅游精品线路以及晋察冀边区革命纪念馆开展的以"争章逐梦好少年"为主题的红色研学旅行活动。这种红色旅游研学线路的设计一定程度上推动相关红色文化景区成为红色教育热点区域和普遍受到欢迎的旅游"打卡地"，是红色文化和当地旅游经济的双重推动力。

红色地标融入城市氛围，加强红色文化感染力。红色地标中，意象通过特定的话语与红色文化建立象征联系，并以此强化红色文化的传播效果。①于革命纪念馆而言，革命纪念馆本身及其拥有的可移动、不可移动文物都是饱含红色文化底蕴的非同寻常的红色意象，这种红色意象相对来说能够更容易、更深刻、更直观地表达或体现在艰难困苦中磨难成长的中国共产党的伟大精神。因此，在革命纪念馆及其所处环境着重体现红色地标的作用时，红色文化的传播力与感染力就会更上一层楼。近年来，特别是在这个建党百年的重要节点，许多城市也更大程度地运用本地红色地标来向社会传递红色精神与红色文化，革命纪念馆这种红色地标与城市的结合得以变得更加密切。如2021年6月下旬开始，为庆祝中国共产党成立100周年，南京开始采取安装光束灯，采用措施点亮南京本地的多个红色地标，包括雨花台烈士纪念碑前广场、中共代表团梅园新村纪念馆、挹江门城楼、渡江胜利纪念馆、南京人民大会堂、南京长江大桥等。与其他地标建筑和城市风格交融在一起，这些地标并未显得格格不入，相反在风格上交融得恰到好处，展现了南京的一种新时代风貌，同时也是中国特色、中国气派的一种典型体现。这种城市建筑与革命纪念馆这一红色地标的结合与常规的红色文化教育途径相比，不同点在于贯穿中国共产党发展历程的同时，前者使用楼体灯光、水幕表演等形式丰富了市民的文化生活，这种璀璨灯火的使用更侧重对当今时代中国强

---

① 王雪晔，许易欣，吴秋韵．红色文化传播的视觉修辞实践及效果提升策略研究——基于广东省192个红色地标的调研［J］．传媒论坛，2023，6（1）：29－33.

盛现状的体现，渲染了国富力强的氛围感，成为红色文化传播中心，由此人民能汲取更强大的文化自信力。

红色地标成群众热门打卡地。在各地的相关部门和革命纪念馆的共同努力下，全国红色文化氛围越发浓郁，革命纪念馆也逐渐加强了对各种新兴技术的应用，各种创新活动形式的开发和结合技术的场馆环境打造对人民群众的吸引力大幅增强。从舆论宣传上来看，许多新闻媒体都普遍开始对红色地标进行宣传，呼吁群众打卡本地著名革命遗迹，本省内部的各个新闻媒体也会着重提高革命纪念馆的知名度。在新闻宣传和革命纪念馆自身吸引力的双重加持下，红色地标"打卡"成为流行趋势，中小学校、党校等群体在开展爱国主义教育时也会优先考虑前往革命纪念馆进行实景教学，这种教学方式既不会枯燥无味，又能够得到更好的教育效果。除此以外，在法定节假日特别是小长假期间，革命纪念馆的红色地标也成为了人们在计划旅游路线时会纳入考虑范围的打卡景点，一些革命纪念馆甚至会出现当天预约饱和的情况。由此可见，红色资源的教育受众已经从一小部分的青少年、党员群体扩展到全国范围内的人民群众，红色旅游也成为了市民假期生活的新时尚和新主流，其教学效果可见一斑。

革命纪念馆开发"线上云游"新模式。除线下前往实地感受革命氛围之外，革命纪念馆还开发了互联网红色地标打卡渠道，帮助全国各地人民"云游红色地标"。这种红色文旅宣传模式适应了"互联网＋"的时代新潮流，在场馆官方网站以线上红色主题展览、VR革命纪念场馆实体参观、微信专题推文、系列视频制作等形式为主，受众群体打破了实地参观观众的限制，部分红色主题展览还会配备分模块的专业讲解，再配以相得益彰的背景音乐，都很好地从线上塑造了浓厚的革命氛围。同时，一些新媒体也相应上线革命纪念馆红色地标云游渠道，如在中国共产党建党一百周年之际，"学习强国"平台就为了满足人民的出游需求而上线红色旅游相关专题，从"旅游"频道进入"红色旅游"栏目再点击"共和国从这里走来"一栏，可以见到"红色旅游""革命根据地""革命文物"三大模块，其中包含的"云打卡"红色景区图片清晰且介绍细致，可以让观众像亲身体验一样了解更多的红色旅游知识，体验深厚红色底蕴。

文创助力红色地标出圈出彩。近年来，文博行业普遍开始出现"文创热"，风格迥异且特点鲜明的各类文创产品频频出圈，并深受年轻一代的喜爱。在这一背景下，革命纪念馆也开始结合本馆革命遗址等红色地标、重要艺术品等革命文物资源作为设计元素研发红色文创产品，并主要以潮流化、年轻化结合实用性的趋势为主，红色文创成品颇具亮点。比如中共一大纪念馆就将中共一大会址"树德里"石库门这一著名红色地标的造型进行提炼得到文创设计元素，推出了冰箱贴、笔记本、明信片等一系列以"党的诞生地——树德里系列"为主题的红色地标元素文创产品；中共四大纪念馆则以"创新、年轻、精品"作为原则理念，打造了"顶天立地力量之源"的红色文创品牌，并以馆内位于纪念馆序厅的主题圆雕"工农联盟"主题雕塑为设计元素开发了一整套 Q 版人物盲盒。在设计开发中，革命纪念馆还会参考众多的革命历史资料，使文创产品能在卡通化的基础上尽可能还原代表性元素。可以看出，革命纪念馆的文创设计多以顺应潮流为主，主要突出红色文化元素，并以年轻人作为主要的受众群体，根据不同年龄段群体的认知水平进行不同的设计开发。同时使红色文化结合潮流趋势，并在红色文创产品中融入党史知识，从而进一步了解革命纪念馆的主题精神，帮助青少年在乐趣中学习党史。

革命文物服务高校立德树人思想政治工作

革命文物是中国共产党带领全国各族人民在筚路蓝缕、奠基立业过程中留存下的宝贵的精神印记，承载着中国共产党和广大人民群众英勇斗争、艰苦创业、顽强拼搏、砥砺奋进的光辉历史，见证着中国共产党人践行"为中国人民谋幸福、为中华民族谋复兴"的初心和使命。①

作为弘扬革命传统和革命文化、加强社会主义精神文明建设、激发爱国热情、振奋民族精神的生动教材，将凝结着党的百年奋斗征程足迹的革命文物融入高校思想政治教育之中，对加强和改进新时代高校思想政治工作意义重大，有助于充分展现革命文物培根铸魂、协同育人的特殊作用，发挥着开创新时代高校思想政治工作新格局，培养担当民族复兴大任的社会主义建设者和接班人的关键责任与重要使命。

一、打造"大格局"，落实立德树人根本任务

国无德不兴，人无德不立，推进立德树人根本任务，是青年发展之所求、社会发展之所求、国家发展之所求、党的事业发展之所求。教育是国之大计、党之大计，教育不单单是"传道""授业""解惑"的事业，更是立

---

① 秦专松，姚茂华，项福库. 用好革命文物这一"生动教材"［N］. 中国社会科学报，2022 - 08 - 23（008）.

德树人的事业，要肩负起为中国特色社会主义事业培养合格的建设者和可靠的接班人的重担，培养一代又一代拥护中国共产党领导和我国社会主义制度、立志为中国特色社会主义事业奋斗终身的有用人才。

（一）"立德树人"根本任务的重要部署

党的十八大以来，习近平总书记高度重视教育强国建设，多次强调教育的根本任务是立德树人，要求把教育事业放在优先位置，办好人民满意的教育。① 2017 年 10 月，习近平总书记在党的十九大报告中指出"要全面贯彻党的教育方针，落实立德树人根本任务，发展素质教育，推进教育公平，培养德智体美全面发展的社会主义建设和接班人。"② 党的十九届四中全会提出，要进一步完善立德树人体制机制，深化教育领域综合改革，加强师德师风建设，培养德智体美劳全面发展的社会主义建设者和接班人。2020 年，习近平总书记在《求是》发表了重要文章《思政课是落实立德树人根本任务的关键课程》，这是习近平总书记 2019 年 3 月 18 日在学校思想政治理论课教师座谈会上讲话的主要部分。文章指出，"思政课是落实立德树人根本任务的关键课程，思政课作用不可替代，思政课教师队伍责任重大"，思政课教师要有"历史视野"，"通过生动、深入、具体的纵横比较，把一些道理讲明白、讲清楚"。③ 2022 年 10 月 16 日召开的党的二十大中，习近平总书记再次强调了立德树人的重要性，并指出"培养什么人、怎样培养人、为谁培养人是教育的根本问题。育人的根本在于立德。全面贯彻党的教育方针，落实立德树人根本任务，培养德智体美劳全面发展的社会主义建设者和接班人。"④

落实立德树人任务是我国新时期中国特色社会主义事业及教育事业发展的需要，习近平总书记关于立德树人的重要论述正是在这种发展需要下应运而生的，这是对我国新时期教育价值指向的准确判断，是对我国优秀教育传

① 光明网.［每日一习话］全社会要担负起青少年成长成才的责任［EB/OL］.（2022 - 09 - 01）［2023 - 09 - 27］. https：//politics. gmw. cn/2022 - 09/01/content_35995916. htm.
② 新华网. 立德树人，习近平这样阐释教育的根本任务［EB/OL］.（2019 - 03 - 18）［2023 - 09 - 27］. https：//www. moj. gov. cn/pub/sfbgw/gwxw/ttxg/201903/t20190318_166929. html.
③ 习近平. 思政课是落实立德树人根本任务的关键课程［J］. 求是，2020（17）：4 - 16.
④ 习近平. 高举中国特色社会主义伟大旗帜　为全面建设社会主义现代化国家而团结奋斗——在中国共产党第二十次全国代表大会上的报告［EB/OL］.（2022 - 10 - 16）［2022 - 11 - 14］. https：//mp. weixin. qq. com/s/dc7pDRPRR9Kscf3n5iG6UQ.

统的创造性继承，是马克思主义关于人的全面发展思想的中国式创新性表达，是新时代中国特色社会主义教育发展的行动指南，彰显了习近平总书记对教育工作的极大重视。

（二）立德树人根本任务得到有效落实

2021年3月，习近平总书记就革命文物工作专门作出重要指示，深刻阐明了革命文物的重大意义和时代价值，进一步明确了做好革命文物工作的目标任务和基本要求，为做好新时代革命文物工作指明了前进方向、提供了根本遵循。[①] 7月27日，国家文物局联合教育部印发了《关于充分运用革命文物资源加强新时代高校思想政治工作的意见》，[②] 文件要求各级教育主管部门、高校以及各级文物主管部门、革命博物馆纪念馆、革命旧址保护管理机构要坚持政治引领、传史育人、守正创新的原则，充分运用革命文物资源加强新时代高校思想政治工作，不断增强高校思政课程的思想性、理论性与针对性，用好红色资源，赓续红色血脉，使思政课呈现出蓬勃的生命力，帮助青年学生以革命文物为基石，牢记党的初心与使命，坚定永远跟着党走的信念。

随着革命文物融入高校思想政治教育工作，见证着革命历史的革命文化，依托革命文物而升华的井冈山精神、南湖精神、长征精神等革命精神以及近代以来在救国救民道路上艰难求索的无产阶级革命者形象都跃然于学生心中。

革命文物和新时代高校思想政治教育工作的融合发展，为思政课堂发展奠定了坚实的历史基础，发掘了丰富的文化资源，聚合了强大的政治引导力，有效提升了高校思政课堂的使命高度、政治向度和德行深度，这与高校立德树人教育实践活动保持着高度一致性。立德树人必须让青年学生在课堂上构建历史的大视野、大逻辑和大格局，厚植家国情怀，自觉把个人理想与家国命运有机结合，与时代同步伐，与人民共命运，革命文物融入高校思想政治工作是传承共产党人精神谱系的根本要求，是落实立德树人根本任务的

---

① 库来西·依布拉音．运用革命文物加强新时代高校思想政治工作探究［J］．学校党建与思想教育，2021（24）：76-78．
② 革命文物司．关于充分运用革命文物资源加强新时代高校思想政治工作的意见［EB/OL］．（2021-7-30）［2022-10-17］．http：//www.ncha.gov.cn/art/2021/7/30/art_2318_44793.html.

迫切需要，是提升高校文化建设水平的重要资源。

二、统筹"大资源"，丰富高校思政教学内涵

（一）整合革命文物资源研究力量

《关于充分运用革命文物资源加强新时代高校思想政治工作的意见》是贯彻习近平总书记关于加强高校思想政治工作和革命文物工作的重要论述精神的重要举措，文件指出，"各级教育、文物主管部门要支持高校发挥学科优势和智力优势，推进革命文物理论体系和教学体系建设，围绕革命文物保护、管理、运用开展跨学科的理论研究和教学研究。支持革命场馆与高校共建协同研究中心、特色新型智库，聚焦一批重大课题开展联合攻关，形成一批高水平的理论成果和教学成果。"[1]

通过馆校协同合作，整合各方力量，不断推进高校与革命纪念馆之间的深度合作，深入挖掘革命文物蕴含的思想内涵和时代价值，充分发挥革命文物在高校立德树人格局下的教育作用。

2022年4月28日，国家文物局革命文物司印发《国家文物局办公室关于组织开展国家革命文物协同研究中心候选单位推荐工作的通知》（以下简称《通知》）。《通知》指出，"设立国家革命文物协同研究中心，旨在发挥高校优势，整合各方力量，打造一批具有创新性、示范性、引领性的红色资源研究高地、革命文物保护利用高端智库、革命文化学术交流重要平台、红色资源共建共享中心，构建多学科交叉、跨领域融合、特色鲜明、布局合理的革命文物研究新格局，用心用情用力切实把革命文物保护好、管理好、运用好。"[2]

《通知》的印发，受到各省文物局以及各高校、纪念馆的广泛关注与积极响应。国家革命文物协同研究中心以习近平新时代中国特色社会主义思想

---

① 革命文物司.关于充分运用革命文物资源加强新时代高校思想政治工作的意见［EB/OL］.（2021－7－30）［2023－02－14］.http：//www. ncha. gov. cn/art/2021/7/30/art_2318_44793. html.
② 革命文物司.国家文物局办公室关于组织开展国家革命文物协同研究中心候选单位推荐工作的通知［EB/OL］.（2022－04－28）［2023－02－14］.http：//www. ncha. gov. cn/art/2022/5/23/art_2237_45544. html.

为指导，深入阐述了习近平总书记关于革命文物工作和高校思想政治工作的重要论述精神，以立德树人为根本，以社会主义核心价值观为引领，是真正用好、用活革命文物资源，赓续红色血脉，整合革命纪念馆、高校力量，赋能高校思想政治工作，创新思政育人工作机制的重要举措。

通过运转国家革命文物协同研究中心，能够有效加强馆校资源整合，聚焦革命文物科学保护、内涵阐释与价值挖掘，打开革命文物研究的新格局、搭建高校思政工作的新平台、拓宽文物资源转化的新途径，不断汇聚红色基因，赓续红色血脉，深入推动革命文物资源融入高校思想政治工作，努力发挥革命文物在党史学习教育、革命传统教育、爱国主义教育等方面的重要作用，推动革命旧址转变为思政教育实践教学基地，统筹馆校革命文物共建共享，是进一步统筹革命纪念馆与高校协同、思政课程课内与课外协同、教学与研究协同，将革命文物宝贵资源真正转化为加强新时代高校立德树人思想政治工作的重要推动力。

（二）统筹革命文物资源学术研究

革命文物对培根铸魂、协同育人作用特殊，对加强和改进新时代高校思政工作意义重大。[①]

各革命纪念馆、高校逐渐意识到深入挖掘革命文物的精神内涵与时代价值的重要性，通过加强对革命文物资源的梳理，深化对本校、本地区革命文物的研究阐释、创新革命文物传播方式，突出价值引领，强化教育功能，这是新时代革命文物保护利用的新方向，也是对高校思想政治教育工作提出的新命题。

1. 廓清涉校革命文物，筑牢思想政治教育

各革命场馆、高校充分意识到思政教育是要与现实结合起来的，要有鲜活的思政课程素材，而革命文物就是最鲜活的素材，对培根铸魂、协同育人作用特殊，对加强和改进新时代高校思想政治工作意义重大，纷纷把革命文物资源禀赋创造性地转化为高校思想政治教育教学的优质资源，推动党的创

---

① 革命文物司. 关于充分运用革命文物资源加强新时代高校思想政治工作的意见 [EB/OL]. (2021－07－30) [2022－11－14]. http：//www. ncha. gov. cn/art/2021/7/30/art_2318_44793. html.

新理论和革命传统走进课堂，教育引导广大青年"立大志、明大德、成大才、担大任"，将小我融入大我，把青春献给祖国，与时代同步伐、与人民共命运，取得了丰富的理论和实践成果。

为做好革命文物资源系统梳理研究工作，充分利用好革命文物资源，各高校、革命纪念馆进一步加强顶层设计，全面统筹各领域、各环节、各方面的涉校革命文物资源。例如，2021年南京大学对建校119周年期间的革命文物资源进行充分发掘，并且将革命文物资源融入新生入学教育、毕业生典礼、校庆纪念日、"七一"党的生日、"十一"国庆节等重大节日，采取线上与线下互补充、宣讲与参观相结合、保护与研究共促进的方式，组织学生了解身边的革命文物资源，切实发挥革命文物资教育人的作用。

北京市文物局也积极与北京大学合作，对北京市与北京大学有关的革命文物进行甄别认定、统计建档、摸清家底。截至2021年底，共梳理不可移动革命文物39处，包括已成为"中国共产党早期北京革命活动纪念馆"的北大红楼、京师大学堂建筑遗存、北京国会旧址等。其中校内革命文物共9处，包括埃德加·斯诺墓、北京大学抗日战争联络点、北京大学三一八烈士墓碑、魏士毅烈士墓碑、葛利普教授墓、赖朴吾和夏仁德墓、西南联大纪念碑、李大钊像、北京大学革命烈士纪念碑。学校组织工作团队对革命文物进行勘实，建立数字档案，推进革命文物资源信息共享，夯实基础工作。[①]

2. 阐释涉校革命文物，提供深厚学理支撑

为充分厘清革命文物资源脉络，让革命文物更好地服务高校立德树人思想政治工作，革命纪念馆协同高校立足革命文物资源，在全面了解革命文物历史背景与背后故事的基础上，进一步挖掘其蕴含的思想价值、精神内涵与情感底蕴，围绕伟大建党精神、中国共产党人精神谱系，深化对本校、本地区革命文物及红色校史资源的研究与阐释，梳理和研究革命文物所蕴含的思政教育元素和所承载的思想政治教育功能，深入统筹"物、事、人"的一体化研究、阐释、传播，为活化转化革命文物资源加强内容供给，奠定坚实基础。

---

① 唐金楠. 革命文物资源助力高校党史学习教育［EB/OL］. (2021-12-22)［2023-01-31］. https：//news. pku. edu. cn/mtbdnew/b0f55a5d3fd74da887a7b2ee4ec569a8. htm.

例如，青岛一战遗址博物馆为探索建立适应新时代发展和学生认知结构的实践转换机制，解决好当代大学生"素质＋能力"提升问题踏出新路子、立出新标杆。① 该馆依托高校学科与智力资源，充分发挥高校在课题研究方面的优势，深入挖掘馆藏文物的历史内涵。

北京大学也立足涉校革命文物资源，对革命文物资源的精神内涵与时代价值展开跨学科理论研究，并深入挖掘革命文物所涉及的历史人物和故事。以李大钊研究为例，通过对李大钊在北大红楼研究、传播马克思主义和早期党组织建设相关工作的深入研究，北大图书馆集中整理了李大钊珍稀文献、"亢慕义斋"藏书、《每周评论》《新青年》等早期革命文献，"书"说革命史，生动还原革命人物形象。同时，举办"百年前北京大学学术系列展"，通过对早期珍贵革命文献的展陈生动再现当年的历史场景，使研究成果转化为育人资源。②

（三）构建高校思政课堂师资队伍

习近平总书记曾深刻指出，"办好思想政治理论课关键在教师，关键在发挥教师的积极性、主动性、创造性"。③ 思政课教师承载着传播知识、传播思想、传播真理、塑造灵魂、塑造生命的时代重任，是引导学生扣好人生第一粒扣子的关键角色。然而，讲好思政课是不易的，思政课教学涉及马克思主义哲学、政治经济学、科学社会主义，涉及经济、政治、文化、社会、生态文明和党的建设，涉及改革发展稳定、内政外交国防、治党治国治军，涉及党史、国史、改革开放史、社会主义发展史，涉及世界史、国际共运史，涉及世情、国情、党情、民情等。④

各高校逐渐意识到，要讲好思想政治理论课，就要让信仰坚定、学识渊博、理论功底深厚的教师来讲，如南京大学积极引导以"教学名师""师德先进个人"为代表的高水平专任教师参与"思政课程"和"课程思政"，形成了价值引领、知识传授与能力培养的同频共振。山东大学长期聘任"五

---

① 山东文物局. 充分运用革命文物资源，加强新时代高校思想政治工作［J］. 文化月刊，2021（11）：86－91.
② 唐金楠. 革命文物资源助力高校党史学习教育［EB/OL］.（2021－12－22）［2023－02－14］. https：//news. pku. edu. cn/mtbdnew/b0f55a5d3fd74da887a7b2ee4ec569a8. htm.
③④ 习近平. 思政课是落实立德树人根本任务的关键课程［J］. 新长征（党建版），2021（3）：4－13.

老"同志担任学生德育辅导员,并积极开展"辅导员讲党史""百天百队百场"宣讲活动,各基层单位也积极组建宣讲团,面向全校开展宣讲,引领广大师生自觉学党史、知党恩、跟党走。①

除此之外,部分革命纪念馆与高校积极共建了高校思政队伍培训研修中心,推动高校教师特别是思政课教师赴革命纪念馆培训研习、联合科研,参与革命文物主题展览和教育实践活动策划实施。例如,2021 年 7 月 25 日至 29 日,"陕西师范大学马克思主义学院思想政治理论课教师暑期实践研修班"带领陕西师范大学 30 余名思想政治理论教师深入山丹艾黎纪念馆、中国工农红军西路军纪念馆等地开展实践研修活动,通过重走"习近平总书记在甘视察路线"②,重温入党誓词,瞻仰革命烈士纪念碑和烈士公墓以及"触摸"革命文物,认真聆听革命先烈的英勇事迹,深刻感悟革命先烈忠贞不渝、不畏强敌、浴血奋战的英雄气概,是高校思想政治工作队伍社会实践的重要举措与良好尝试。如此,可以让思政课教师在教学过程中充分发挥自身的积极性、主动性、创造性,学生只有"亲其师",才能"信其道""奉其教",只有这样才能提升高校思政课的建设水平与发展质量。

不仅如此,高校不但重视对新时代思政课教师能力素质的提升培养,还积极融合多方力量,汇聚传承红色基因合力,打破校内校外的人才壁垒,引进革命纪念馆中各领域、各业务环节的专业人才,以及革命先辈后人、亲属等充实高校思政师资队伍建设。

如南昌八一起义纪念馆思政教育团队中多名团队成员被聘任为高校思政课兼职教师。上海大学为打造学生学党史讲党史新阵地,邀请了李大钊、瞿秋白、恽代英等革命先辈的后人和亲属走进校园,为师生传讲"身边的红色故事"。为推动用好用活革命文物,常州大学马克思主义学院、近现代史与红色文化研究院联袂开展了"革命文物周周讲 千名大学生同上一堂网络思政课"活动,邀请中共一大纪念馆讲解主管担任主讲人,为千名大学生上了一堂别开生面的思政大课,以"梦想从这里启航"为题,通过结合革命文物,使高校思政课堂与革命纪念馆紧密互动,让革命文物走进高校思政课堂,生动诠释了中共一大会址是中国共产党筑梦起航的地方,是中国共

---

① 国家文物局. 深厚的滋养〔M〕. 南京:南京出版社,2022:229.
② 陕西师范大学马克思主义学院. 我院思政课教师暑期社会实践研修活动圆满完成〔EB/OL〕. (2021-08-05)〔2023-10-02〕. http://marxism.snnu.edu.cn/info/1069/9461.htm.

产党人的精神家园，是把革命文物与高校思政课堂融合的一次有益尝试。

三、建设"大课程"，探索高校思政教学新模式

习近平总书记强调，"要用好学校思政课这个渠道，推动党的历史更好进教材、进课堂、进头脑，发挥好党史立德树人的重要作用"①"教育广大党员、干部和全体人民特别是广大青年坚定历史自信，筑牢历史记忆，满怀信心地向前进"②。将革命文物融入高校思政教育，打通第一课堂、第二课堂与第三课堂的壁垒，摆脱单一的"灌输式"理论思政课堂形式，建设"理论""实践""网络""文化"一体化的"大课程"教学平台，这是新时代各革命场馆与高校对思政教学新模式的探索，有利于更好地把思政课程讲深、讲透、讲活。

（一）革命文物资源融入理论课程建设

思想政治理论课堂是高校进行爱国主义教育、凝聚价值共识、强化思想引领的主阵地，红色文化是高校思想政治理论课的鲜亮底色，红色文化赋能大学生思想政治教育是高校落实立德树人根本任务的内在要求。③革命文物见证着中国共产党艰辛而光荣的奋斗历程，凝聚着跨越时空、历久弥新的宝贵精神财富，展现了近代以来中国人民英勇奋斗的壮丽史诗，是革命文化的物质载体，其中蕴含的思想政治教育元素承载着思想政治教育功能，这与高校思政课堂"大视野""大情怀""大格局"的特点十分契合，是充实思政课堂的鲜活素材，是教育引导广大青年学生"立大志、明大德、成大才、担大任"的宝贵矿藏。

---

① 中华人民共和国教育部. 大思政课，总书记心中的一件大事 ［EB/OL］. （2022 - 05 - 22）［2023 - 10 - 02］. http：//www. moe. gov. cn/jyb_xwfb/s5147/202205/t20220522_629364. html? authkey = boxdr3.

② 新华社. 新华时评：坚定历史自信，筑牢历史记忆 ［EB/OL］. （2022 - 01 - 10）［2023 - 10 - 02］. https：//www. gov. cn/xinwen/2022 - 01/10/content_5667529. htm.

③ 蒋笃君，魏锦萍. 红色文化赋能大学生思想政治教育的困境与对策 ［J］. 商丘师范学院学报，2022，38（11）：28 - 33.

1. 重视资源融合，充实高校思政课程内容

研发精品课程，坚持思政靶向施教。各高校与革命纪念馆紧密围绕革命文物资源，以深入阐释革命文物资源内涵为核心，以充分展示革命文物资源价值为根本，以铸魂育人为目标，纷纷成立了革命文物精品课程教研团队，打造以革命文物为纽带的思政课程，在服务高校立德树人工作中起到了积极效果。如为打造专题实践教学基地，南昌八一起义纪念馆协同共研，发挥学科智库优势，建立了专业教学团队与思政教育团队。团队成员与上海大学、南昌市委党校等省内外高校共建协同研究中心，参与了教学设计完善、思政教育授课、重大课题攻关等学术研究工作，形成了完整的思政课程体系，有现场教学课——《铁心跟党走——贺龙入党启示》，有云上讲堂课——《抉择》，有送课进校园——《南昌起义：他们正年轻》，还有红色故事宣讲课——《十七岁的芳华》等共计20门课程，从多维度阐释了革命文物时代新内涵，线上线下同步推进。① 沈阳"九·一八"历史博物馆也与各大高校保持密切合作，启动了"讲峥嵘党史赞光辉百年"开学第一节思政课。

编写高校教材，完善思政教学设计。立足革命文物资源，统筹课程方案、教学计划、课程标准，梳理和挖掘革命文物所蕴含的思政教育元素和所承载的思想政治教育功能，寻找革命纪念馆与高校思政工作的关联点、革命文物与高校师生情感的共振点，编写适合高校的读本读物，研发高校多媒体资源包。如此一来，通过挖掘革命文物背后的故事可以发现，这些看似无声息的文物承载着厚重的历史与情感，通过赋予这些文物无限的情感，将具象的文物上升到精神层面，如井冈山精神、延安精神、五四精神等，就能从心灵层面起到震撼学生的作用，使学生更具社会主义信念。坚持分学段由浅入深、整体有序推进，把革命文物资源禀赋创造性转化为高校思政教育的优质资源，用课程激活革命文物的精神密码，是利用革命文物实现铸魂育人目标、注入强大精神动力的关键。

例如，重庆红岩革命历史博物馆立足发挥革命纪念馆的教育功能，聚焦"立德树人"根本任务，以"培根铸魂、传史育人"为核心，以"馆校联

---

① 南昌日报社. 南昌一地入选国家级专题实践教学基地［EB/OL］. (2022－08－30) ［2023－05－04］. https://cj. sina. com. cn/articles/view/2418432711/90265ac701901ri8l? sudaref＝www. so. com&display＝0&retcode＝0.

动、共建共享"为抓手，推动革命文物和红岩精神进学校进教材进课堂，让革命文物在高校思政教育中绽放时代光彩。

雨花台烈士纪念馆也高度重视对馆藏革命文物内涵的研究，借助多种途径将雨花英烈在校内的照片、学生证、校徽、书信等对高校学子有较强吸引力和精神共鸣的革命文物资源融入高校思政教育，如将北大毕业的雨花英烈邓中夏、谭寿林、刘亚生、朱克靖的事迹送到北京大学展出，通过寻找革命文物与高校思政教育之间的关联点、发掘革命文物与高校学生间的情感共振点，激励当代北大青年学生继承百年前学长精神，赓续红色血脉。同时，雨花台烈士纪念馆也找准雨花英烈精神与思政课程的契合点，与高校共同编写《雨花英烈精神》《传承》等读本，将革命文物融入思政课程，成为课程思政的"活教材"，依托革命文物，切实将雨花英烈精神转化为青年成长成才的重要精神钙质。

2. 突出学科特色，优化革命文物利用方向

目前，各大高校都十分注重对学生的思政教育工作，在教育方式上不断创新，各具特色，且成效显著。在思政课教学中，授课对象是来自全校不同专业的学生，他们自身具有一定的专业基础知识，为了更好地发挥教育作用，传承红色基因，许多高校逐渐认识到普适性、大众性授课模式的不足，本着以学生为本的原则，尝试根据学生专业寻找与学科内容相匹配的革命文物资源作为教学背景，在知识传授中贯穿价值引领和价值塑造，将革命文物与学生所学专业结合起来，以便因人施教，完善教学设计，引导学生将浓厚的爱国情怀、高远的强国志、务实的报国行与自我修养、未来理想结合，融入中国特色社会主义事业的建设中。

例如，八路军西安办事处纪念馆邀请美术专业的同学，通过参观革命文物、聆听革命故事，鼓励学生以绘画的方式告白祖国，用最艺术的行为致敬革命先辈，以画叙史，用史育人，让学生们在革命旧址内进行实地考量，在革命文物间实地观摩，在艺术创作的过程中真切地感受革命文物的价值，达到入脑入心的效果。

山东大学也积极发扬"文史见长"的学术传统，坚持深度挖掘、统筹利用好山东大学、山东省和全国的革命文物资源，构建"大思政"格局，针对人文社科类、理工科类、医学类等不同专业学生思政课的不同教学要

求，寻找革命文物与思政教育的契合点，挖掘不同革命文物、革命故事中蕴含的教育内涵，探讨不同革命文物资源中所蕴含的时代背景、历史脉络、情感价值，将革命纪念馆教育资源转化为高校思政课程的丰富素材，充分发挥革命文物资源在思政工作中的领航作用。

3. 注重情景交融，增强高校思政课实效

革命文物本身具有的情感价值、历史价值是提升高校思政教育丰富度、生动性的不竭源泉。在教学过程中，以革命文物实体为媒介，将"半条被子"、狼牙山五壮士、跨过鸭绿江等红色故事，以及长征精神、井冈山精神、延安精神、大庆精神等红色精神恰如其分地注入思政课堂，以实地化、阵地化平台为载体，用革命的红色描绘历史画卷，形成革命记忆的构建图式，从历史角度融合情感，为理论性、逻辑性知识注入了情感与灵魂，让思政课有物可看、有史可讲、有情可诉，让灌输式、教条式的授课模式转化为学生主人翁式主动与历史"对话"，化理论为实践、化沉闷为鲜活。

如 2021 年在抗美援朝纪念日，中共一大会址纪念馆的工作人员，将馆藏的 M1903 步枪带到上海交通大学医学院图书馆的课堂，为学生们介绍了文物背后的故事，以及体现出来的伟大英雄主义精神。[1] 这支背带微微变形的步枪是中共一大纪念馆馆藏的珍贵革命文物，也是上海支前汽车工人李增祥击落美军一架轰炸机这段传奇历史的见证者。在这次思政课堂上，学生们有机会近距离端详这支步枪，并且在中共一大纪念馆宣教专员张欣怡的生动解说下，让在座师生都身临其境般感受到了革命文物背后的故事，深知李增祥在枪林弹雨中为保障来之不易的物资瞄准敌机射击的英勇不屈、坚定不移。[2] 馆藏实物走进思政课堂，增强了课堂的吸引力与生动性，达到了传统思政课堂仅用单薄的话语无法达到的教育效果。

（二）革命文物资源融入实践课程建设

革命文物镌刻着中国各族人民集体的历史记忆，是传承红色基因、弘扬革命传统和革命文化、加强社会主义精神文明建设、振奋民族精神的物质载体与生动教材。习近平总书记指出，"要高度重视思政课的实践性，把思政

---

①② 张玲. 革命文物为学校思政教育注入活力［J］. 求知，2022（6）：46-48.

小课堂同社会大课堂结合起来，在理论和实践的结合中，教育引导学生把人生抱负落实到脚踏实地的实际行动中来。"① 将革命文物融入高校实践活动，搭建教学实践一体、方式方法灵活的思政"大平台"，让学生通过体验参观、主题研讨、志愿服务等多种形式的活动走进革命历史岁月，触摸革命历史脉搏，充分发挥学生在思政教育中的主人翁作用，加深学生对革命历史的认知、理解与把握，传承红色基因，赓续红色血脉，有助于学生树立正确的政治观、历史观和国家观，唤起和构建集体的历史记忆。

革命纪念馆的教育工作是面向全社会的，在覆盖面甚广的服务群体中，高校青年学生是相当重要的群体。革命纪念馆是除学校教育外，为青年学生提供社会实践教育的重要场所。传统上，我国的教育偏重于学校教育，偏重于讲授式的知识灌输，而相对忽视社会教育，忽视对生存技能、学习能力的养成训练。② 系统构建馆校全方位实践育人共同体，让革命文物资源融入校园实践活动，既是对高校实践教育的有益补充，同时也是革命纪念馆承担社会责任、拓宽深化社会教育职能的有益探索。

1. 第二课堂实践活动走实走深

高校传统的思政教育往往只有上思政课、课堂互动、观看纪录片等少数几种教育形式，这使得作为教育者的高校教师与作为教育对象的高校学生双方受到内容、时间与空间的制约，不利于创新思政教育形式。要想创办深受大学生喜爱并且终身受益的思政课程，必须摒弃传统守旧、模式单一的学理式、灌输式、填鸭式授课形式，避免教师拿着教材照本宣科，板着面孔满堂灌，而要创新新路径、新模式，力求革命文物资源运用的形式突破、内容创新。

如何将课堂理论教学与课外实践教学有机结合，是高校思政课堂想要良性可持续发展面临的一大问题。为更好地教育高校青年学生，各高校与革命纪念馆协同打造了实践育人共同体，推进"第一课堂"主阵地与"第二课堂"实践活动深度融合。校外实践活动是高校学生走出教室、参与社会的重要形式，通过尽心知性地带领学生参观革命纪念馆，缅怀革命先烈、"触

---

① 习近平. 思政课是落实立德树人根本任务的关键课程［M］. 北京：人民出版社，2020.
② 王若谷. 博物馆与学校合作开展教育活动研究——立足于上海博物馆的工作实践［D］. 上海：复旦大学，2014.

摸"革命文物、走访革命老区、重温革命精神、了解革命历史，把现场教学和体验有机结合，形成全方位、立体化的"革命纪念馆＋思政课堂"实践教学模式，学生对革命历史的认识会更加深刻、对革命先辈的崇敬之情会更加生动，更能触动学生思考为什么革命能取得胜利，坚定理想和信念，深化学生对中国共产党执政规律、社会主义建设规律、人类社会发展规律的认识，① 并且引导学生在实践活动中找到切入点和创作源，采用文学创作、书法绘画、短视频制作、诗歌朗诵等多元方式形成实践成果，增加学生对革命精神的情感认同，促进高校思政工作走实走深。

丰富实地观摩形式，夯实实践育人工程。如今，各高校充分把握重要时间节点，如在"七一"党的生日、"十一"国庆节等重大节日，以及9月3日抗日战争胜利、10月22日红军长征胜利、10月25日抗美援朝出国作战等重要事件纪念日，组织学生实地观摩革命纪念馆，开展多种形式的现场教学，通过实地"触摸"革命文物，帮助学生了解革命文物背后中国的革命岁月，感悟中国共产党在革命路上的顽强斗志与拼搏精神。如南梁革命纪念馆充分利用自身红色文化元素与革命文物资源优势，打造了讲解式、体验式、访谈式、情景式、专题式等多种实地教学形式，通过寓教于游、寓学于行、寓教于乐，创新教学模式，有效解决了高校思政课堂中理论与实践脱节、教学方式枯燥单一等问题。南京大学也十分注重构建协同育人格局，打破校门与馆门的界限，积极组织学生就近就地瞻仰参观革命纪念馆并开展实践教育活动，用好用活当地革命纪念馆的革命文物资源，有力服务高校思政工作建设。依托革命文物资源，通过在革命遗址实地参观，使学员深切地感受老一辈革命家坚定的理想信念、不怕困难、不怕牺牲的革命精神。

共建实践教学基地，开展铸魂育人活动。为统筹革命文物资源，充分发挥革命纪念馆与高校的红色资源优势，做优红色课堂，各高校与革命纪念馆打破了校门与馆门的界限，协同共建全方位实践育人共同体，携手打造实践教学基地，是有效加强馆校联合、创新思政育人工作机制、促进革命文物资源服务高校立德树人思想政治工作的重要推动力。例如，沈阳"九·一八"历史博物馆与通过与各大院校建立"铭记抗战历史，传承爱国情怀坚守使

---

① 赵原.革命文化融入高校思想政治教育的路径分析［J］.高教学刊，2021，7（21）：185 - 188.

命初心"实践教育基地，进一步加强了高校师生的思想建设，增强了民族自信心和自豪感，培养了大学生的爱国、爱党情操。北京大学通过与革命旧址纪念馆的深度合作，打造形成了"红色基地上的北大思政课"和现场教学实践示范品牌，创新了"革命文物＋实践活动"的思政社会实践课堂。山东大学也积极拓宽思政教育渠道，创新思政教育模式，在古田会议、遵义会议纪念馆等建立革命党史教育研究基地，将革命文物资源深度融入实践教学课堂，成为了铸魂育人活动的有力抓手。

活化革命文物旧址，开展红色研学活动。将革命文物贯穿研学实践的全过程，让高校学生在沉浸式、互动式的体验教学中，整合、活用各学科知识，深入理解革命文物内涵，获得革命精神的感召。瑞金中央革命根据地纪念馆开展重走长征路红色研学，上饶方志敏革命旧址管理中心举办"唱支山歌给党听"红色线路体验活动。韶山毛泽东同志纪念馆充分发挥全国研学实践教育示范基地作用，积极参与"韶山下的思政课——2021年党史博士研学季"活动，邀请来自北大、清华等全国知名高校的28名博士生来韶开展课题研究，为高校思政课堂展出一片新的天地，为党史学习教育开辟了一种全新的模式。[1] 上海大学也积极与革命场馆联合展开专业研学活动，组织文博类学生参与流失海外中国文物、故宫文物南迁历程和遗迹、三线工业遗产等红色资源挖掘和保护项目，在专业学习和实践的"润物无声"中落实立德树人、德艺双修。[2]

2. 高校志愿服务体系逐步成熟

2008年，国家文物局发布《关于全国博物馆、纪念馆免费开放的通知》，要求逐步开放全国各级各类的博物馆、纪念馆、全国爱国主义教育示范基地，以充分发挥博物馆、纪念馆宣传和传播先进文化的重要作用，加强公共文化服务体系建设和公民思想道德建设。[3] 为保障各级各类革命纪念馆继续有序充足地为社会公众提供优质服务，该通知同时提出："要采取有效措施、创造有利条件，最大限度地动员社会各方面力量支持参与博物馆志愿

---

[1] 国家文物局．深厚的滋养［M］．南京：南京出版社，2022：155．
[2] 国家文物局．深厚的滋养［M］．南京：南京出版社，2022：246．
[3] 关于全国博物馆、纪念馆免费开放的通知［EB/OL］．（2008－02－07）［2022－11－15］．http：//www.ncha.gov.cn/art/2008/2/7/art_2318_43483.html.

者队伍的壮大，使之成为支持免费开放工作及博物馆发展的坚定、可信赖的社会力量。"

近年来，革命纪念馆积极与高校联动，深化大学生志愿服务活动，培养高校志愿讲解队伍，并创造条件为大学生提供更多对口实习实践岗位，让更多有一定专业知识和工作激情的高校学生参与进来，达到强化志愿者队伍建设、强化革命纪念馆服务、深化高校实践育人的目的。如瑞金纪念馆以高校大学生为主体，形成了一套较为完整、科学的志愿者服务和管理体系，先后与清华大学、南开大学、华中农业大学、西北工业大学等近1000多名大学生通过规范的专业技能、讲解礼仪的培训、党史知识、苏区历史的学习，在考试后走上了志愿者服务岗位。①

中共一大纪念馆也与上海大学联合开展了大学生志愿讲解活动，2021年暑假期间，近400名志愿者奔赴全国各地开展寻访与调研。通过志愿活动，让高校学生不仅仅局限于在革命纪念馆看革命文物、听革命故事、感受革命精神这一层面，而是从旁观者转变为参与者，通过服务与奉献主动地参与到社会实践中去，达到在社会中实践、在实践中提高的目的，在革命文物中寻根溯源，使革命文物更加生动地留存在学生心中。

（三）革命文物资源融入网络课程建设

将革命文物融入高校网络思政教育课堂，不断优化革命文物资源的网络育人功能，发挥网络优势，充分利用新媒体元素，让革命文物"活"起来，增强革命文物融入网络思政的沉浸感、生动性与灵活度。

1. 开展思政教育"云课堂"

随着"互联网＋教育"的理念和技术日趋成熟，高校思政课堂的课程载体逐渐向信息化的方向改进，以网络空间为主的第三课堂日益兴起。很多高校逐渐打破传统"一言堂"的教学模式，通过运用现代信息手段建设慕课、微课、智慧课堂等，革命纪念馆专家也高度重视革命文物资源与高校思政课堂的融合，通过开设网络直播、举办专题线上讲座等方式走进高校思政

---

① 杨丽珊，曹丽. 充分运用革命文物资源开展新时代高校思想政治工作的实践与探索［N］.中国文物报，2021－12－24（004）.

课堂，这对高校立德树人思想政治工作实效产生着越来越重要的影响。

由教育部社会科学司指导，人民网主办、沈阳"九·一八"历史博物馆承办的"同上一堂思政大课·勿忘'九·一八'"活动是探索馆校融合开展高校思政教育的有益尝试。思政大课堂通过对馆内重要革命文物与珍藏史料的讲解，回顾历史瞬间，还原抗战历史细节，加深了高校学生对中国人民抗战历史的了解与感情，从而厚植爱国情感、爱国情怀，树立正确的历史观，凝聚起民族复兴的精神力量。这次"云端"同上一堂思政大课，突破了课堂空间界限，仅新浪微博阅读量就超1072万，是借助主流平台和专业策划团队，进行馆校融合创新开展思政教育的一次成功尝试。①

铁人王进喜纪念馆"云课堂"首次直播为大庆职业学院专场，通过一幅幅历史老照片，为大庆职业学院的师生生动再现了当年的峥嵘岁月。

革命纪念馆本身蕴含的技术资源也为高校课程改革，创新授课形式，打造"云课堂"提供了可能。通过运用 VR、AR、全息互动投影等技术，借助沉浸式、互动式、体验式教学方式，将纪念馆教育元素和网络资源打造成高校思政微课堂的鲜活素材，不断拓展思政育人途径。②

2. 打造思政教育"云展览"

在大思政格局下，革命纪念馆注重与高校的交流合作，并依托高校学科优势，适当地运用5G、全息投影、VR等现代科技手段，以"展览"的形式拓展革命文物数字化、互动化传播功能，不断优化革命文物资源在网络上的育人效果，策划推出了一批与高校思政理论教学、实践教学相契合的革命文物主题精品展览走进校园，从小课堂走向大课堂，为学校思政教育提供远程云端服务。

例如，为庆祝中国共产党百年华诞，陕西高校与陕西省文物局不断优化革命文物资源网络育人功能，并依托全国首创了"互联网＋革命文物"教育平台，组织开展"红旗漫卷——陕西革命旧址云上展"栏目，对陕西革

---

① 唐维红.人民网打造"思政大课"［EB/OL］.（2021－10－15）［2023－10－03］.http：//sd.people.com.cn/n2/2021/1015/c364532－34957212.html.
② 崔占龙.革命纪念馆教育资源融入高校思政课的实践价值与路径［J］.探求，2022（5）：21－26，80.

命文物进行720度全景式、立体式、延伸式展示，打造云上爱国主义教育空间。① 通过革命文物"云"上展，学生们足不出户即可"云"游陕西革命旧址，重温革命历史，传承红色基因，获得沉浸式、漫游式的观展体验。2022年12月24日，山东第一医科大学举行了"红色云展厅"进校园活动启动仪式。"红色云展厅"是联合全国百家红色展馆共同推出的公益展播活动，通过将各地革命纪念馆的党建党史内容、革命文物资源数字化形成"红色基因库"，实现了一屏看遍全国红色展馆，以此为载体讲好革命故事，传承红色基因，培养担当民族复兴大任的时代新人。

革命文物融入高校思想政治教育工作坚持用红色基因熔铸理想信念，让红色记忆激发使命担当，为开启全面建设社会主义现代化国家新征程凝聚精神力量。

3. 策划思政教育"云活动"

一直以来，革命纪念馆中策划的多元形式、多种主题的陈列展览是了解中华民族革命历史、革命精神的主要途径。如今，随着时代的发展、科技的进步，革命纪念馆也紧跟时代潮流，在"互联网＋"时代，创新利用数字化手段与新媒体传播形式保护利用革命文物，传播革命文化，让革命历史"活"起来。

例如，清明期间，南昌八一起义纪念馆以专栏形式，通过微信公众号平台推出边防英烈、脱贫攻坚英烈、抗美援朝英烈、南昌起义英烈等系列故事及故事配音，通过线上平台让广大青年学生重温伟大英烈的英勇事迹，并鼓励大家留言云祭。南昌八一起义纪念馆将在"致敬英雄"系列推送中精选部分留言，将留言书写在寄语卡片上，悬挂在纪念馆园区29尊革命先辈铜像处，献上学生们的敬意与哀思。

此外，江西省革命烈士纪念堂还打造了"诗词传颂英烈"网络平台。在省革命烈士纪念堂官方微博"江西英烈纪念"上推出"诗词传颂英烈"小程序，网友可直接点选朗诵江西英烈诗抄，以缅怀英烈、弘扬英烈精神。南昌市方志敏烈士纪念园等革命纪念馆也推出了"网上祭英烈"活动，邀

---

① 国家文物局. 陕西"革命旧址云上展"助力党史学习教育［EB/OL］.（2021－03－31）［2022－12－01］. http：//www.ncha.gov.cn/art/2021/3/31/art_723_166792.html.

请广大学生进入公众号平台进行网上祭扫，以此缅怀英烈、致敬英雄。①

革命纪念馆以更为创新的方式，通过革命文物向学生诠释革命先辈的初心坚守与无畏担当，引导学生把对党性质宗旨的认同、对革命先辈与英烈的崇敬仰慕升华为自身的精神追求与使命担当，激励新一代有志青年传承老一辈革命先辈的责任与使命，以中华民族伟大复兴为己任，主动承担历史使命、勇挑时代重担，将小我融入大我，把青春献给祖国，与时代同步伐，与人民共命运，在实现第二个百年奋斗目标的赶考之路上赓续共产党人的历史使命，勇当开路先锋、争当事业闯将。

（四）革命文物资源融入校园文化建设

革命文物作为丰富思政教育的"活素材"，兼收并蓄着宝贵的物质财富与精神财富，在丰富校园文化建设，引导青年学生知史爱党、知史爱国，加强理想信念教育，厚植历史自信、历史情怀中具有不可替代的独特作用。

1. 注重校园文化符号建设

高校依托自身革命文物资源，将革命文物和以其为表征的革命文化、革命精神融入校园文化建设，结合学校革命文物资源和革命历史事件，科学规划校园文化景观与文化符号，打造自身独特的红色校园文化生态。通过对本校革命文物资源的梳理与研究，打造独具学校革命文化特色的标志性符号、元素，培育具有高辨识度的文化标识。

如山东大学在学校层面厘清红色校史谱系，坚持深度挖掘、统筹利用山东革命老区及全国范围内的革命文物资源，历史文化学院本科生借助数字化手段整理沂蒙红嫂历史档案资料，并在学校搭建了沂蒙红嫂精神记忆馆。此外，高校在规划校园景观、楼宇修建等过程中，巧妙地融合革命文物元素，如在校园内修建革命烈士纪念碑、纪念广场、纪念群雕，统筹利用革命文物资源修建革命历史纪念馆、打造革命历史文化长廊、运用革命烈士姓名命名楼宇道路等。通过将无形的革命文物符号融入的校园文化建设，构筑革命资源群落，为革命文化育人提供重要载体，加强内容供给，主动直观地将革命

---

① 江西晨报. 江西多个革命纪念馆推出"云祭英烈"平台［EB/OL］. (2022－04－02)［2023－05－04］. http：//www.srzc.com/folder263/folder197/2022－04－02/189680.html.

精神内化于学生心中，切实地将革命精神转化为滋养青年学生成长成才的精神钙质。

2. 注重协同育人文化建设

高校还应注重加强与革命纪念馆的交流合作，强化目标导向，推进馆校协作，加强资源互补，充分发挥各自优势，积极打造宣传革命文物、缅怀先辈丰功伟绩、传承先烈革命精神的校园主题活动，策划举办以革命文物为主题的巡展、巡演、讲座，推进革命歌曲、红色舞蹈、红色话剧舞台剧等革命文化艺术走进校园，不断提升校园文化的丰富性、品位与格调，着力增强其吸引力和感染力，摆脱了以往理论灌输的传统教学形式，用学生喜闻乐见的形式让革命文物说话、让历史说话、让文化说话，充分发挥校园活动的文化承载与传播功能，提升革命文物资源育人实效。

如中共一大纪念馆为发挥好革命文物在高校思政教育、革命传统教育、爱国主义教育中的重要作用，推出了"百物进百校，百讲证百年"主题活动，通过在馆藏的 12.8 万件套文物中精选出 100 件，并由纪念馆的文物保管员、宣讲员带着这些文物走进校园德育课堂。[①]

雨花台烈士纪念馆以考入雨花英烈曾就读高校的新生为主体，以 1920 年雨花英烈恽代英撰写的《未来之梦》为底本，制作了"对话百年，共筑《未来之梦》"视频，通过学子和学长隔空百年的对话，接力学长的未来之梦，激励当代青年以先烈为榜样，报效民族国家，汇聚民族复兴的磅礴力量。[②] 除此之外，雨花台烈士纪念馆还创作了大型话剧《雨花台》并于全国高校巡演超 130 场，在青年学生中获得较好的反响。

瑞金纪念馆也针对新时代高校思政教育策划了"人民共和国从这里走来——中华苏维埃共和国国史"专题展览，通过展出 550 余件文物，1360 余张照片，7 处场景，13 件雕塑，9 幅油画国画，20 余处多媒体投影、电动

---

① 光明网. 将珍贵革命文物带进校园　中共一大纪念馆启动"百物进百校，百讲证百年"活动 [EB/OL]. (2021 - 10 - 26) [2023 - 10 - 02]. https：//m. gmw. cn/baijia/2021 - 10/26/35262294. html.

② 陈坚超，刘志亮. 雨花台烈士纪念馆打造铸魂育人共同体的经验和做法 [J]. 文物鉴定与鉴赏，2022（10）：126 - 129.

地图、互动桌面、互动投影等，切实提高了革命文物的吸引力和感染力。①同时，该馆为深挖革命文物资源，深化服务高校思政工作，策划了 10 余个大型图片资料巡展，引发高校师生的共鸣共情，不断发挥革命文物在提升校园文化活动的品位与格调，营造校园红色文化育人环境中的作用。

---

① 杨丽珊，曹丽. 充分运用革命文物资源开展新时代高校思想政治工作的实践与探索［N］. 中国文物报，2021－12－24（004）.

 **第六章**

学术能力建设驱动革命纪念馆高质量发展

高质量发展是我国全面建设社会主义现代化国家的首要任务，也是中国式现代化的本质要求，新时代以来，国家坚持以推动高质量发展为主题。为使国家政策有效落地，各行各业均在积极探索和创新自身高质量发展的具体实现路径。革命纪念馆的高质量发展不仅需要有自上而下的国家顶层设计、政策制定、资金投入等保障性条件作为基础，还与学术研究密不可分。为认真贯彻落实以习近平同志为核心的党中央的决策部署，用好红色资源，赓续红色血脉，弘扬革命文化，应统筹各方研究力量，加强对革命文物开展调查、征集、保护和研究阐释，深入挖掘其思想内涵与时代价值，促进陈列展览推陈出新、提质增效，进而充分发挥好革命文物及革命纪念馆在革命传统教育、爱国主义教育、党史党性学习教育、社会主义核心价值观培育和践行等方面的重要功能。学术研究是全面推动革命纪念馆主责主业、管理运行、行业规划和学科建设迈向高质量发展的重要内驱力，加强学术能力建设，提升专业理论水平，必然是助推革命纪念馆实现高质量发展的重要途径之一，目前已得到行业普遍共识和广泛关注。在习近平总书记和党中央的殷切关怀下，当前全国革命纪念馆的发展已卓见成效，对于研究功能的重视，科研组织的创新，以及科研成果的产出，都呈现出前所未有的喜人态势。

一、研究功能的重视前所未有

"弘扬革命文化"在党的二十大报告中耀眼夺目，革命纪念馆是弘扬革命文化的主阵地。党的二十大报告中明确指出"推进文化自信自强，铸就社会主义文化新辉煌，以社会主义核心价值观为引领，发展社会主义先进文化，弘扬革命文化，传承中华优秀传统文化，满足人民日益增长的精神文化需求，巩固全党全国各族人民团结奋斗的共同思想基础，不断提升国家文化软实力和中华文化影响力。"① 中国人民的文化自信不仅来自中华优秀传统文化的积淀、传承与创新，更来源于党在革命建设年代所创造出的革命文化和社会主义先进文化。② 其中，中华优秀传统文化是在华夏五千多年的文明中所沉淀、孕育出来的，革命文化与中华优秀传统文化之间存在着一定的潜在联系，中华优秀传统文化是革命文化的大背景及历史渊源，而革命文化是在党和人民的伟大斗争中产生的，社会主义先进文化则是在新中国成立以后的改革开放和建设中所形成的。中华优秀传统文化、革命文化和社会主义先进文化共同构成了具有中国特色的社会主义文化，积淀着中华民族最深层的精神追求，代表着中华民族独特的精神标识。③ 坚定文化自信，推进文化自觉与自强，不断发展社会主义文化，继续谱写新篇章，铸就新辉煌，这是党和人民共同的美好愿景与历史责任。

党的二十大报告关于弘扬革命文化的论述，为中国革命纪念馆工作确立了新的坐标与方向，提供了指导思想和方法论，推进革命纪念馆的高质量发展需要重视学术能力的建设。革命纪念馆作为传承、弘扬革命文化的主阵地、主场域，理应勇担历史责任与使命，责无旁贷，通过面向党员干部、青少年和广大人民群众开展党史学习、党性教育、革命传统教育、爱国主义教育、社会主义核心价值观培育等，以大力宣传、弘扬伟大的革命文化与革命精神。我国的革命纪念馆、革命博物馆，包括党史馆、烈士陵园等，都是党

---

① 尚文超，张云. 推进文化自信自强铸就社会主义文化新辉煌［N］. 光明日报，2022－10－20（005）.
② 韩玲. 红色文化涵育社会主义核心价值观研究［M］. 北京：人民出版社，2020：84.
③ 中共中央文献研究室编. 习近平关于社会主义文化建设论述摘编［M］. 北京：人民出版社，2017：15.

和国家的红色基因库，不仅是中国共产党百年奋斗历程的重要见证，更是弘扬革命文化的重要场所和机构，为发挥赓续红色血脉、传承红色基因的职能而开展专门的教育和研究，党中央、国务院对于相关工作，一直以来都予以高度重视。从本质要求上讲，弘扬革命文化本身就是革命纪念馆的重要职能、目标和任务，为全面履行其职能，实现目标和任务，就必须依靠学术研究作为发展创新的立足点、支撑点，充分重视革命纪念馆的研究功能和研究能力建设。

习近平总书记曾多次发表关于文物工作的系列重要论述，对革命文物保护作出了系列重要指示批示，并亲自带领实地视察，足迹遍及祖国的大江南北[1]，为革命纪念馆的发展道路指明方向，中国革命纪念馆站在新的起点上，迎来了历史性的发展新机遇。革命纪念馆要充分发挥好弘扬革命文化的主阵地作用，其核心焦点问题首先就应当是革命文物工作，并对革命文物的保护和利用开展深入研究，因为革命文物不同于普通文物，是革命文化与革命精神的重要物质载体，对革命历史起到重要的承载与呈现作用，是革命纪念馆的关键性物质基础和重点研究对象。党的十八大以来，习近平总书记每年都不忘视察、瞻仰重要的革命旧址、遗址，身体力行，足迹遍及全国各地的革命圣地和革命纪念馆，亲身示范、以身作则，要求广泛开展党史学习与党性教育，且曾多次在各重要会议和讲话中，在《求是》杂志等发表的文章中，均强调过有关革命文物的保护与利用工作，充分显现出对革命文物工作及其研究的高度重视。[2]

新时代十年来，在习近平总书记和党中央的高度重视下，我国革命纪念馆事业不断完善顶层设计，陆续出台一系列有关革命文物工作的政策和文件，深入拓展文物工作格局，竭力探索符合我国国情的文物保护利用之路，有效促进了文物保护利用意识与研究意识的持续增进，文物事业取得历史性成就。十年间，中共中央办公厅、国务院办公厅、国家文物局曾先后印发过《关于实施中华优秀传统文化传承发展工程的意见》《关于实施革命文物保护利用工程（2018—2022年）的意见》《关于加强文物保护利用改革的若

① 国家文物局.传承红色基因 扎实推进革命文物保护利用［EB/OL］.（2023－02－17）［2023－02－21］.http：//www.ncha.gov.cn/art/2023/2/17/art_2668_179806.html？eqid＝90ffd5410000a2d800000003646dc3ac.

② 新华网.红色资源是最宝贵的精神财富［EB/OL］.（2022－12－17）［2021－10－11］.http：//www.xinhuanet.com/politics/2021－10/11/c_1127944454.htm.

干意见》《"十四五"文物保护和科技创新规划》《关于让文物活起来 扩大中华文化国际影响力的实施意见》《关于推进博物馆改革发展的指导意见》《文物安全防控"十四五"专项规划》《革命文物保护利用片区工作规划编制要求》《革命文物保护利用"十四五"专项规划》……这一系列相关政策、文件或专项规划，为文物工作循序渐进地开展提供了政策依据和统揽全局的指导，促使"坚持保护第一""让文物活起来""保护文物也是政绩"等政策理念在业界耳熟能详、深入人心。在《"十四五"文物保护和科技创新规划》的主要任务中，就明确提出要深化系统研究，整合多方研究力量，加强革命文物研究。2013 年以来，国家文物局与 20 多个部门已联合出台 80 多份政策文件，涉及文物资源管理、文物安全、考古管理、革命文物、博物馆改革发展、民间收藏文物管理等工作。地方党委政府对文物工作的重视程度不断提升，31 个省和新疆生产建设兵团出台文物保护利用改革实施意见，31 个省将文物安全工作纳入地方政府考核评价体系，20 多个省落实"先考古、后出让"政策措施，越来越多的地方更加重视发挥文物在经济社会发展中的独特作用，保护好利用好文物资源达成更广泛的社会共识，文物保护意识进一步增强。[①] 2022 年，国家文物局总结了文物事业过去十年的成就，56 项世界遗产、76 万多处不可移动文物、1.08 亿件/套国有可移动文物，遍布在中华大地上的文物和历史文化遗产，是承载灿烂文明、传承历史文化、维系民族精神的重要载体，是不可再生、不可替代的宝贵资源，是赓续文明根脉，推进文化自信自强的深厚根基。[②]

（一）有效支撑保护利用的专业性理论需求

革命文物的保护利用需要专业性研究及理论作为支撑和突破。1985 年，文化部颁布的《革命纪念馆工作试行条例》中，最早提出了革命纪念馆研究的内容和方法等，明确了"科学研究是革命纪念馆各项业务活动的基础性工作，要重视和加强科学研究，不断提高业务和管理水平。"[③] 然而，目前革命纪念馆的基础研究仍然相对薄弱，革命文物保护利用的专业性理论相

---

① 李瑞. 文物事业十年成就：赓续文明根脉筑牢自信根基 ［EB/OL］. (2022 – 10 – 20) ［2022 – 12 – 26］. http://www.ncha.gov.cn/art/2022/10/20/art_722_177806.html.
② 李瑞. 文物事业十年成就：赓续文明根脉筑牢自信根基 ［EB/OL］. ［2022 – 10 – 20］. http://www.ncha.gov.cn/art/2022/10/20/art_722_177806.html.
③ 孙国栋. 浅谈革命纪念馆的学术研究 ［J］. 中国纪念馆研究，2013（2）：127 – 134.

对缺乏，未形成完整的体系结构，研究人才仍处于较为短缺的状态，研究不足将导致对革命文物内涵、价值的挖掘和阐释不足。一系列问题制约着革命文物工作的发展，提高革命文物研究能力和研究水平已成为迫切需要。必须依靠学术研究以驱动革命纪念馆的各项主责主业，包括藏品资源建设、陈列展览、社会教育与传播、决策咨询服务等方面，加速迈向高质量发展的进程，有效推动革命纪念馆形成更为科学的管理体制和运行机制，部署高瞻远瞩、科学合理、规范化、系统化的行业事业规划。此外，学术研究还有助于革命纪念馆学科体系的发展建设与完善。通过对革命文物保护利用的普遍性、规律性问题的探索研究，敦促革命纪念馆事业全面朝着规范化、系统化、科学化方向奋进。革命纪念馆研究的主要任务就是服务并指导纪念馆的实践、应用工作，有力支撑纪念馆主责主业的高质量发展，引领行业可持续发展，促进纪念馆学科体系、学术体系和话语体系的逐步形成。

革命文物的保护利用在获得国家文物局的重视与支持之后，必然要推进政策、文件的落地见效，尤其需要专业性的研究，形成支撑性理论，以此作为推动力实现革命纪念馆行业的突破性发展。国家文物局高度重视革命文物保护利用及其研究，每年均作出相应的要点规划。2019～2021 年，无论对于国家还是革命纪念馆的发展来说，都是极不平凡的三年。2019 年正值新中国成立七十周年之际，自 2018 年中共中央办公厅、国务院办公厅印发《关于实施革命文物保护利用工程（2018—2022 年）的意见》和《关于加强文物保护利用改革的若干意见》后，开始正式步入落实党中央、国务院关于文物保护利用的改革决策、部署的开局之年，全面实施革命文物保护利用工程，并规划出台了《革命旧址保护利用导则》。在推进实施革命文物保护利用工程的同时，建成并开放以中国共产党历史展览馆为代表的一批标志性革命纪念馆。2019 年国家文物局成立了革命文物司，实现革命文物的行政管理机构从无到有，已逐步实现全面覆盖，中国革命纪念馆取得了历史性成就。2020 年，则持续推进《关于实施革命文物保护利用工程（2018—2022 年）的意见》和《关于加强文物保护利用改革的若干意见》进一步落地见效，加强革命文物工作，推进文物法制建设，以推动文物事业改革发展再上新台阶。

2021 年恰逢中国共产党成立 100 周年，也是全面建设社会主义现代化国家的开局之年，在这一年间，国家相继发布了许多与文物相关的重要政策和文件，站在新的历史起点之上推进文物事业实现新发展，作出"十四五"的文物事业发展规划和谋篇布局。同时，国家文物局进一步加强了革命文物的保护利用，作出一系列行动计划，如推动召开全国革命文物工作会议，公布第一批全国革命文物名录，编制革命文物保护利用片区工作规划，建成全国革命文物资源保护管理平台，推介革命旧址保护利用优秀案例。① 在庆祝中国共产党成立 100 周年大会上和中共中央政治局第三十一次集体学习时，习近平总书记都提到了要切实把革命文物保护好、管理好、运用好，对加强革命文物的研究阐释提出要求，2021 年 12 月，国家文物局便印发了《革命文物保护利用"十四五"专项规划》。为不断开创新时代高校思想政治工作新格局，培养担当民族复兴大任的社会主义建设者和接班人，同年还颁布了《教育部、国家文物局关于充分运用革命文物资源加强新时代高校思想政治工作的意见》，2022 年 5 月，国家文物局首次开展革命文物协同研究中心的遴选工作，旨在合理统筹革命文物研究资源，强化革命纪念馆与高校研究力量融合，补齐革命文物工作短板，推进革命文物研究工作提质升级，构建起多学科交叉融合的革命文物研究新格局。2022 年 11 月，为推进全国革命纪念馆的高质量发展，国家文物局和重庆市人民政府主办的"中国革命纪念馆高质量发展峰会"在重庆举行。这些从国家层面推出的一系列政策、文件和举措，足以凸显出学术研究有效支撑革命文物保护利用的重要价值和意义。

革命纪念馆应着力于开展与四史相关的革命史料、文献、实物、档案等的征集、抢救和研究，对革命文物、革命旧址和馆藏资源进行科学保护与研究，协调发展基础研究与应用研究，在科学保护的实践过程中加强研究，在科学研究的基础上推进活化利用。革命纪念馆的专业性研究是形成自身专业理论的前提和基础，而专业性研究的实践及理论则共同有效支撑着革命文物的有效保护与活化利用。革命纪念馆若不开展专门的研究，便无法深入掌握革命文物的基本性质、特征和保护、利用规律。因而，专业性研究是革命纪念馆开展广泛征集、收藏、保护好革命文物的有效支撑和重要基础，并在"坚持保护第一"的原则上，全面促进活化利用好革命文物，以进行革命传

---

① 国家文物局. 国家文物局印发 2021 年工作要点［EB/OL］.（2021 – 01 – 21）［2022 – 12 – 21］. http：//www. ncha. gov. cn/art/2021/1/21/art_722_165400. htmll.

统教育、爱国主义教育、党史学习、党性教育等，真正做到"让文物活起来"。每一个领域的发展，都不能缺少相应的基础研究和理论作为支撑、推动，革命纪念馆正处于新时代以来尤为重要的历史性新开端和迅速发展期，更加有赖于对革命文物的保护利用进行深入的学术研究，以全面探索、挖掘出有关革命文物的保护、管理和利用等规律，形成能够正确、有效指导革命纪念馆实践工作的专业性理论。

（二）充分彰显革命文物的思想内涵与时代价值

深入研究、挖掘以充分彰显革命文物的思想内涵与时代价值。2019 年以来，为全面指导革命文物的保护、管理和利用工作，在国家文物局革命文物司成立之后，全国已有 26 个省、32 个市级文物主管部门相继成立革命文物处（科）。2020 年国家文物局公示了《文物保护法（修订草案）》（征求意见稿），在"保护对象"中单独列出了"革命文物"这一文物类型。回顾我国文物法规的发展历程，自新中国成立以来，1961 年制定《文物保护暂行条例》，而第一部《文物保护法》正式颁布于 1982 年 11 月，历经 5 次修正和 1 次修订[1]，2002 年修订了《文物保护法》，2020 年最新公示了《文物保护法（修订草案）》。在这个过程中，革命文物始终作为一个重要内容曾多次被讨论修改，尤其在 2020 年《文物保护法（修订草案）》中，已明确把革命文物单独列出，作为国家保护的一种特殊文物类型，更加凸显了革命文物及其保护与普通文物的区别，以及革命文物在我国文物事业中的特殊地位。

"革命文物"是新中国成立后确定的一个专门术语，但其概念早在 1931 年中央苏区政府文件中就已经出现，并于 1937 年毛泽东、朱德同志在延安联合签发《征集红军历史资料的通知》等一系列相关电令中，其内涵不断延伸和扩大。[2] 革命文物主要包括可移动革命文物（遗物、旧物、器物等）和不可移动革命文物（遗址、遗迹、旧址、故居等）。革命文物与博物馆里的普通文物有着明显的不同之处，具有鲜明的特殊性，须加以专门的研究、阐释，才能彰显出其独特的思想内涵与时代价值。显然，革命文物的重要价

---

① 中国政府网. 新修文物保护法 补哪些短板？［EB/OL］.（2022 – 12 – 11）［2020 – 11 – 16］. https：//www. gov. cn/zhengce/2020 – 11/16/content_5561780. htm.

② 李晓东. 中国保护近现代文物理论与实践［J］. 中国文物科学研究，2008（3）：7 – 12.

值并不在于文物本身的经济价值，而在于与之紧密相关的革命历史事件和杰出革命人物，以及所蕴涵的伟大革命精神、革命情怀，具有突出的情感性和纪念意义，富含珍贵的思想内涵与时代价值、精神价值，不可用金钱进行衡量，更不允许任意开展市场交易。革命文物是有形的革命遗产，需要科学保护，革命文化是无形的革命遗产，需要研究和弘扬。此外，革命文物不可再生的稀缺性还体现于发现与征集的困难，获取的偶然性和零散性。由于革命文物的发现与征集渠道有限，获取尤为不易，因而需要倍加珍视和保护，同时，又只有通过深入研究、挖掘，才能实现科学保护和活化利用，进而阐释并彰显出革命文物所包含的全部思想内涵、时代价值、历史意义、教育意义。

革命文物是革命文化的重要物质载体，也是革命纪念馆的重要研究对象。文物是历史的真实遗存与见证，革命文物则是革命历史时期保留下来的珍贵实物遗存，见证了当时鲜活的革命历史与革命故事，具有不可替代的重要价值，是不可或缺的重要物质载体，承载着伟大的革命文化，传递着不朽的革命传统精神。传承和弘扬革命文化离不开革命文物，需以革命文物背后所蕴藏的革命历史故事为中心或主线，结合设计辅助设施及场景，生动真实地还原、再现出与之紧密相关的革命历史事件和人物，用实物、实事和实境来感染、激发并打动观众，才能获得良好的教育效果。因而，革命文物工作必然是革命纪念馆的重要基础工作，通过扎实推进革命文物的征集与保护，摸清革命文物家底，持续改善保护现状，方才能深入研究和活化利用好革命文物资源，进而不断加强、提升革命文物及革命纪念馆的展示和教育功能，进一步推动革命纪念馆高质量发展的步伐走深走实。

同时，革命文物也是革命纪念馆的重要研究对象，是生动的教育素材，应对革命文物相关信息与历史背景等史料进行深入研究与挖掘，以全面、深刻地阐释其所蕴含和承载的伟大革命文化、革命精神，包括伟大建党精神和中国共产党人精神谱系。革命纪念馆在对革命文物进行研究时，不仅包括对革命文物本体的研究，如文物本身的材质、价值、生产信息、使用说明和保存条件等，更应注重对革命文物藏品档案的研究和管理。完善革命文物档案信息管理，聚焦专门史研究，厘清与之相关的革命事件和革命人物关系，以及其历史辗转的源流和过程，为革命纪念馆的陈列展览及社会教育提供更为丰富、生动而详细的素材和文献资料，为真正讲好革命故事而创新、活化利用革命文物。

二、科研组织的创新前所未有

科学研究潜藏在革命纪念馆的每一项业务工作背后，为革命纪念馆的实践、应用和创新发展提供不竭动力。学术研究既是革命纪念馆的一项重要基础工作，同时又具有前沿性，是推动革命纪念馆主责主业和整个革命纪念馆行业、事业迈向高质量发展的智力保障和立足点。开展学术研究工作势必不可或缺相应的管理规划与组织协调，且交流、合作是促进科学研究发展、创新的必要前提和关键因素，科研组织正是面向这种需求而产生和发展变化的。

作为动词性的科研组织亦可理解为组织科研，强调开展科研的组织行为、方式，主要指为提高科研效益而对各类科学研究资源进行组织、管理、规划、协调、统筹等活动，内涵相对具体而狭义。作为名词性的科研组织（organization of scientific research），则等同于科学研究组织或研发机构，国家标准将其定义为："有明确的任务和研究方向，有一定学术水平的业务骨干和一定数量的研究人员，具有开展研究、开发等学术工作的基本条件，主要进行科学研究与技术开发活动，并且在行政上有独立的组织形式，财务上独立核算盈亏，有权与其他单位签订合同，在银行有独立账户的单位。"[①]此处的科研组织被界定为职能相对独立的科研单位或机构，突出了必备的几大基本构成要素，是一种较为广义的通用性概念，广泛适用于各个研究领域。革命纪念馆的科研组织同样应当重视这些基本构成要素，须有明确的研究任务、研究方向、专业人才队伍、专业技术、科研基础设施、行政管理机构和财务经费保障等。革命纪念馆科研组织作为科研的管理与组织机构，主要肩负着革命纪念馆学术研究的组织、管理、规划、统筹、协调等任务，其模式的革新对于推动革命纪念馆的科研交流、合作及创新具有重要作用和意义。

科研组织作为研究领域内一种有形或无形的社会组织，是以有效利用并

---

① 全国知识管理标准化技术委员会.科研组织知识产权管理规范：GB/T 33250—2016［S］.北京：中国标准出版，2016：1.

整合各类科研资源，激发创新活力为宗旨，先进的科研组织模式能够提高科研的整体效益。因此，积极创新革命纪念馆科研组织的模式有助于提高革命纪念馆科研的管理运行和产出能力。近年来，全国革命纪念馆的学术研究及其科研组织的发展与创新已获得业内广泛关注和高度重视，无论在国家文物局顶层设计的学术研究政策、规划和制度，还是各地方革命纪念馆的具体建设实践中，都能得以体现。目前，在革命纪念馆界，各层级、各类型的新兴科研组织正不断涌现和壮大，且越来越活力焕发。

（一）机构管理模式的革新

深化系统研究激发科研组织模式创新。革命纪念馆的学术研究正逐步步入全方位、多层次、系统化发展，包括藏品研究、业务研究、历史研究、革命文化研究、事业研究、政策研究……一系列多元研究内容和立体研究层次。因此，必然要求创新科研组织模式，通过充分整合研究资源，汇聚研究人才，团结各方研究力量，形成良性激励机制，深化系统研究，树立大科研观，以有效推动革命纪念馆学术研究水平和效益的全面提升。

由于革命纪念馆研究与博物馆研究之间存在着明显的不同之处，革命纪念馆不能仅以藏品为中心，而要体现出自身特色，通过对革命文物及其史料开展深入的思想价值挖掘和创新利用研究，达到科学保护、传承和活化利用革命文物的目的。可先行推动头部大型革命纪念馆（或一级革命纪念馆）完成从实践型向研究型的转型发展，拓宽研究领域，打破研究部门之间的壁垒，全面加强基础研究和人才培养，开展跨学科合作，才能不断推出有深度、有分量的研究成果。因而必须加快革命纪念馆科研组织的创新步伐，自上而下构建完整的组织管理体系，并由中心向外辐射延伸，形成交叉互联发展，逐步革新科研机构管理模式，朝着多模态方向发展。

1. 革命文物行政管理机构

革命文物行政管理机构既是指导革命纪念馆开展各项业务工作，制定行业政策、规划、标准和规范的管理机构，同时也是管理、统筹、协调革命纪念馆开展科学研究的一种重要科研组织，自上而下的体系结构更有利于加速推进科研发展。自2019年以来，革命文物行政机构拔地而起，结构体系逐步完善。国家文物局革命文物司和各省、市革命文物处的相继设立，使得革命文物行政机构从无到有实现了重大跨越，并逐步完善结构体系，标志着我国革命文物工作迎来了崭新时期。国家文物局一直以来就肩负有指导革命文物保护管理利用工作，组织开展革命文物研究、展示和传播的职责。2019年11月，经中央编委批准，中央编办批复，国家文物局专门组建成立了革命文物司，核增行政编制15名，开启了我国革命文物工作的新篇章，充分体现出习近平总书记和党中央对革命文物工作的殷切关怀和格外重视。革命文物司的主要职责被进一步细化为：指导革命文物保护管理利用工作；拟订革命文物保护管理利用的政策、规划和标准、规范并组织实施；组织开展全国革命文物资源调查和公布工作；指导革命博物馆、纪念馆工作；组织革命文物研究、展示和传播工作。① 革命文物司的设立，对于构建革命文物行政管理机构体系来说，迈出了至关重要的一步，具有国家顶层设计的指导意义，起到显著的引领示范作用。

国家文物局革命文物司成立之后，各省、市级文物行政部门也相继增设革命文物处。2019年11月，国家文物局革命文物司的正式组建，省级革命文物机构队伍建设势头良好；江西、安徽、重庆、福建、山西、陕西、河南、山东、甘肃、北京、河北、新疆、贵州13个省级文物部门设立革命文物处，其中山西、陕西、河南、甘肃省级文物部门核增行政编制5名；陕甘宁、川陕、鄂豫皖、东北建立革命文物保护利用协作机制，湘赣两省联合打造全国红色旅游融合发展创新区；市县层面也取得突破，西安市文物局革命文物处、桂林红军长征湘江战役文化保护传承中心和宁化县长征出发地遗址保护中心、金寨县红色文物管理中心相继成立。② 截至2022年7月，31个省（自治区、直辖市）和新疆生产建设兵团制定了革命文物保护利用工程实施方案，全面确立新时代革命文物工作的任务书和路线图，革命文物机构队伍建设取得重大突破，24个省级、20多个市级文物主管部门设立革命文物处/科，国家发展改革委2018年以来累计投入37.4亿元支持革命文物基础设施建设和烈士纪念设施维护。③ 在国家文物局的引领示范和积极推动

---

① 国家文物局. 革命文物司［EB/OL］. (2022 - 08 - 23)［2022 - 12 - 30］. http：//www. ncha. gov. cn/art/2022/8/23/art_1021_176561. html.

② 国家文物局. 全国革命文物机构建设取得新突破［EB/OL］. (2020 - 07 - 02)［2023 - 01 - 02］. http：//www. ncha. gov. cn/art/2020/7/2/art_722_161672. html.

③ 北京文博. 李群：革命文物工作使命光荣、任重道远［EB/OL］. (2022 - 07 - 07)［2023 - 01 - 05］. https：//baijiahao. baidu. com/s? id = 1737659411226472995&wfr = spider&for = pc.

下，各革命文物大省（市、县）也日益加强革命文物专门机构与队伍的建设，陆续设立市、县级革命文物处，组建不同类型和规模的革命文物保护中心、管理中心等。

2. 国家革命文物协同研究中心

国家革命文物协同研究中心逐步孵化，有序推进。为深入贯彻落实习近平总书记关于革命文物工作的重要论述精神，统筹推进革命文物的保护、管理和利用，2021 年 12 月，国家文物局印发了《革命文物保护利用"十四五"专项规划》（以下简称《专项规划》），对"十四五"时期的革命文物工作进行具体部署，这是国家文物局首次就革命文物保护利用编制专项规划。在《专项规划》中，革命文物研究专栏里就曾明确指出将革命文物协同研究中心培育工程列为主要任务之一，要求"围绕科学保护、价值挖掘、展示展览、社会教育、传播传承、科技应用方面，依托高等院校、科研机构、社会组织和革命博物馆纪念馆共同建设 10～15 家革命文物协同研究中心，加强基础研究、人才培养和跨学科合作，不断推出有深度、有分量的研究成果"。[①] 这同时也是为贯彻落实《教育部、国家文物局关于充分运用革命文物资源加强新时代高校思想政治工作的意见》而实施的有效举措。

国家革命文物协同研究中心由教育部、国家文物局联合认定、设立和命名，按照教育部人文社会科学重点研究基地进行管理，是一种全新的科研组织和协同管理机构模式，可促进新时代革命文物工作与高校思想政治教育的协同与融合发展。国家革命文物协同研究中心主要依托国内具有高水平研究能力的高等院校和影响力突出的文博单位进行共建共享，是有关高校和革命博物馆纪念馆负责具体建设的跨领域、跨学科、跨单位的融合创新平台，属于国家级研究中心和新型专业智库，集学术研究、人才培养、实践推广、决策咨询于一体。国家文物局自 2021 年末开始规划国家革命文物协同研究中心的筹建及管理办法，并于 2022 年开始有序组织并推进，在全国范围内开展遴选[②]，截至 2022 年 5 月，据课题组统计，已有 30 余个省、直辖市的 40

---

① 革命文物司. 国家文物局关于印发《革命文物保护利用"十四五"专项规划》的通知 [EB/OL]. (2022 - 08 - 23) [2023 - 01 - 6]. http：//www. ncha. gov. cn/art/2021/12/31/art_2318_45204. html.

② 中国纪念馆. 国家文物局印发 2022 年工作要点 [EB/OL]. (2022 - 05 - 25) [2022 - 10 - 15]. http：//www. ncha. gov. cn/art/2022/3/1/art_722_173150. html.

余所双一流高校和重点革命博物馆纪念馆联合进行申报。

国家革命文物协同研究中心旨在发挥高校优势，整合各方力量，打造一批具有创新性、示范性、引领性的红色资源研究高地、革命文物保护利用高端智库、革命文化学术交流重要平台、红色资源共建共享中心，构建多学科交叉、跨领域融合、特色鲜明、布局合理的革命文物研究新格局。① 这是一种极具开创性的科研组织形式与机构管理模式，能够促进理论研究与实践应用相紧密结合，一方面能够整合研究资源，充分利用、发挥高校的研究优势，以加强革命文物的研究工作，提高研究效益；另一方面则能够提升革命文物工作的业务水平，将革命文物资源有效运用、输送到高校，加强和丰富高校思政课堂教育。

3. 行业学术组织

行业学术组织是革命纪念馆科研组织的一种必要补充形式，与革命文物行政管理机构共同构成了革命纪念馆科研组织的完整体系和结构。纪念馆专委会（简称专委会）成立于 2007 年 5 月，是纪念馆行业内最为重要的行业性组织，对于中国革命纪念馆的学术交流和组织同样起到了举足轻重的作用。专委会是由从事中国近现代史研究、展陈设计的纪念馆、博物馆自愿结合组成的，以弘扬民族精神、推动革命传统教育、爱国主义教育和国防教育事业发展，促进红色旅游以及加强国内外纪念馆的交流与合作为宗旨，成立十多年来，紧紧围绕纪念馆各项工作，通过举办各种形式的活动，积极搭建交流合作的平台，有效促进了纪念馆事业的发展，目前设有主任委员单位、副主任委员单位、普通会员单位，现有会员单位 237 家。② 专委会从社会层面广泛影响、大力推动，促成革命纪念馆之间纷纷开展纵、横向互联互动，尤其近几年来，不断革新科研交流合作的组织模式，紧扣不同研究主题跨单位、跨学科，由馆内组建到馆际联合共建，由市县范围拓展到跨省市、跨区域，涌现出一系列交叉纵横、形式多样、类型丰富、规模不等的新兴科研组

---

① 中国纪念馆. 国家文物局、教育部拟认定一批国家革命文物协同研究中心［EB/OL］.［2022 - 05 - 25］. https://mp. weixin. qq. com/s? __biz = MzI3MDU2MDg0OQ = = &mid = 2247587124&idx = 1& sn = da8f01a5de7d62c1913d84d1778bcba8&chksm = eaccee0addbb671c2ceb6ae27912e13989bd52dd812e51 7ace780f27238187e847d1115be69c&scene = 27.

② 中国博物馆协会. 革命纪念馆专业委员会［EB/OL］.（2021 - 04 - 02）［2023 - 01 - 18］. https：//www. chinamuseum. org. cn/detail. html？ id = 10&contentId = 23.

织，诸如不同范围和区域的各类学会、协会、研究中心、研究院/所等。

（二）人力资源结构的优化

"人才是第一资源"，革命纪念馆专业人才亟待拓建。习近平总书记在党的二十大报告中强调，必须坚持"人才是第一资源"，深入实施"人才强国战略"，坚持"人才引领驱动"。① 人才强国、人才兴国是实现中国式现代化的重要战略和路径，任何领域的高质量发展都离不开学术研究驱动，离不开专业人才队伍建设，学术能力和水平很大程度上就取决于专业人才队伍的建设与优化，人力资源可谓是学术研究资源中最为关键的核心要素。革命纪念馆的高质量发展同样有赖于学术研究能力的提升和专业人才队伍的建设、培养。然而，专业人才的成长和培养并非一朝一夕，一蹴而就，需要遵循规律、久久为功。

在我国，革命纪念馆是隶属于博物馆的一个分支类型，因此在人力资源管理的体制机制方面，革命纪念馆与普通博物馆基本保持一致，总体上都呈现出人力资源不足的状况，且尤为缺乏专业人才。由于革命纪念馆在具体的业务、服务、管理和研究等方面明显有别于博物馆，因而更加迫切需要经过专门训练和培养的革命纪念馆方向的专业人才。新时代以来，伴随我国文化与文博事业的繁荣兴盛，革命纪念馆以其独特的功能和价值，备受党中央和习近平总书记重视，亟待加强加快人才队伍建设以推动行业整体的创新发展。虽然新时期初期革命纪念馆人力资源管理存在人员结构不合理、专业人才稀缺、创新意识淡薄、管理观念陈旧、缺乏专业的人力资源管理人才等问题。② 近年来，在国家文物局的宏观指导和规划调整下，已呈现出全新气象，革命纪念馆的从业人员总数稳中有增，人力资源结构逐步优化，人才培养方式和引进渠道日益革新，兼顾人力资源质与量的发展。

近年来，革命纪念馆从业人员总数稳中有增。为优化博物馆行业的管理，提高博物馆数据统计和信息公开水平，推动博物馆年度信息报送，建立健全全国博物馆年度报告制度，用以支撑博物馆运行评估管理工作的实

---

① 人民网．人才是第一资源（思想纵横）［EB/OL］．（2023 – 01 – 12）［2023 – 01 – 22］．https：//baijiahao．baidu．com/s? id = 1754763982732081717&wfr = spider&for = pc．

② 孙中华．浅析新时期革命纪念馆人力资源管理［C］//湖南省博物馆学会 2010 年会暨博物馆免费开放专题学术研讨会论文集．［出版者不详］，2010：184 – 189．

施，促进博物馆事业高质量发展，国家文物局根据《博物馆条例》《博物馆运行评估办法》等相关规定，主持开发了全国博物馆年度报告信息系统（http：//nb. ncha. gov. cn/），可在线同步组织开展全国博物馆年度信息报送和国家一、二、三级博物馆年度运行评估信息填报工作。[1] 全国博物馆年度报告信息系统是我国近三年来建成的文博系统范围内最大最全的信息平台，目前，已涵盖有 2018～2021 年四年的全国博物馆相关数据，是国内博物馆行业最为全面、可靠和准确的权威数据信息，其中就包含了所有备案革命纪念馆、革命博物馆的数据信息，故以此年报数据作为统计分析的主要数据来源和分析基础。

革命纪念馆的人力资源构成主要包括行政管理人员、专业技术人员、后勤保障人员和志愿者队伍。其中，专业技术人员应为主体，从主责主业的角度又可将其细分为不同的专业技术岗位，如藏品征集与保管、文物保护与修复、社教宣讲、展陈策划、学术研究、社媒传播、文创等专业技术岗位。除志愿者队伍之外，其他人力资源构成均可纳入从业人员总数，革命纪念馆从业人员总数可以反映出革命纪念馆人力资源的整体状况和大致趋势。自 2019 年底国家文物局革命文物司设立以后，各省、市、县级的革命文物管理机构相继成立，革命纪念馆的行政管理人员正逐步规范化、有序化地发展壮大，并逐步完善体系结构，行政管理人员队伍的建设成效显著，从而影响从业人员总数整体也随之稳中有增。

在全国博物馆年度报告信息系统中（以下简称"全国博物馆年报系统"），由于 2018 年和 2019 年的数据不全，相应字段缺失，缺少人力资源相关数据信息，因而在此将以 2020～2021 年的数据统计、分析为主。此外，每一年间全国博物馆中，有少数场馆的名称、规模，甚至是题材类型，在统计上报时会发生细微变化，近几年来对革命纪念馆这一场馆类型的认定和命名尤为受到国家重视，统计时应遵循规范化、标准化原则，统一口径。因此，结合全国博物馆年报系统中题材类型为革命纪念馆的博物馆，以及《中国革命纪念馆概览》中所统计的革命纪念馆场馆，经过严格筛选后，以下将以全国备案革命纪念馆的数据作为统计分析基础。

---

① 博物馆与社会文物司. 国家文物局办公室关于做好全国博物馆（纪念馆）2020 年度报告信息报送工作的通知［EB/OL］.［2021 – 03 – 11］. http：//www. ncha. gov. cn/art/2021/3/11/art_2318_44465. html.

2020~2021年，革命纪念馆的从业人员总数稳中有增。如表6-1所示，2020年全国共有备案博物馆5788家，从业人员总数为134935人；其中备案革命纪念馆为1035家，从业人员总数为26573人，平均每个革命纪念馆拥有约26个从业人员，略高于博物馆的各馆人均数23。从革命纪念馆从业人员的平均配比数来看，相较其他类型的博物馆还略有一点优势。2021年全国共有备案博物馆6183家，从业人员总数为145833人；其中备案革命纪念馆增加至1153家，从业人员总数为29188人，总量同比增长2615人，革命纪念馆的平均从业人员数量基本保持不变，仍为每个馆约25个从业人员，略高于博物馆的各馆人均数24。值得注意的是，2021年全国备案革命纪念馆数量的增加主要是由于以往上报时，有关博物馆"题材类型"的划分、认定方面具有一定模糊和交叉性，经进一步调整或拆分后，数量呈现出明显增长。同时，又由于我国革命纪念馆的备案登记制度管控越来越严格，因此从业人员总数实质上并没有明显增加。由此可见，全国革命纪念馆的从业人员总数相对稳定，并略有一定增长趋势，这是革命纪念馆行业稳步发展的特征之一。

表6-1　　　　　　　2020年全国博物馆年度报告信息人力资源数据

2020年	场馆数（家）	从业人员总数（人）	各馆人均数（人）
所有备案博物馆	5788	134935	23
备案革命纪念馆	1035	26573	26

革命纪念馆人力资源结构正逐步优化。2021年全国博物馆年报系统出于对博物馆行业进行全面、细致的统计分析的考虑，大幅增加了数据填报的字段数，将上报数据的具体内容、类型进一步细化。有关人力资源的数据除从业人员总数外，被细分为：专业人员职称总数、正高级职称、副高级职称、中级职称、初级职称、在编职工人数、安保人员数和志愿者人数，大大有益于对人力资源结构进行更深层次的统计和分析。如表6-2所示，2021年全国共有备案革命纪念馆1153家，在编职工13319人，正高级职称248人，副高级职称977人，中级职称3278人，初级职称3156人，安保人员8727人，志愿者51614人。作为国家公益一类事业单位，革命纪念馆人员

编制较为有限，2021 年在编职工人数（13319 人）占从业人员总数（29188人）不足一半，高级、中级、初级专业技术职称人员的总数（7659 人）少于安保人员总数（8727 人），平均每个场馆仅有约 12 个在编职工，6 个专业技术职称人员。志愿者主要为社会兼职，人数众多（51614 人），是在编职工人数的近四倍，但不计入从业人员总数。

表 6－2　　　　　　**2021 年全国博物馆年度报告信息人力资源数据**

2021 年	所有备案博物馆	备案革命纪念馆
场馆数（家）	6183	1153
从业人员总数（人）	145833	29188
在编职工人数（人）	72487	13319
正高级职称（人）	2763	248
副高级职称（人）	8174	977
中级职称（人）	20963	3278
初级职称（人）	16347	3156
安保人员数（人）	46136	8727
志愿者人数（人）	249910	51614

专业技术人员的数量和占比结构能够反映出这一领域的专业研究与发展水平总体状况，且专业技术职称结构比例的合理与否，将影响到整个行业、事业和专业学科的发展前景。2021 年全国备案革命纪念馆具有初级、中级、高级专业技术职称人员的总数为 7659 人，约占在编职工总数的 57.50%，占从业人员总数约为 26.24%，显然革命纪念馆的专业技术人员队伍已初步建设成形，具有完备的体系结构，但整体上还未形成突出的主体部分，仍需发展壮大。通常，我国事业单位专业技术人员的高级、中级、初级职称结构比例是对专业技术人员的宏观调控，也是优化专业技术人员队伍结构的重要措施，应根据各地区经济、社会事业发展水平和行业特点，以及事业单位的功能、规格、隶属关系等，实行不同的结构比例控制。

2021 年全国备案革命纪念馆高级、中级、初级专业技术人员的比例大约为 1∶2.7∶2.6，而全国备案博物馆高级、中级、初级专业技术人员的比例大约为1:1.9:1.5。与博物馆相比，革命纪念馆的专业技术职称结构相较更为合理与平衡，中级和初级职称的占比显然更大，有利于革命纪念馆行业事业的稳步发展和人才储备及培育。但与事业单位（高级、中级、初级专业技术职称比例一般为1:3:6）相比，总体上仍需进一步调整、优化，继续增加初、中级职称人数，扩大专业技术人员在从业人员中的占比。如图6-1所示，在2021年全国备案革命纪念馆专业技术职称结构中，正高级职称人数约占3%，副高级职称人数约占13%，高级职称总数约占16%，中级职称人数约占43%，初级职称人数约占41%。平均每个革命纪念馆大约仅拥有1个高级职称专业技术人员，3个中级职称专业技术人员和3个初级职称专业技术人员（共7个具有专业职称技术的专业技术人员）。革命纪念馆的专业技术职称结构仍处于发展建设阶段，正逐步优化，专业技术人员队伍尚待持续加强建设。

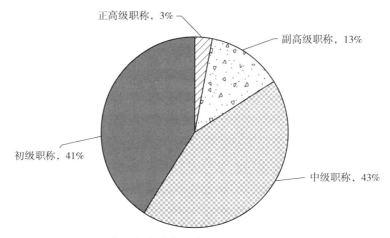

图6-1 全国备案革命纪念馆专业技术人员职称结构

人事管理管理制度进一步完善、健全，人才培养方式及引进渠道逐步多元化。有效的人力资源管理与开发利用对于推进革命纪念馆事业的发展将起到十分重要的作用，应着重加强专业人才队伍建设，提升工作人员学历层次结构，积极引入现代化人力资源管理理念，创新管理体制机制，完善优化激励、评估机制，以提高革命纪念馆职业在人力市场的竞争力，为革命纪念馆这一事业注入新鲜活力。2019年11月，人力资源社会保障部、国家文物局共同发布了《关于进一步加强文博事业单位人事管理工作的指导意见》，其目的就是要加强文博事业单位的人事管理工作。这一指导意见总体要求加强党对文博事业单位的全面领导，坚持简政放权、放管结合、优化服务，强化文博事业单位公益属性，建设高素质专业化文博事业单位工作人员队伍，为文物事业发展提供强有力的人事人才支撑保障。[①] 在创新用人机制、规范人事管理和强化能力建设三大方面，提出优化岗位结构，完善公开招聘条件和方式，打通各类人才内部转岗通道，科学评价人才，规范聘用合同管理，加强考核工作，完善奖惩制度，健全培训机制，提升创新能力，拓宽才智汇集机制等具体要求。

2019 年 12 月，人力资源社会保障部、国家文物局又发布了《关于深化文物博物专业人员职称制度改革的指导意见》，其中，指出文物博物（以下简称文博）专业人员是文物保护利用和文化遗产保护传承的中坚力量，是推动、引领文博事业蓬勃发展的重要战略资源，应健全完善符合文博行业特点的职称制度，推动文博专业人员队伍结构更趋合理、能力素质不断提高，为促进文博事业全面发展提供人才支撑。[②] 此次改革任务主要为健全制度体系、完善评价标准、创新评价机制和强化监管、优化服务四大方面，并明确文博专业人员职称设初级、中级、高级，文博专业人员各层级职称分别与事业单位专业技术岗位等级相对应，职称名称依次为助理馆员（初级）、馆员（中级）、副研究馆员和研究馆员（高级），目的就是要积极推动文博专业技术人员的充分利用和培养壮大。

为加强革命纪念馆专业技术人员的队伍建设，兼顾质与量，国家文物局日趋重视对文博专业技术人员的培养方式和引进渠道，并努力使之多元化。一方面，相关革命纪念馆行业需求的调研已逐步展开，国家通过总体统筹规划，按照行业需求以创新人才培养模式，正在加强高校革命纪念馆专业学科体系、学术体系和话语体系的建设，以积极构建自主知识体系。由此拓宽了文博专业人才的培养渠道，进一步扩大高层次专业人才的培养规模，提高人

---

① 事业单位人事管理司. 人力资源社会保障部国家文物局关于进一步加强文博事业单位人事管理工作的指导意见 [EB/OL]. （2019 – 11 – 06）［2023 – 01 – 26］. http：//www. mohrss. gov. cn/xxgk2020/fdzdgknr/zcfg/gfxwj/rcrs/201911/t20191125_343416. html.

② 人力资源社会保障部网站. 人力资源社会保障部国家文物局关于深化文物博物专业人员职称制度改革的指导意见 [EB/OL]. （2019 – 12 – 05）［2023 – 02 – 05］. http：//www. gov. cn/xinwen/2019 – 12/05/content_5458737. htm.

才培养质量，此外，还加强了不同层次革命纪念馆相关业务人员的培训。另一方面，根据博物馆事业发展需要，努力吸引具有多学科专业背景的专业人才和管理人才进入博物馆和革命纪念馆，关注博物馆人员的职业发展状况、工作状态和职业发展目标，为其提供良好的职业发展平台，进一步优化博物馆人才管理与激励机制、薪酬构成体系，完善博物馆各类人才评价机制。[①]近年来，各革命纪念馆积极与所在地区的各高校、科研院所开展深入合作，合作交流频繁，整合馆校资源，并纷纷建立起博士后工作站，这是一种高端专业人才培养新模式，打造出人才储备和引进的蓄水池。

三、科研成果的产出前所未有

科研成果是科研人员或科研单位经长期从事某一领域的专业研究，而取得的研究成果，是一种无形生产力，也是重要的精神、物质财富和智力资源，富有创造性、先进性和科学性特征，符合科学规律，具有学术意义、实用价值和经济价值，能够满足社会发展需求，通常须经过同行鉴定和评审。科研成果可分为理论性研究成果和应用性研究成果两大类，理论性研究成果主要包括论文、专著、研究报告和标准规范等形式，应用性研究成果除论文、专著等形式之外，主要还有自主研发的新产品、新技术，如系统平台、应用软件，以及发明专利、设计专利等。

科研成果直观可见，能够较为清晰地展现出科研水平，因而科研成果的产出既是科研能力与水平的体现，同时又是评估、考核科研工作业绩的重要参考依据。近年来，国家文物局对革命纪念馆的研究特别强调要深化系统研究，整合研究资源，重视科研立馆、科研兴馆，在这样的大环境、大背景下，全国革命纪念馆无论是理论研究成果，还是应用研究成果，相较 2019 年以前均取得了斐然成绩。且无论在科研成果的产出、创新方面，还是科研成果的转化、利用方面，都逐渐呈现出日新月异、突飞猛进的新势头。革命纪念馆的理论研究能够为革命文物的保护与利用摸清规律，革命纪念馆的应

---

① 钱益汇，谢雨婷，王立锋 . 2019～2020 年中国博物馆发展现状、问题及对策分析［M］. 载钱益汇 . 博物馆蓝皮书：中国博物馆发展报告（2019～2020）. 北京：社会科学文献出版社，2021：1－62.

用研究则能够解决在革命文物征集与保护、陈列展览、社会教育与传播等业务工作和服务中的技术及管理难题。

（一）理论研究摸清保护与利用规律

革命纪念馆的理论研究及其成果转化日益获得重视。党的十八大以来，中央高度重视文物工作，习近平总书记对文物保护与利用作出了重要指示，对博物馆的工作提出了一系列新思想、新观点、新要求，将文物保护、利用、研究、展示等工作推向新高度，为新时代的文博事业把方向、谋大局、促改革，这在党和国家的历史上是前所未有的。[①] 学术是博物馆的立馆基础，博物馆学术水平的高低，研究成果的多少，学术影响的大小，学术人才的成就都直接关系到一个博物馆的地位和影响。[②] 而科学研究也是一种具有很多不确定因素的探索性活动。革命纪念馆虽然隶属于博物馆，但又区别于普通博物馆，完全不同于西方纪念馆体系的缘起，具有鲜明的中国特色和特点，且我国革命纪念馆的产生和研究历史并不那么悠长，因此，其理论研究则更加充满探索性、开创性、挑战性和突破性，亟待产出更多原创性成果。原创性成果具有三个特征：首创性、突破性（原理、技术、方法）和带动性。[③] 当前，影响我国原创性科研成果产出的现实因素主要还是体制机制的问题，科研评价导向及有关制度建设与科研产量息息相关，具体表现在科研评价体系、教育体制和对基础研究的重视等方面。[④]

国家文物局于 2021 年印发的《革命文物保护利用"十四五"专项规划》对革命纪念馆科研的机制和目标方向作出了重要的调整指示和规划部署，明确要求"加强基础研究、人才培养和跨学科合作，不断推出有深度、有分量的研究成果。"[⑤] 这充分表明了国家对革命纪念馆基础研究、人才培

① 曹璐. 博物馆科研工作的现状与思考——基于重庆中国三峡博物馆的问卷调查分析［J］. 文物鉴定与鉴赏，2021（19）：136 – 138.

② 陈履生. 学术影响力已成为国家博物馆文化形象窗口的重要支柱［N］. 中国文物报，2012 – 07 – 06（006）.

③ 张琳，甘翠云. 原创科研成果产出与人才培养的关系［J］. 研究与发展管理，2014，26（3）：135 – 138.

④ 杨梦婷，潘启亮. 我国原创性科研成果产出的影响因素和激励机制研究［J］. 科技管理研究，2021，41（9）：15 – 20.

⑤ 革命文物司. 国家文物局关于印发《革命文物保护利用"十四五"专项规划》的通知［EB/OL］.（2021 – 12 – 24）［2023 – 02 – 06］. http：//www. ncha. gov. cn/art/2021/12/31/art_2318_45204. html.

养和成果产出的高度重视。基础研究亦可理解为理论研究，或基础理论研究，较为注重科学阐释，以透过现象认识事物本质，揭示出具有普遍性的知识和规律为目标、宗旨，为应用研究提供学理性支持。早期革命纪念馆的科学研究主要集中于为优化各主责主业，提升业务水平及社会服务能力而产生的应用研究，相关基础理论研究较为薄弱。然而，要从根本上做好革命文物的保护与利用工作，则必须依赖于理论研究以夯实基础，深耕文化底蕴，提供学理支撑。首先须摸清有关革命文物保护与利用的基本规律，通过理论研究及其成果转化以实现对革命纪念馆应用实践的支撑和指引。国家文物局正大力推动革命纪念馆的基础理论研究，力求研究阐释推陈出新，各地统筹研究力量，持续加强革命文物调查、征集和研究工作，以深入挖掘革命文物蕴含的思想内涵与时代价值，① 积极构建革命纪念馆学科体系、学术体系和话语体系。

近年来，革命纪念馆的理论成果数量、质量均有所提升，为摸清保护利用规律奠定基础。理论研究成果常常表现为一般性的原则、原理或基本理论，主要以学术论文、专著等形式进行公开发表和交流，具有前沿性、前瞻性、创新性和引领性。我国革命纪念馆在理论研究方面已取得一定成效，理论成果频出，相关科研项目、专业著作和学术论文的数量不断攀升，且质量持续提升。在全国范围内，从国家到地方，革命纪念馆的纵、横向科研项目或课题数量不断增加，而且经费投入逐年加大。在全国博物馆年报系统中，2019 年没有相关科研的数据，2020 年相关科研数据的统计信息仅有"科研项目"，全国 1035 家备案革命纪念馆，科研项目全年共计 1037 项。由于首次填报相关科研信息，统计口径过于笼统，缺乏统一的标准、规范和分类，这 1037 项科研成果并未区分具体的成果类型，导致数据不够精准，无法清晰地展现出革命纪念馆理论研究成果的具体质量、层次和水平等详细情况。2021 年则明显改进，科研数据的统计字段经细化后分为：发表论文数、出版物数和科研项目数，更加有利于分类统计和分层分析。如表 6 - 3 所示，2021 年全国 1153 家备案革命纪念馆全年共计发表论文 1971 篇（平均每年每馆约产出 1.71 篇），专业出版物共有 6519 种（包括图书和刊物），科研

---

① 国家文物局. 深厚的滋养——革命文物资源服务党史学习教育大数据分析与案例探究［M］. 南京：南京出版社，2022：2.

项目（包括纵横向项目）合计304项。由此可见，革命纪念馆的理论成果产出总体趋势向好，前景广阔，但仍需进一步加强成果产出能力，提升成果的质量和影响力。

表6-3　　　　　全国备案革命纪念馆年度报告科研数据统计

年份	科研项目数（项）	发表论文数（篇）	出版物数（种）
2020	1037	/	/
2021	304	1971	6519

革命纪念馆界在学术立馆方面已逐渐达成共识，日趋形成良好的学术氛围，革命纪念馆类的图书专著出版量和期刊学术论文发表量均呈现出明显上升的趋势，并逐步朝着专业化、特色化方向发展。2019~2021年，全国革命纪念馆类的专著纷纷涌现，发展态势继续向好，其中最具代表性的图书当数2021年由国家文物局主编的《中国革命纪念馆概览》，入选中央宣传部2021年主题出版重点出版物目录。该书作为一本有关革命纪念馆的行业工具书，全面介绍了国内各革命纪念馆基本情况，内容翔实、图文并茂，字数近110万字，图片2000余幅，集政治性、系统性、科学性、知识性、实用性于一体。[1] 该书收录革命纪念馆1341家，立体地反映了中国共产党百年奋进的征程和中国革命纪念馆的发展历程，可视为全国革命纪念馆、博物馆的行业发展指南。2019年由国家文物局编，文物出版社出版的《创新与启示：赣南等原中央苏区革命文物保护利用实践》荣获2019年度全国文化遗产十佳图书称号。国家文物局还编写了《深厚的滋养——革命文物资源服务党史学习教育大数据分析与案例探究》一书，于2022年出版，该书通过摸清全国革命文物资源，遴选出优秀案例，并进行了大数据分析。此外，值得一提的是，2019年南京大学出版社出版的《中国纪念馆发展报告·2019》，该书受中国博物馆协会纪念馆专委会委托和指导，由南京大学中国智库研究与评价中心编撰，雨花台红色文化研究院协助完成，是国内首份纪念馆行业报告，被评选为2022年度全国博物馆学优秀学术成果。此外，各地革命纪念馆、博物馆相继发布相关图书专著成果，如香山革命纪念馆于

---

① 国家文物局.《中国革命纪念馆概览》入选中央宣传部2021年主题出版重点出版物［EB/OL］.［2021-08-17］. http：//www. ncha. gov. cn/art/2021/8/17/art_2490_170432. html.

2021 年出版了《百年征程中的香山华章——香山纪念馆文物文献故事选编》；陕西省文物局于 2020 年 5 月编写了《革命圣地红色记忆延安革命纪念馆》，并于 2021 年正式出版其牵头编撰的《走进红色纪念馆》丛书（12册），覆盖陕西省 10 个市，选取具有代表性的 12 家革命纪念馆、革命旧址。三年间出版发行的革命纪念馆相关书籍甚多，不胜枚举。

革命纪念馆相关项目不断扩展延伸，数量和质量均有提升。在庆祝中国共产党成立 100 周年精品展览中，全国有数十个革命类题材展览，而这些展览基本上都须以项目方式来推进，辅以相应研究。在 2018～2022 年的"全国博物馆十大陈列展览精品"中，每年都有多个革命纪念馆的入选展览项目获奖，尤其是 2021 年度最多，共有 12 个革命纪念馆的入选展览项目获奖（详见本书附录二）。在 2021 年度全国十佳文物藏品修复项目中，有重庆红岩革命历史博物馆主持的"重庆红岩革命历史博物馆藏纸质和纺织品文物保护修复项目"获奖。在 2021 年度全国优秀文物藏品修复项目中，也有古田会议纪念馆主持的"1929 年 7 月 27 日红四军政治部编印的《浪花》创刊号（第一期）保护修复项目"，以及孙中山故居纪念馆主持的"孙中山故居纪念馆藏秋波古琴保护修复项目"获奖。在 2021 年度中华文物全媒体传播精品（新媒体）推介项目和 2022 年度中华文物全媒体传播精品（新媒体）入围项目中，均有革命纪念馆的项目。2021～2022 年，还有为数不少的革命纪念馆社教案例获得全国文博社教案例的诸多奖项。

此外，为营造更广阔的合作交流学术园地，共建共享学术交流平台，革命纪念馆还加强了专业刊物的创建，积极鼓励革命纪念馆的内刊、辑刊发展为公开出版刊物，推动已公开出版的普通刊物逐步向高水平核心期刊迈进，着力扩大出版物数量和高水平期刊论文的数量，以提高出版物级别和学术影响力。例如，由中国人民抗日战争纪念馆和纪念馆专委会主办的学术辑刊《中国纪念馆研究》便是最典型的行业刊物，于 2012 年创刊至今已 10 余年不间断，为半年刊，集中刊载了业界的专业学术研究论文，且论文数量和质量逐年提升，在中国知网的总下载次数已突破 6 万次，总被引次数 7 百余次（源自中国知网《中国纪念馆研究》刊物截至 2022 年 12 月的相关动态数据）。

（二）应用研究解决技术与管理难题

应用研究可优化业务技术，提升服务水平，解决管理难题。研究的本质要求是开拓创新，而研究创新分为科学创新和技术创新两个阶段，科学上的原始创新可等同于理论创新，技术上的创新可以对应为应用创新，二者密不可分。科学上的原始性创新是指开拓新领域、引领新方向和孕育新学科的创新活动，其成果包括新现象的发现和新概念、新理论体系的形成，科学上的原始性创新往往会对技术的发展乃至人类社会产生划时代的影响；技术上的原始性创新则是指技术上的重大突破，其成果包括新方法、新工艺、新产品等的重大发明，技术上的原始性创新往往会导致产业发生重大变化，它也会对科学上的原始性创新起到促进和推动作用。① 因此，一方面，革命纪念馆的理论研究及创新能够拓展思路，指引、支撑、推动应用研究及创新的发展；另一方面，应用研究及创新又能够反作用于理论研究，促进理论研究的发展和完善。

革命纪念馆的应用研究是基于理论研究的基础之上，将理论研究所产生的新理论、新知识转化应用到解决实际问题中，聚焦于特定的实际目标和应用范围，更加关注于如何去改变各项业务的方法、流程和管理，以优化革命纪念馆的藏品资源建设、陈展设计、社教宣传、文化创意等具体工作为目标。显然，革命纪念馆应用研究的成果对于改进和革新藏品、展陈、宣教、传播及文创各项业务的具体工作方法和技术，全面提升社会服务能力及水平，解决管理运行中的问题，提高管理效能等，发挥着直接而关键的作用。而革命纪念馆的应用研究在方法与技术方面，具有突出的复合性，常常融合了各个领域的新技术、新发现，甚至横跨哲学社会科学和自然科学，是一种交叉创新的跨学科研究实践。革命纪念馆应用研究的成果形式相比理论研究成果更加丰富多样，除论文、研究报告和专利之外，主要表现形式还有各类新技术、新产品和新策略，例如革命文物修复技术、应用软件、数据库、管理系统及平台等。近几年来，全国革命纪念馆界围绕革命文物资源目录和大数据库的建立，革命旧址的保护修缮，馆藏革命文物的修复，已实施了一批具有影响和示范意义的保护展示项目，抢救修复诸多濒危、易损的馆藏革命文物。自 2021 年 12 月国家文物局印发《革命文物保护利用"十四五"专项规划》起，革命文物的保护利用重心放在了革命文物大数据库建设工程、

---

① 973 计划基础研究共性重大问题战略研究组. 对提升原始性创新能力的一些建议 [J]. 中国基础科学, 2004 (2)：9 - 14.

革命文物保护利用片区建设工程、革命文物主题保护展示工程、省级以下革命文物保护工程和馆藏革命文物保护工程几大方面的应用研究。

在文博界，优秀的原创展览，新颖的宣教方式，开创性的保护修复技术，精美的文创产品等，都是博物馆特色化发展的亮点，而这一切又都离不开学术研究为之注入新鲜的、有价值的研究成果作为支撑。① 因此，革命纪念馆应用研究的成果形式多样，类型丰富，值得一提的是全国文物保护与修复技术的发展促进了其技术成果获得推广，对革命文物的保护和修复同样发挥举足轻重的作用。中国文物学会文物修复专业委员会成立于1991年11月，汇集国内文物修复领域的众多知名、权威专家，致力于研究全国文物修复的科学和技术，组织全国各文博单位开展文物修复技术研讨会，广泛交流文物修复技术新成果，旨在共同提高文物修复技术，自1993~2020年，共举行了十八届全国文物修复技术研讨会。2019年10月第十七届全国文物修复技术研讨会在宁夏银川召开，会议主题为新中国七十年来文物修复领域技术总结与展望。2020年11月第十八届全国文物修复技术研讨会在北京中国农业博物馆举办，主题为"鉴往知来/凝心聚力/推动文物修复事业高质量发展"。并且中国文物学会文物修复专业委员会从1995年起，已编辑出版《文物修复研究》论文集数集，截至2020年底，已经出版8集②，研究范围广泛，涵盖青铜、陶瓷、纺织品、书画等文物修复技术，不乏新技术、新工艺、新材料的应用，其中纺织品、书画等修复技术的成果在革命文物的修复应用中具有重要价值。

又如，从2022年国家文物局编辑出版的《全国革命文物保护利用案例集（2022）》所遴选的18个优秀案例中，便清晰可见，在革命文物的保护、管理、运用等方面，经过实践创新，已取得大量应用性研究成果。在统筹管理方面探索多方合作、社区共建、跨区统筹，在科学保护方面推动连片保护、综合性保护、研究性保护，在拓展利用方面注重丰富公共文化服务空间、"革命文化＋"多方向融合发展，在展陈提升方面注重整体展示、互动展示、伦理化展示，在传播传承方面突出特色、创新方法，传承革命精神、

---

① 靳祎庆. 关于博物馆学术研究特色化发展的思考 [J]. 文物鉴定与鉴赏，2020（23）：125 - 127.

② 中国大百科全书. 中国文物学会文物修复专业委员会 [EB/OL].（2021 - 08 - 17）[2022 - 09 - 27]. https：//www. zgbk. com/ecph/words？SiteID =1&ID =417905.

赓续红色血脉。① 连片保护利用的探索有以北京大学红楼为中心，形成的中国共产党早期北京革命活动旧址群；山西以八路军总司令部王家峪村旧址为核心，连片打造"1+4"片区革命文物保护利用模式；以及陕西延安打造"多点连线、多线成片"的连片维修保护和整体展示等。上海中国共产党第一次全国代表大会会址，福建古田会议旧址群，江苏瞿秋白故居，广西湘江战役旧址等，均加强馆址融合，创新馆址联动，跨区联动，进一步统筹协调管理。江西瑞金革命旧址群，重庆红岩联线，广东中央红色交通线旧址，湖北武汉中共中央机关旧址等，坚持守正创新，丰富体验活动，拓展展示利用渠道和教育功能。这些案例都可以算作革命纪念馆在具体业务及管理工作中产生并形成的应用性研究成果。

尤为突出的应用性研究当数"数智"技术在博物馆界的应用，全面推动了近几年间我国数字博物馆和智慧博物馆的兴盛繁荣。自2017年2月国家文物局印发《国家文物事业发展"十三五"规划》之后，智慧博物馆建设工程和革命文物保护利用工程均开始启动，并获得持续推进。在2020年的新冠肺炎疫情影响和助推下，加快了博物馆和革命纪念馆的虚拟化、网络化和智能化进程，逐步出现云端博物馆，使得在线开放变为常态，除了网站和公众号，还有云导览、微视频、空中讲堂和"问问馆长"等新兴方式层出不穷，既有静态展示，也有在线互动。近年来，数字化技术在革命文物资源保护与利用方面的应用逐步进入高潮，VR、AR、全息互动投影和3D打印等新兴技术在陈列展览和社会教育中，开展互动式、参与式、沉浸式陈展与教学设计的应用，以及互联网、微信、微博、抖音、短视频等多媒体信息技术在革命文化传播与弘扬中的使用，都已取得显著成效。此外，由藏品资源信息化建设研究项目所产出的藏品资源管理系统及其系列应用研究成果，包括藏品资源数据库、藏品资源编目系统、藏品资源检索平台，以及藏品安全监控电子化设备等的应用，正逐步解决革命纪念馆各阶段、各层次的管理难题。关于革命纪念馆的数字化建设，将在本书的第七章进行详细阐述。

---

① 国家文物局. 全国革命文物保护利用案例集（2022）［M］. 北京：中国建筑工业出版社，2022：1.

第七章

数字化建设提升革命纪念馆综合能级

2021年《关于推进博物馆改革发展的指导意见》明确提出，要"大力发展智慧博物馆，以业务需求为核心、以现代科学技术为支撑，逐步实现智慧服务、智慧保护、智慧管理"。随后，《"十四五"文物保护和科技创新规划》正式印发，提出要"加快推进博物馆藏品数字化""推动博物馆发展线上数字化体验产品，提供沉浸式体验、虚拟展厅、高清直播等新型文旅服务"。革命纪念馆数字化建设是实现革命文物活化利用的关键手段。革命纪念馆利用数字技术，一方面实现场馆常态化运行，有序应对特殊时期突发状况；另一方面实现藏品资源活化利用，打造陈列展览互动体验空间，合理开发与利用数字资源课程，深化革命纪念馆智慧升级。可以说，数字化建设实现革命纪念馆升级转型，是提升场馆综合能级、实现高质量发展的重要手段。

一、数字赋能实现革命纪念馆运行有序化开展

新冠肺炎疫情的暴发，给文博机构带来巨大冲击和调整。文化和旅游部办公厅、国家文物局办公室联合发布《关于做好新型冠状病毒感染的肺炎疫情防控工作的通知》，革命纪念馆积极响应国家文物局号召，迅速落实应急工作部署，主动转变馆内原有管理方式与工作方式，通过数字建设满足馆内常态化运行，有效构建数字化发展新场景，重塑特殊时期革命纪念馆的整

体运营工作体系与服务优化路径。

革命纪念馆充分落实特殊时期场馆统筹安排。一方面，革命纪念馆采取紧急闭馆策略，并通过微信公众号、官方网站、微博等社交平台及时发布闭馆公告。闭馆期间，场馆内严格执行各项管理举措，借助综合办公自动化管理系统、文档与多媒体数据管理系统、藏品智能管理系统、文物检索系统、陈列展览系统、安保系统等做好数字动态实时监测，确保革命纪念馆整体安全与常规运行。另一方面，革命纪念馆坚持闭馆不歇业原则，工作人员仍旧积极投入工作，借助互联网平台采取居家办公模式。网络数字技术的应用，无论是信息化阶段，还是智能化阶段，相较于以往传统模式，对革命纪念馆自身的内部管理而言都是一种创新与突破。各个场馆工作有条不紊地展开，指挥系统依然顺畅，网上办公、视频会议是其主要支撑[①]，稳中有序推进场馆日常工作，保障特殊时期革命纪念馆正常运转。

革命纪念馆主动实行新型免费开放模式。为方便社会公众能够提前预约到门票，许多革命纪念馆纷纷建立起网络预约系统，进一步增加来馆人员健康信息、行程轨迹信息收集，拓展观众信息反馈、预约数据统计、陈列展览信息更新与推送等模块内容，基于微信公众号形成完整的门票预约信息库，实现门票预约、二维码票据生成、票据验证等一系列功能[②]，满足行程溯源的需要。这样一方面便于观众通过关注场馆公众号、凭预约系统自动生成的二维码扫码即时预约入馆参观，满足观众精神文化需求，体现文博机构的人文关怀。另一方面有利于场馆进行活动推广，利用网络技术自行设置预约系统的开启日期、总上线人数、单次上限人数、预约周期和提前预约天数[③]，起到限制人流的作用，避免人员聚集造成风险。

革命纪念馆积极拓宽公共文化线上服务功能。特殊时期背景下，国家相关部门鼓励各地文物博物馆机构因地制宜开展线上展览展示工作，鼓励利用已有文博数字资源酌情推出网上展览，向社会公众提供安全便捷的在线服务。《关于新冠肺炎疫情防控期间有序推进文博单位恢复开放和复工的指导

① 白杰. 网络数字时代的博物馆——社会公共事件下的再思考［J］. 博物院，2020（2）：50-58.

② 廖珊，阳利锋. 基于微信公众号的博物馆预约系统设计与实现［J］. 科技创新导报，2019，16（22）：134-135.

③ 李陶. 首都博物馆免票网上预约系统及其作用［J］. 首都博物馆丛刊，2010（20）：436-443.

意见》明确指出，"继续利用数字资源，通过网上展览、在线教育、网络公开课等方式，不断丰富完善展示及内容，提供优质的数字文化产品和服务"。革命纪念馆充分利用数字资源优势，进一步开放数字文化平台，搭建在线展览、数字展厅等虚拟场景，有效拓展文物在线服务功能，实现了藏品内容的数字化、创意化和可视化展示，使得革命文化在网络空间得到多维度展示，满足了特殊时期公众的精神需求，传递了革命纪念馆的人文关怀。

为了开辟革命纪念馆新型服务路径，许多场馆愈发意识到数字化建设的重要性，尝试通过数字网络、融媒体技术拓宽场馆服务功能，积极开展"云游纪念馆""云展览""云教育"等系列活动，创新革命文化传播方式，提供线上推送服务，缩短观众与革命纪念馆的时空距离，促进革命纪念馆馆藏资源、陈列展览等内容的数字化、创新化与可视化，实现双向互动。此外，革命纪念馆还通过在线直播、微信、微博互动等方式积极策划专题活动，如侵华日军南京大屠杀遇难同胞纪念馆的"紫色追忆——2020年清明云祭"、武汉市集中推出的小小讲解员带你"云游"八大红色场馆、上海红色纪念馆的5G云直播、平津战役纪念馆推出的"云网课"、雨花台红色文化研究院推出的"云论坛"等。中国人民抗日战争纪念馆与其他兄弟纪念馆一起，坚持"闭馆不闭展"的原则，结合抗战馆实际，整合馆内内部资源，利用讲解人员、科研人员、文物保管人员、网络技术人员等，推出"烽火印记——抗战云课堂"活动，通过网络向观众讲述抗战时期重大战役、重要人物、重大文物背后的故事。通过抗战馆官方网站、微博、微信向公众展示，取得良好社会效果，逐渐成为抗战馆社会教育品牌。可见，革命纪念馆线上文化服务是实现信息技术与文博产业结合的重要手段，推进数字化建设必将成为革命纪念馆今后工作的重要环节。

二、数字赋能实现革命纪念馆业务创新化发展

"互联网＋"的快速发展，数字技术作为不可或缺的驱动因素，对革命纪念馆数字建设起到了重要的推动作用。革命纪念馆利用3D成像、VR、AR以及5G传输等技术推进数字化建设，盘活革命文物数字资源，创新推出文化数字产品，有效传播革命文化，丰富革命精神供给。革命纪念馆应当

充分立足社会公众文化需求，通过信息化、数字化、智慧化方式有效赋能革命资源文化服务，进一步打造沉浸式、互动式展览体验，确立元数据标准活化利用藏品资源、加强教育功能、提升文创水平等，切实提升革命文化线上服务，回应公众需求与社会关注，更好地促进革命纪念馆事业协同发展。[①]

（一）数字化与陈列展览的碰撞：构建沉浸式、互动式场景

革命纪念馆作为革命文化传播的重要媒介与平台，面对新的环境要求与时代背景，应当主动承担起社会责任，一方面，在场馆陈列展览方面使用二维码进行知识补充与内容解释、运用视频播放、数字屏等方式已屡见不鲜[②]；另一方面，坚持科技引领，积极运用 VR、AR、3D 数字文物、地理信息系统以及人工智能等新兴技术手段打造精品在线展览，升级文物展示方式，为观众提供更丰富的文物全息影像欣赏、虚拟互动和场景沉浸式体验，公众通过网络直接与场馆线上连接，足不出户也能舒适看展，优化观展效果。

1. 提升陈列展览的沉浸体验

随着社会公众精神文化需求日益增长，以及新媒体技术的不断提升，沉浸式体验应用范围越来越广泛，逐渐成为革命纪念馆陈列展览设计的主要选择。革命纪念馆依托客观环境，通过数字技术呈现数字藏品全貌，营造出虚拟仿真全景空间[③]，生动讲述了革命故事，实现了人馆发展的共融、共演与共创。

综合运用数字技术手段，提升陈列展览特色。数字时代背景下，革命纪念馆资源形态日益丰富，陈列展览形式有所突破，展示空间设计也有了更大的发展前景。革命纪念馆综合运用全息投影、触控面板、虚拟现实、增强现实、人工智能、三维可视化等新媒体数字化技术丰富展品呈现方式[④]，通过数字设备精确地将文物还原到虚拟或者现实的场景中，实现馆藏资源从实物

① 王春法. 博物馆的文化使命 [N]. 人民政协报, 2019 – 05 – 20 (11).
② 赵李娜. 交互、沉浸与内化：上海红色场馆文化资源数字化开发利用现状调查 [J]. 荆楚学刊, 2021, 22 (6)：81 – 87.
③ 孔少华. 从 Immersion 到 Flow experience："沉浸式传播"的再认识 [J]. 首都师范大学学报（社会科学版）, 2019 (4)：74 – 83.
④ 杨珺然. 以沉浸式体验为导向的博物馆信息交互设计研究 [D]. 武汉：湖北大学, 2022.

到二维、三维状态的转变，跨越时空界限，提升内容创意性与趣味性。① 革命纪念馆巧妙地通过数字技术将观众与场馆紧密联系起来，通过新媒体技术将场馆静态图像素材技术应用（Picture）、动态数码影像技术应用（Video）、声音信息处理（Audio）应用和静态图像文字材料（Literature）艺术应用在跨媒体内容叙述及形式上有机地进行了组合，通过增强场馆互动性、参与性来提升沉浸空间体验与革命文化体验。② 抚顺市雷锋纪念馆数字展馆线下VR虚拟纪念馆利用虚拟现实技术与数字媒体技术的融合，打造出一个沉浸式的虚拟纪念馆，体验者通过佩戴专业VR眼镜设备，获得身临其境的参观体验，进一步提升抚顺市雷锋纪念馆的影响力、感染力、吸引力，也将作为传播雷锋事迹、弘扬雷锋精神的主阵地发挥更好更大的作用。

注重打造虚拟现实场景，拓展时间与空间界限。数字技术的应用有力地打破了时间与空间的界限，营造了一个以云计算、大数据为支撑的虚拟与现实共存的环境，完整、系统、全面、客观、公正地再现历史事件。③ 革命纪念馆通过现代化新媒体技术，以虚拟视觉为主导来拓宽大众的视野，利用声音变换、投影变化、光效变化、真实场景的构造来切换不同的场景，拓展了虚拟时空范围，使得现实场景边界被逐步淡化，推动了数实融合的革命历史情景构建，带领观众走进虚拟空间，感受革命历史场景，进一步增强了"真实的感觉"，有助于加深社会公众对革命历史文化的在场感、体验感、参与感与融入感。红旗渠纪念馆利用XR、数字孪生等技术手段打造元宇宙剧场，采用六面电子屏全景铺设，环屏展现当年安阳林县人民修建红旗渠的壮举，实现科技展示新突破，为游客带来了更强的视觉冲击力与"穿越时空"的体验感，深度展示红旗渠精神中所蕴含的中国精神、中国力量、中国道路，激发游客情感共鸣与深层次的使命感，全力打造红色文化新高地，多角度、多途径、全方位活化革命文物。

切实加强观众主动参与，完善多维感官体验。革命纪念馆以观众主动参与为核心，以观众体验为原则，强调观众与革命文物的面对面交流，深入挖

---

① 零点有数. 疫情新常态下，全球博物馆数字化建设趋势分析［EB/OL］.［2022 – 11 – 22］. https：//baijiahao. baidu. com/s？id = 1740108189317878167&wfr = spider&for = pc.

② 冯若曦. 新媒体技术下沉浸式体验在展示空间中的叙事性研究［D］. 沈阳：鲁迅美术学院，2022.

③ 李宗远，赵永艳，杨永清，等. 中国纪念馆发展报告 2019［M］. 南京：南京大学出版社，2020：108.

掘其背后的革命精神与历史价值，实现观众从展品信息的被动接收者，向革命文化传播主动参与者的身份转变。在革命纪念馆沉浸式展览中，多种数字化信息媒介交互方式的介入，使得观众对于展览品的感知经验也发生了变化，由一开始以视觉为主的参观式体验转向了全感官参与式体验。尤其数字化技术的发展，推进了多种互动方式，不断强化感知系统的视觉沉浸、听觉沉浸和触觉沉浸以及行为系统的方向感知、语言感知、表达符号等多种体验效果，增加了参与者与环境之间多维度的交流与沟通，提高内容的丰富程度，完善观众的多重感受。① 重庆红岩革命历史博物馆还原了"重庆大轰炸"期间渝中半岛的场景，制作了毛主席《沁园春·雪》全息影像视频，并依托油画《周恩来和他的朋友们》制作出数字展示交互系统，让观众沉浸其中感悟历史，更清晰地感受那段革命岁月。

2. 推动线上云展的交互融合

云展览强调展览资源平台云化，将数字化的展览内容资源存储于云服务器上，资源获取的速度更快，可传播的边界更广，很大程度上是对"互联网＋"为代表的新型社会形态的一种积极回应。② 2021 年博物馆着重于"恢复和重塑"，就"重塑"这一观点而言，展览"运行时"是有着很大需求空间和发展空间的。为了不影响社会公众对于精神文化需求的满足，革命纪念馆创新建设思路，实现从实体展览的单一形式走向了实体展览与云展览结合的多种展现形式③，以线上展览为主体的展览"云"形式成为新时代背景下革命纪念馆值得推行的路径选择。

打造线上云展，还原革命历史。"云展览"是在互联网环境下，通过资源集成和服务共享式向公众传播文物数字化信息及相关知识图谱的信息服务系统。④ 延安革命纪念馆立足自身红色资源，特别推出《伟大历程——中共中央在延安十三年历史陈列》《红色百年——庆祝中国共产党成立 100 周年

---

① 杭云，苏宝华. 虚拟现实与沉浸式传播的形成 [J]. 现代传播（中国传媒大学学报），2007（6）：21 – 24.

② 赵卓. "互联网＋"时代博物馆展览形态的创新发展 [J]. 中国博物馆，2020（4）：55 – 60.

③ 刘艳妮. 后疫情时期博物馆展览"云"形式的思路探索 [J]. 收藏与投资，2021，12（6）：105 – 107.

④ 黄洋. 博物馆"云展览"的传播模式与构建路径 [J]. 中国博物馆，2020（3）：29 – 33.

革命文物图片展》《伟大长征辉煌史诗》《铸魂——延安时期从严治党》《强基——延安时期党的组织建设》《学习用典——中国优秀经典故事全国连环画作品展》系列线上数字展览，真切还原中共中央在延安十三年的奋斗历史与艰难征程，拓展革命纪念馆文化服务功能。

革命纪念馆运用了科技助展的主题思路，用图、文、音、画等多种形式呈现展馆环境、展馆实物、展板内容、展柜陈展物品等，展现从实物到虚拟的视觉艺术，实现革命场景的复现。中国人民革命军事博物馆接连推出《在党的旗帜下——人民军队庆祝中国共产党成立100周年主题展览》《铭记伟大胜利 捍卫和平正义——纪念中国人民志愿军抗美援朝出国作战70周年主题展览》的数字展馆，基于观众的第一视角，以3D立体形式全景回顾党缔造和领导人民军队的光辉历程，展现全国各族人民同仇敌忾、万众一心的爱国情怀，突出营造以革命文物为主体的沉浸体验。

坚持从用户视角出发，传播红色文化。革命纪念馆以数字技术、数字媒介为支撑，以跨越时空交流为特色，建设基于互联网环境的虚拟化云展览，推动新一代互联网技术发展成果与革命文化的传承发展相融合。中国工农红军强渡大渡河纪念馆实施"互联网＋长征"数字化展示与传播项目，开发"长征文物地图"小程序、"强渡天险"APP，推动用户互动式参与，360度观看叠加与现实场景中的3D虚拟影像，提升长征遗址展示的直观性和吸引力。

目前，很多革命场馆从用户体验出发，设置线上导览功能，创新革命文物资源呈现、展示与传播渠道和形式，观众可以足不出户参观馆内陈列展览，基于个人兴趣选择自动导览或手动导览，近距离观看展品，深化革命历史认知与革命文化传播。武汉革命博物馆全新打造中国共产党纪律建设历史陈列馆数字展馆，运用业内领先的720度激光采集技术，全景呈现中国共产党纪律建设的伟大足迹。数字展馆支持地图导览和讲解大纲定位，解说全程音画同步，系统根据讲解词内容自动跳转，为观众提供深度代入的浏览体验，实现了实体陈列馆的时空和用户延伸。

（二）数字化与藏品资源的结合：科学确立革命文物元数据标准

元数据（Metadata）是数据的数据，就文博领域而言，文物信息资源元数据是指提供关于文物信息或数据的一种结构化的数据。① 许多革命纪念馆等相关文化机构开始投入革命文物的元数据研究中，希望通过确立元数据设计原则与标准内容，有效推进革命文物元数据建设，实现革命文物信息的有效流通，充分发挥数字化在革命文物保护利用方面的积极意义。

1. 深化革命文物元数据标准重要价值

元数据描述了数据的结构和意义，同时也可以描述应用程序和流程的结构和意义。就革命纪念馆而言，构建藏品资源数据库的关键就在于定义和创建元数据，以元数据管理为核心，建立信息资源目录体系，明确数据使用范围与表述内容，有效提升数据结构与数据质量，便于提供给业务部门参考使用。

精准定位藏品资源数字化管理问题。数字技术的升级换代驱动越来越多的革命纪念馆认识到藏品资源数字化的重要性，数字化藏品资源逐渐成为革命场馆信息资源、文化资源新的发展形态。然而就现阶段我国革命纪念馆藏品资源数字化管理情况来看，一方面，很多场馆内的数字化藏品资源仍然处于大量采集、无序存储的状态，难以有效实现革命专题信息的关联与利用，无法深入挖掘红色资源内涵与价值。另一方面，我国的革命纪念馆大多依据藏品资源特色自行建立分类标准进行数字化管理，缺乏一致的数据结构约定，造成著录标准不统一、藏品描述字段各异、管理平台无法融通、信息交互效率低下等问题，这些严重阻碍了馆际间的藏品资源共享与深度利用。

加强革命文物元数据标准建设的必要性。元数据是对文物信息资源的机构化描述，可为各种形态的数字化信息单元和资源集合提供规范、普遍的描述方法和检索工具。从革命文物视角出发构建元数据标准，可以用来组织、描述、发现、检索、索引、集成、浏览、保存和管理信息资源等②，真正推动革命文物的数字化保护与利用。因此，只有建立在科学合理、准确完整的元数据标准上，革命纪念馆才能支持有效检索、定位与利用数字馆藏，以数据推动场馆实际应用，推动场馆红色智能服务的实施，实现真正意义上的资源整合与资源共享，为革命文化传承与革命精神弘扬提供数据支撑。

① 刘学荣. 基于数字博物馆的文物元数据研究［J］. 软件导报，2009（4）：155－156.
② 张俊娥、王亚林. 博物馆元数据标准构建研究：以盖蒂研究所元数据标准为例［J］. 大学图书馆学报，2018（6）：56－64.

2. 确定革命文物元数据标准设计原则

随着革命纪念馆智慧化程度的日益提高，革命纪念馆藏品资源数字化工作稳步开展。元数据标准的研究、确立与应用对于满足实际数字化工作需求具有重要的意义。因此，在设计革命文物元数据标准过程中需要准确把握科学规范与合理适用原则，从而构建出符合我国革命纪念馆资源特色的元数据标准体系，为馆藏数字资源库的建设标准奠定基础。

坚持科学规范性原则。数字化是未来革命纪念馆发展的主要趋势，藏品数据是数字化工作的根本，藏品信息的获取与其藏品的编目品质直接相关，革命纪念馆对其藏品信息的呈现应当以规范化描述的数据标准为基础。[①] 所谓科学规范性，是指革命文物元数据标准设计过程中，要立足于现有的国内外元数据标准内容、汇集、扩展、析取已有元数据标准，完整保存革命文物藏品资源的文化内涵联系，便于进行相同主题藏品资源的相互关联，准确揭示馆藏文物数字资源的文化属性、时序变迁与空间变化等动态特色。

坚持合理适用性原则。就革命纪念馆而言，元数据标准的确立以服务主责主业为重点，因此，合理适用性原则是革命文物元数据标准设计过程中必须考虑的关键问题。所谓合理适用性，是指革命文物元数据标准应当与实际馆藏资源属性、特点、类型等内容的高度契合，符合场馆实际业务工作应用需求。革命文物元数据设计一方面要立足宏观政策文件内容，充分参考国家现有标准规范内容；另一方面要考虑不同场馆藏品资源的实际状况，有效做好革命藏品资源分类标准，逐个细化不同类型藏品元数据标准内容，保证元数据方案的合理适用性。

3. 构建革命文物元数据标准基本内容

以国外文物元数据标准为构建参考。目前，已有很大一批国外元数据标准成功应用于博物馆领域，就文博领域常用元数据标准包括 CDWA、VRA Core、CIDOC CRM 等相关规范内容。[②] CDWA（Categories for the Description

---

① 黄明玉. 馆藏文物描述元数据方案探讨 [J]. 文物保护与考古科学，2021，33（2）：98 - 104.

② 李迎迎. 基于知识地图的馆藏文物信息资源组织研究 [D]. 武汉：华中师范大学，2017：69 - 71.

of Work of Art）致力于对艺术品、建筑等进行分类与描述①，提供了与 CO-NA、DC、EAD 等元数据标准的映射机制，共包含 31 个一级类目，50 个核心及其子类目。VRA Core（VRA Core Categories for Visual Resources）在国外主要被用来描述数字图像，用以在网络环境下更好地管理、组织和交换艺术、建筑、史前古器物以及民间文化艺术品类的可视化资源和数字对象，且已在 MARC、CDWA、DC 等之间建立了映射，以便在不同标准之间进行参照，实现数字化资源的互联互通。CIDOC CRM（CIDOC Conceptual Reference Model）作为文化遗产信息领域的概念参考模型，包括 90 个类，147 个属性，用于文化遗产概念表达与信息共建共享。中国国家博物馆、上海博物馆等基于这一标准内容，设计了场馆内的元数据指标，在中国的文博领域得到了较好的实践。

以国内文物元数据标准为构建基础。就国内而言，《馆藏文物登录规范》《馆藏珍贵文物信息指标著录规范》《博物馆藏品信息指标体系规范》《文物数字化保护元数据标准研究（征求意见稿)》《博物馆藏品二维影像拍摄技术规范》这些规范是许多场馆元数据设计方案制定的标准文件，有效地实现了数字藏品资源登记、著录、存储、利用等环节的标准化，对于长期资源建设与资源共享具有重要的参考和借鉴作用。国家文物局发布的《博物馆藏品信息指标体系规范》采取层级分类法将馆藏资源信息分为指标群、指标集和指标项三个层级，包括 3 个指标群、33 个指标集、139 个指标项②，涵盖了与藏品本体、管理和研究信息相关的各个方面。《馆藏珍贵文物信息指标著录规范》将每件藏品登录的核心指标规定为 28 项，包括文物名称、时代、类别、级别、完残、尺寸、质量、特征描述、保护记录等内容，在此基础上结合实际藏品的特征制定而成的规范，既具有科学性，更有合理性。《文物数字化保护元数据标准规范（征求意见稿)》基本涵盖文博机构馆藏文物的核心及专门元素，涉及描述型、管理型、保存性元数据，是符合我国国情的文物元数据标准体系③，因此适用于大多数文物信息资源的

---

① CDWA. CDWA List of Categories and Definitions ［EB/OL］. ［2022 – 12 – 25］. http：// www. getty. edu/research/publications/electronic_publications/cdwa/definitions. html.

② 练洁，李娉，赵星宇. 革命文物元数据标准研究［J］. 中国博物馆，2021（3）：12 – 19，142.

③ 张俊娥，王亚林. 博物馆元数据标准构建研究：以盖蒂研究所元数据标准为例［J］. 大学图书馆学报，2018（6）：56 – 64.

基本特征描述。

以挖掘革命文物特色元素为构建内容。革命文物往往与革命历史事件紧密相关，具有较强的政治属性与意识形态导向，因此对于革命类文物来说需要完整记录和整理物件所处的事件，以及与事件相关的时代、地点和人物之间的相互关联。对于革命类文物元数据标准的建构，不仅需要解释出革命文物现实状况，还要有效挖掘革命藏品资源丰富内容与文化内涵。雨花台纪念馆针对馆藏文物，按照年代、文物等级、物品主人等标准和规范分类，给以分类编号标签和分析描述，并且登记记录，继而按照一定顺序组织成为目录，最终确认数据资源的编目标准。因此，革命文物元数据的构建一方面要意识到革命类文物与其他类型文物之间的区分，以及革命类文物内部的分类与体系，另一方面也要意识到革命类文物建构元数据标准的核心诉求与目标。就国内现有研究来看，山东博物馆走在革命文物元数据理论研究与实践应用前列。山东博物馆"馆藏珍贵革命文物数字化保护及山东省革命文物数据库建设"项目整合文物、党史、军史等研究材料，加强革命文物的保护利用研究，深入挖掘山东省革命文物基本特征与深刻内涵，推出"革命文物元数据标准"重要研究成果。基于革命类文物基本特征与对元数据标准的核心需求，将元数据结构分成了 3 项核心维度、18 项一级类目、58 项二级类目三个层次，在核心维度中，本标准将革命类文物的元数据信息划分为"文物信息维度""文物历史维度"和"文物数字化维度"三个方向。①

（三）数字化与社会教育的交织：合理开发与利用课程资源

互联网技术、多媒体技术以及信息技术的发展，使得革命纪念馆社会教育内容更加丰富、教育对象逐渐多元化、手段日益多样化，社会公众可以通过直播、短视频、公众号等互联网方式接受教育。在此背景下，革命纪念馆应当主动顺应时代趋势创新社会教育形式，推出"红色教育＋互联网技术"融合发展模式，挖掘革命文化内涵与红色资源内容，延伸红色文化知识传播路径。

---

① 练洁，李娉，赵星宇. 革命文物元数据标准研究［J］. 中国博物馆，2021（3）：12－19，142.

1. 有效开发思政教育课程"资源包"

2021 年，教育部、国家文物局联合发布《关于充分运用革命文物资源加强新时代高校思想政治工作的意见》明确提出，"研发高校多媒体资源包，开展体验式、情境式、分享式、研讨式思政课程教学"。红色资源对社会公众尤其是青少年群体的价值观确立、爱国情感培植具有重要作用，革命纪念馆从课程资源开发与利用角度，深入挖掘红色资源蕴含的教育价值，创新红色文化传播路径，有效开发思政教育课程"资源包"。

一方面，做好创新转化，用好红色资源活教材。数字技术的发展为革命纪念馆有效利用红色资源提供了新的机遇。"资源包"包含数字化的红色文献、珍贵的红色文物图片、红色电子书籍、短视频、微电影、音频等，作为思政课的补充阅读材料，嵌入思政课堂，实现资源共享。革命纪念馆通过这种将革命文物资源转化为思想政治教育"资源包"的形式，进一步实现红色课程资源的开发，增强思政教材和课堂的说服力、生动性与感染力，充分调动学生和教师的学习积极性。另一方面，结合实际需求，服务学校立德树人教育。革命纪念馆立足学校立德树人需求，全方位、全过程把革命文物资源植入课堂教育中，深化思政课程改革创新，加强对革命文物、革命文献、革命场馆等红色资源的价值认知，推进革命文物资源深度融入高校思想政治教育、日常教育体系、师德师风建设和校园文化塑造，持续合作推动馆校协同育人。雨花台烈士陵园管理局找准雨花英烈与思政课程的契合点，根据教育规律和特点，研发一套面向中小学生的体系完整的定制化红色课程，运用音视频、材料包、学习单、互动课件等手段，注重协同，推进实践，实现红色文化与学校教育、社会实践的有机结合，为思想政治理论课程育人在落实立德树人根本任务上发挥示范引领作用，成功打造出"革命纪念馆里的思政课""行走的红色课堂"，提升学生参与感，有效扩大红色文化影响力。

2. 丰富红色文化线上精品课程内容

信息技术的发展呈现出网络媒体集成化、社交媒体个人化特点，也驱动社会教育内容与形式的变化，愈来愈多的革命纪念馆依托场馆红色文化特色，通过网络开展社会教育，推出红色文化线上精品课程，充实完善多方位、宽领域的红色资源教育内容，强化思想文化舆论阵地建设。

加强馆校合作，服务红色文化网络教学需求。革命纪念馆立足学校实际需求，紧扣本场馆革命历史主题，充分发挥红色资源特色，在数字时代的大环境下，树立"互联网＋"思维，搭建网上教学渠道，开发革命历史题材慕课，通过线上课堂的形式与各级各类学校紧密合作，为学校思想政治教育、历史文化教育提供资源辅助，打造"线上＋线下"教学模式，深化馆校合作，直观引导学生深刻学习红色历史文化，深刻领悟革命精神。周邓纪念馆开发了榜样的力量系列慕课、周恩来青少年时代励志故事系列慕课等开放资源，不仅满足学校思政、历史课程教师备课需求，还是学生资助预习、复习的参考资料。① 武汉中共中央机关旧址纪念馆依托馆内现有红色资源，打造"薪火课堂"线上社会教育活动，开发《红色革命的心脏——武汉中共中央机关旧址》《红色年代的革命英雄——陈乔年》特色课程，走进武汉小学、柴林小学、三角路小学等学校，根据不同学生群体受众需求持续研发该系列课程、优化已有课程，结合社会热点，配合短视频、线上直播等数字技术，打造红色文化传播矩阵，增设互动环节提升课程趣味性，有效提升听课者的参与感和主人翁精神。

加强公众服务，打通红色文化线上服务渠道。随着信息技术的发展，社会公众可以通过微信、微博等社交媒体即时获得多方面信息，呈现出网络媒体集成化、社交媒体个人化特点。革命纪念馆积极利用网络和新媒体的优势，把社会教育和网络新媒体平台融合在一起，推进社会教育网络化进程，建设了新颖独特的主题网站，还通过"云展览""云讲解"等"云端"创新服务，丰富了革命纪念馆社会教育形式，畅通红色文化线上服务渠道，让社会公众更主动、更直接地接受社会教育。西柏坡纪念馆在创新文物故事的讲述和传播方式等方面进行了不少探索，也取得了一些成绩，例如通过纪录片、短视频、微博、微信、APP、动漫、AR 和 VR 技术以及文物知识的故事化解读、文物故事的超媒体呈现等来推动红色文物故事传播。② 八路军武汉办事处旧址纪念馆主动尝试网络教学渠道，及时推出"铁骨柔情筑忠魂——抗战家书展"，还精心策划了线上社会教育活动 10 余次，收到《中国日

① 李孟平. 博物馆资源在中学历史教育中的开发与运用 [D]. 天津：天津师范大学，2020.
② 王彦红. 利用革命文物讲好共产党的故事——西柏坡纪念馆多措并举实现社会教育功能最大化 [J]. 文物春秋，2021（3）：33－41.

报》、环球网、《光明日报》、人民网、新华网、"学习强国"平台等媒体广泛关注，充分发挥出"铸魂育人"的社会功能和意识形态阵地功能。[①]

3. 创新打造网络课堂实践教学形式

《新时代爱国主义教育实施纲要》明确要求，要加强爱国主义网络内容建设以及创新传播载体手段，"积极运用微博微信、社交媒体、视频网站、手机客户端等传播平台，运用虚拟现实、增强现实、混合现实等新技术产品，生动活泼开展网上爱国主义教育"。

加强网络媒体教学应用。革命纪念馆拥有丰富的红色文化教育资源，越来越多的革命纪念馆开始利用微信、微博、短视频等途径拓展文化传播渠道，打造"微课堂""线上数字课堂"，为公众提供多样化、个性化的社会教育内容。侵华日军南京大屠杀遇难同胞纪念馆官方微博的"每日读图""缅怀逝者""幸存者说""抗战史上的今天"等栏目，通过图文结合辅以短视频的方式，介绍侵华日军南京大屠杀的幸存者和逝者，以及期间值得纪念的人物和事迹。这些栏目为读者反复敲响警钟，同时也让读者时时铭记南京大屠杀期间的屈辱和日军的暴行。渡江战役纪念馆在疫情期间与沃视频、央视网、快手、斗鱼、虎牙等多个视频平台合作开展"5G 文旅直播"活动，网络互动直播"云游"景点，联合社会力量创新传播方式，在这场视频直播中，解说员化身网络主播，带领观众参观并讲解渡江战役纪念馆的全部陈设，还与网友实时互动、回答提问，互动性极强，参与度提高，使公众更具身临其境之感。中共一大纪念馆以中共一大会址及上海各红色遗址为基础，发布首个"数字一大，大力弘扬伟大建党精神"重要应用场景，建设数字世界中"中国共产党人的精神家园"，形成"人与物穿越山海、实与虚跨越时空，线上线下融合共生"的红色文化教育体验平台，成为面向未来讲述建党故事、彰显建党初心、诠释伟大建党精神的红色殿堂。

加强体验式思政课程教学。革命纪念馆注重数字技术、网络媒体与红色文化的深入结合，"要积极建设基于革命文物资源的数字化、可视化、互动化、智能化高校思政教室"。目前革命纪念馆利用特色资源，注重网络多媒

---

① 王莹. 从抗疫时期到后疫情时代革命类纪念馆发展路径思考——以八路军武汉办事处旧址纪念馆为例［J］. 文化月刊, 2022（2）: 102 – 103.

体体验式教学，搭建红色教育课程数字平台。革命纪念馆广泛应用虚拟现实、增强现实、AI人工智能、物联网、区块链技术以及可视化视频等技术，有效突破时间和空间限制，对革命文物进行全景式、立体式、延伸式表现，有效提升革命纪念馆社会教育工作的感染力。革命纪念馆综合运用信息技术生动展示教学内容，让公众亲身感受历史事件，感知奋斗与牺牲，感悟初心与信仰增强吸引力和思想性[①]，不断优化革命文物资源网络育人功能，很大程度上满足了符合人性需求的社会教育服务需求。雨花台烈士纪念馆采用图片、视频、音频、三维立体、虚拟漫游、VR全景等媒介形式，通过虚拟现实技术的存在性、多感知性、交互性等特征，积极拓宽教育传播渠道，建设VR网上虚拟展厅，使公众更能有身临其境的全方位感官体验。

三、数字赋能实现革命纪念馆管理智慧化升级

随着信息技术的应用逐渐深入，以物联网、大数据、云计算、移动互联以及人工智能为代表的新技术广泛应用，助力革命纪念馆智慧化升级，为革命纪念馆的生机带来无限可能。2021年5月，文化和旅游部、国家文物局等中央九部门联合印发《关于推进博物馆改革发展的指导意见》，明确指出要"大力发展智慧博物馆，以业务需求为核心、以现代科学技术为支撑，逐步实现智慧服务、智慧保护、智慧管理"。革命纪念馆借助先进技术深度融合发展，深化计算机藏品信息管理系统研发、网站升级更新、移动应用程序开发、数字化新型展陈展示、沉浸式互动体验服务等项目建设全方位启动，推动革命藏品资源与科技深度融合，为观众提供安全便捷的在线服务，催生出一种更加高阶、全面、系统化的革命纪念馆发展新形态，通过数字信息实现更透彻的感知、更全面的互联互通、更深入的智能化发展。

（一）完善观众智慧服务

革命纪念馆作为公共文化机构，应当准确把握观众需求，通过大数据赋

[①] 薛峰，张文，吴浩波.发挥上海红色资源优势打造党性教育精品课程——以龙华烈士陵园为例［J］.党政论坛，2018（10）：59-61.

能，实现新兴技术与革命纪念馆业务深度融合，基于大数据和微服务打造智慧服务新场景，拓展线上预约功能，推进智慧导览服务，提升服务效率，推动革命纪念馆公共服务实现精准化、智能化发展，为革命纪念馆智慧服务的可持续发展提出了对策和建议，实现场馆内外业务应用的快速构建、灵活访问和统一管理，提升整体服务水平。[①]

1. 拓展线上预约功能

后疫情时代，为了满足观众持续增长的参观需求，实行以在线预约为核心的新型免费开放模式是革命纪念馆提供公共文化服务的主要方式。革命纪念馆顺应时代需求，坚持文化与科技相融合的原则，通过场馆微信公众号向社会公众提供网上实名预约，依托小程序"即开即用，用完即走"的特性，开发了参观预约、票务预订、票务核销、后台管理、统计分析功能，及时掌握观众信息，有效做到总量控制、分时段科学限流[②]，迅速成为观众预约的主要方式与主要端口。这也进一步提升红色文化服务的智能化、精细化与便捷化，为革命纪念馆安全开放及大数据分析提供了技术保障，推动红色文化传播朝着更加多元的方向发展。嘉兴南湖革命纪念馆、重庆红岩革命纪念馆、北京香山革命纪念馆、辛亥革命纪念馆、侵华日军南京大屠杀遇难同胞纪念馆等大多数国内革命纪念馆都已通过场馆微信公众号开通线上预约功能，下设观众预约入口、活动报名等子版块，包括门票、公众留言板等内容，主要提供观众参观服务及社教服务，参与场馆互动。此外，革命纪念馆还需要配套观众检票系统、安检系统以及场馆监控系统，加强对进馆人员实行精细化管理，便于场馆提供跟踪式服务，从而保证观众的有序参与，确保纪念馆的正常运行。

2. 推进智慧导览服务

移动互联时代，文化与科技的融合不断推动革命纪念馆服务智能升级，越来越多的场馆基于服务设计理念，以用户个性化体验为出发点，通过采集

---

① 周虹霞，李华飙，周宇阳，等. 基于大数据与微服务的博物馆智慧服务研究［J］. 博物馆管理，2022（3）：47 - 54.

② 重庆中国三峡博物馆智慧管理［EB/OL］.［2022 - 12 - 28］. http://www.szzs360.com/news/2019/6/2019_7_mzs55872.htm.

处理、挖掘分析与管理应用观众数据，推出智慧导览服务，为观众提供全方位、精细化、高质量的体验感。

以观众需求为导向。根据当前网络科技的发展趋势，革命纪念馆以用户为中心，通过合理的设计实践使革命纪念馆导览服务迈向全智全能、更人性化的服务方向发展。目前，阶段的智慧导览利用数字技术，通过"情境感知系统"，可以多角度地向观众展示革命藏品高清、立体形象，动态传达藏品的动态历史信息变化，充分调动了用户参与的积极性。陈云纪念馆为了更好地满足观众讲解的需求，建立了观众随身智能导游系统，提炼参观者的个性化偏好，有效提高运行效率，提升讲解服务体验。瑞金中央革命根据地纪念馆为观众增设电子导览、电子触摸屏等设备，可扫码自助聆听革命文物展品信息与革命故事；为解决参观高峰期无法向所有观众提供人工讲解的问题，在叶坪、红井等景区，安装了通过人体红外线感知的智能讲解员系统以及包含五种语言的互动式自助导览系统。这种由观众灵活自主选择感兴趣的文物展品、DIY 旅游讲解路线的方式，激发了观众对参观革命纪念馆、学习党的历史、根据地的历史的更大热情。①

以科技创新体验为核心。科技创新加速智慧导览转型，智慧导览的设计和使用正在成为革命纪念馆界的新趋势。智慧导览是将互联网和云算法技术综合应用在革命纪念馆服务场景中，并针对用户推出个性化参观指南的导览应用。革命纪念馆通过实时监测景区人流数据、观众客源地分析，动态分析人流趋势、观众最大承载量、瞬时承载量与显示游览舒适度指数，全面采集观众参观路线、展线停留时间，实施用户特征标签，精准描绘用户画像，根据参观者的多样化需求以及场馆游客动态变化，借助热力分布图，合理进行动线设计、规划参观路线，控制场馆整体参观人数，提供用户个性化定制服务，提供合理、准确的导览内容。2021 年，抚顺市平顶山惨案纪念馆上线了智能电子导览，支持导览地图内所有景点的语音讲解自动和手动触发，提供近距离感知信息自动推送功能，根据地图匹配算法以及基站定位方法进行位置纠偏，保障定位精度。

以移动导览为重点。微信小程序是近几年在微信用户基数不断增多的背

---

① 如何做好革命纪念馆与观众互动体验——以瑞金中央革命根据地纪念馆为例［EB/OL］.［2022 - 12 - 28］. http://www.sanyamuseum.com/a/chenliexuanjiao/2022/0921/1297.html.

景下衍生的一种移动端导览形式。以移动终端为媒介的场馆导览，利用网络技术可以让参观者在任何地方任何时间享受更高质量、更有趣味的导览内容，并且使用起来更加便捷，在用户群体上传播更为广泛，在功能需求上更加全面，在互动展示上更加多样。革命纪念馆通过微信公众号提供自助语音导览服务，实现了由传统的被动式参观向互动化、智慧化参观形式的转变，实现了公众参观体验、语音讲解、信息发布、智慧管理有机结合。林则徐纪念馆通过全景技术与 VR 技术相结合的方式对景区进行拍摄，拍摄后配上语音讲解、背景音乐，景区全景可生成链接、二维码，通过二维码导览系统，可以让观众直接进入语音导览，便捷获取旅游讲解服务，以及语音、图片等景区游览信息。武汉八七会议会址纪念馆提供微信客户端自助导览服务，观众可以通过扫码关注场馆微信公众号，自助免费使用。辛亥革命纪念馆开通微信自助语音导览服务，观众通过扫描二维码即可参观主题展览，随走随听，在语音引导下了解革命人物的命运与革命文物的前世今生，深切地感受革命历史岁月。

（二）深化藏品智慧管理

进入智慧时代，革命纪念馆应该抓住机遇，充分利用新型技术解决馆内发展问题，不断完善与现代革命场馆相适应的智慧管理体系，促进智慧理念与先进技术的融合，构建藏品资源管理数据库平台，做好藏品资源的全流程管理，实现场馆智能设计与监控管理。

完善藏品资源全流程管理。革命场馆以建立馆藏文物资源数据库为核心，在功能上涵盖库房藏品文物管理的全过程，实现对各类革命纪念馆藏品信息录入、审核、维护、发布等多项信息化管理，提高馆藏文物管理工作效率。[①] 古田会议纪念馆建立藏品数据库，精准分类，有效记录馆藏资源基本信息，革命纪念馆通过建立藏品数据库，增强馆藏资源的宏观保护能力，减少数据断代丢失的发生。文物藏品数据库为革命纪念馆业务管理工作提供平台支撑，可以有效揭示文物收藏的内在价值，方便工作人员与社会公众可以多角度、多维度、多阶段地挖掘藏品内在价值，推动文化遗产的系统性研

---

① 张晓婉. 物联网技术在博物馆藏品管理中的应用——以南京博物院为例 [J]. 江苏科技信息，2018，35（12）：49－54.

究。韬奋纪念馆以《博物馆藏品信息指标体系规范（试行）》为基础进行藏品信息指标设置，形成文物管理、保管管理、媒体管理、信息检索、报表统计、系统管理六大模块，设有藏品编目、藏品保管、藏品利用、智能排架、信息检索、多媒体批量上传、统计报表等功能，有效规范了韬奋纪念馆业务流程。革命纪念馆将本馆的藏品信息统一集成到数据平台，确保文物信息的完整性，缩短文物数据的整理时间，便于工作人员数据库管理后台，实现藏品信息登记、文物借调等功能，同时满足社会公众开放、查询藏品信息的功能。①

提升藏品资源数字化建设质量。藏品数据平台的建立，有效整理、筛选与提炼藏品资料，通过对藏品的大小、质量、规格等基本信息、重点信息进行整合分析，可以满足多人同时浏览的需求，以图文的形式减少了观众搜寻藏品的时间，更具有操作性。渡江战役纪念馆和渡江战役总前委旧址纪念馆计划在2022年和2023年完成文物、场馆、建筑物等数字化采集、专业化标注和关联，建立爱国主义教育基地的鸟瞰全景数据，建立统一、先进和规范的超清数据资源库，为红色文化资源数据库、3D漫游数字展示系统提供数据服务。井冈山革命博物馆通过高精度的三维扫描技术、近景拍摄技术，获取博物馆珍贵文物（包括器物类文物、平面类文物、书籍文献类文物）的二维、三维信息，构建能够精确表达文物几何形态、色彩信息、病害情况的高精度三维模型、高清图像，构建井冈山革命博物馆红色基因数字资源库的核心，通过专业化的属性标注、时间事件关联等，建立革命馆藏文物数字化档案，留存红色基因，为后续文物资源的再利用提供基础数据。

提供藏品信息动态跟踪服务。大数据、物联网、云计算、移动互联等技术的引入，提升藏品保护利用效率，提供好藏品信息动态跟踪服务，深化藏品安全预警与防盗管理，对革命纪念馆实现藏品信息化、数字化与智能化管理带来积极影响，有利于实现藏品资源智慧型保护，为藏品安全提供有效保障。文物RFID电子标签包含文物基本信息，革命纪念馆借助无线网络技术、计算机技术与物联等技术，利用移动互联和智能终端以及RFID技术，实现藏品动态跟踪，精准定位文物位置，有效核对文物信息，对馆内藏品展

---

① 秦惟跃. 浅谈地区文物藏品数据库在智慧博物馆建设中的必要性［J］. 中国民族博览，2021，1（1）：190－192.

示、社会教育以及公共服务等方面进行管理和互动宣传，便于库存盘点统计，实现了安全、高效、方便的智慧化管理。① 三五九旅屯垦纪念馆以馆内藏品业务流程管理为主线构建革命文物藏品管理系统，实现藏品全生命周期的标准化、数字化、信息化管理。同时借助于 RFID 现代物联网技术，对藏品的出入库、盘点、迁移、保养等多环节管理工作自动追踪识别，实现文物库房管理工作的智慧化、自动化。2022 年，瑞金纪念馆充分运用数字化新技术、新业态、新模式，创新可移动文物资源传播形态，对反映土地革命战争时期的中华苏维埃共和国中央印刷厂使用过的石印机、中国工农红军学校第四期运动会优胜奖铜章等 500 件馆藏可移动珍贵文物进行多维度、多媒体信息采集与加工、文物知识图谱、文物信息动态著录与数据交换、文物数字化资源管理、智慧化文物藏品管理、RFID 文物电子身份证的信息管理，实现了可移动文物数字化保护、传播、教育和服务的目的，让更多的可移动文物红色资源"联起来""动起来"。

（三）统筹场馆智慧运行

2021 年 11 月，《"十四五"文物保护和科技创新规划》正式印发，对提升文物科技创新能力进行了"全链条"布局。智慧纪念馆的构建是一项系统工程，涉及纪念馆的管理、服务、保护等多个方面，需要考虑到纪念馆业务管理实际应用需求，强化多个业务部门协作配合，充分调动馆内现有资源，更好地适应时代发展需要、改善场馆服务，形成完整的智慧管理、宣传、服务体系。

1. 业务工作模块化管理

数字技术革新驱动革命纪念馆发展，深化了业务模块的数据化管理，推动了场馆运行管理的提质增效。革命纪念馆在深入推进智慧管理过程中，应当注重数字技术的有效应用，实现数据在业务工作过程中的互融互通。

革命纪念馆构建了覆盖藏品保管、陈列展览、讲解管理、志愿服务等各类业务的一站式数字化管理新模式，将场馆内各个应用模块产生的事件信息与即时消息深度整合，实现全馆信息及时传递与送达、业务及时处理，实现

---

① 陈红京，何兵. 论物息一体化 [J]. 中国博物馆，2007 (3)：100 – 104.

了全馆业务的整体数字化转型和智慧化升级。① 革命纪念馆积极打通各个模块数据，保证革命纪念馆智慧管理流程的相互衔接，扩大数据的服务与传播范围，满足日常运行与办公需求。侵华日军南京大屠杀遇难同胞纪念馆积极探索运用新的科技手段，推出"一中心三平台"建设，包括运行支撑中心、综合管控平台、数据服务平台与公众服务平台，覆盖场馆活动管理、志愿服务、讲解服务、陈列展览、信息运维等多项业务范围，打造出安全、稳定、高效的智慧纪念馆体系，为辅助场馆管理提供数据依据与业务支持。

2. 场馆安全智能化管理

数字技术赋能成为革命纪念馆完善管理方式的重要举措。尤其新冠疫情暴发以来，非接触式、智慧化服务成为革命场馆的主要服务形态，许多革命纪念馆运行趋于数据化，借助大数据、云计算、云存储等技术实现汇聚整合、关联分析与精准判别，加强场馆安全监控与预警管理，完善补充管理流程。

推进场馆智能安全系统应用，提升多方位监测效果。智慧凝聚的是人类的感知，从数字化到用技术感知搭建智慧博物馆是一场飞跃。从数字赋能迈向数智赋能，革命纪念馆设有安防控制中心，通过智慧化管理赋予场馆更多自主的能力，运用安防综合管理平台提升纪念馆智慧安防建设，主动解决日常业务工作与突发问题，提升场馆的安全运行能力与公众服务水平。② 革命纪念馆基于《博物馆和文物保护单位安全防范系统要求》《文物系统博物馆风险等级和安全防护等级的规定》，综合运用各种科学技术，构建安全技术防范网络系统，实时监测、控制场馆内藏品资源安全情况。革命纪念馆以强化场馆智能设计为重点，以强化场馆监控管理为关键，借助物联网与互联网技术，拓展信息发布、远程监控、实时调度、全程服务、应急处理等功能。南昌八一纪念馆将关键区域的监控画面接入省智慧旅游监管平台、市"雪亮工程"示范城市平台，防范场馆安全风险，建设平安场馆。革命纪念馆

---

① 数字化创新实践案例数字技术革新驱动智慧博物馆发展［EB/OL］．［2022 - 12 - 30］．https：//baijiahao. baidu. com/s? id = 1746550976045452461&wfr = spider&for = pc.

② 智慧博物馆：让观众感知文物的温度［EB/OL］．［2022 - 12 - 29］．https：//mp. weixin. qq. com/s? __biz = MzA4MzI5NzAxMg = = &mid = 2651464544&idx = 3&sn = bc0b5a33598991d0171e2ff 4527ddc13&chksm = 840614fbb3719dedd5e9a75157458cd1d2d454714bf6abc025d84937bf19c33b01f1ed3d4 f95&scene = 27.

整合消防监控系统、客流管理系统、电子巡更系统、消防管理系统等日常管理系统，实时获取最新现场水压、烟感、风感数据，确保维持最佳环境，尤其电力监控系统的应用从源头上避免产生安全隐患。革命纪念馆还可以通过巡展机器人、搭建监控平台、文物运输的安全平台、外展监测平台来实现文物的智慧保护，协助场馆安全工作。长兴县新四军纪念馆有效加强对视频监控、集群对讲、场馆指挥调度等多种内容进行整合，在场馆范围内设置视频监控系统、入侵报警系统与出入口控制系统，有效筑牢安全防线。

拓展场馆智能安全服务范畴，提升预警保障效率。随着藏品安全监管工作的日益深化，革命纪念馆突破传统安防实践的局限，强调红色文化与科技相融合，加强平安场馆构建，进一步深化革命监管数字化、网络化、智慧化安全监测与预警管理，保障场藏品资源安全与场馆运行稳定，打造集多种信息资源、多种功能于一身的具有高安全守卫能力的现代化、可视化与网络化的智慧场馆安全指挥中心。智慧化纪念馆的建设以数据为基础。雨花台烈士纪念馆在"红色文化＋互联网"数字化平台的基础上，建立内部电力监测与分析管理、智能安防、资产管理等模块，实现科学决策与智能管理，提高整体智慧化水平，打造内部管理和外部业务一体化的智能系统。尤其在展厅范围内，加强场馆照明控制系统的设计与构建，实现馆内灯光的自定义智能控制，能够根据藏品材质特点与实际展览需求进行远程调整、定时调整、分区域调整，精准调节光照强度，提升藏品保护效率。革命纪念馆顺应时代发展趋势，充分利用移动情境感知技术，以移动平台、移动终端为载体，自动收集场馆内用户、服务、环境等多种情境数据并组织筛选与处理，构建起具有人性化体验的智慧化管理模式。智慧化红旗渠纪念馆大数据的研究工作应以大数据计算模式为反馈，结合红旗渠纪念馆的数据来源，针对不同的数据特点，对数据进行详细和完善的采集和预处理分析。① 陈云纪念馆通过大数据云平台及时提供了技术支持，借助数字化观众管理系统为每个观众建立数字档案，收集观众位置、预约、消息订阅、停留时间、藏品偏好、点评、转发等个人行为，并通过对观众行为分析，使纪念馆能够准确掌握观众基本信息和行为偏好，更有针对性地开展教育、研究和展示工作。除了支持场馆运

---

① 刘海、李昱锋、王晓钰，等. 基于大数据技术的智慧博物馆建设调查研究——以红旗渠纪念馆为例［J］. 电脑知识与技术，2022，18（6）：13－15.

行与展厅服务，革命纪念馆拓展智能安全服务范畴外，革命纪念馆运用身份识别技术采集观众身份信息，确保场馆的安全与藏品资源的完好无损。同时，革命纪念馆将大功率的读取探头安装在展厅和库房的门禁处，可以不间断地读取博物馆藏品的 RFID 电子标签信息，一旦监测到馆藏品有被非法移动现象，报警装置就会自动开启，在最短的时间内通知保卫部门。

3. 办公系统嵌入式管理

随着计算机和网络通信技术在馆中的应用，革命纪念馆运营过程中的纸质文档内容逐渐转为数字文档，围绕日常办公需求，实现流程化数字文档管理与多维流程审批成为革命纪念馆实现智能化管理的关键。

革命场馆将计算机网络与现代办公相结合，利用计算机存储和处理数字信息，引入并成功应用 OA 系统，形成连接至各个部门的办公系统，实现文档线上传递与流通，一改过去依赖纸质文件的办公方式，摆脱非工作时间带来的限制，做到即时查询，能够高效快捷地共享和调取系统内部的信息和资源，实现革命纪念馆管理体制的优化与完善。针对日常各类办公审批，不同部门可以根据实际需求，建立各类流程，实现合同审批、费用报销、单据审批等流程可视化管理以及人事请假等一体化管控，满足馆内不同部门人员的多方位使用需求，优化了办公环节，有效提升了革命纪念馆整体工作人员的办公效率，办公能力得到增强。周恩来邓颖超纪念馆采取 OA 自动化办公，场馆内所有工作信息都经由统一的信息管理平台分配，通过互联网平台进行信息调用，不仅方便内部工作人员进一步编辑，也方便游客调取、参看与管理。革命纪念馆通过办公系统的嵌入式管理，实现了文件签批流转、信息发布、事项审批、收发内部邮件，移动办公处理等功能，很大程度上达到了无纸化办公的效果，满足了纪念馆日常办公需求，覆盖全馆所有部门，实现了全馆内人、财、物、事各信息实时关联互动响应等，构成全馆智慧协同的管理与服务，有效降低办公成本，是当前革命纪念馆发展的重要趋势。

随着大数据、云计算、移动互联以及 VR、AR 等互联网技术的升级转型，革命纪念馆顺应时代要求积极推进数字化建设，这不仅是革命纪念馆面对疫情防控及时调整的管理运行策略，也是各个场馆活化利用馆藏资源、拓宽场域范围的主要手段，"线上 + 线下"建设形式也必将成为革命纪念馆公共服务新的趋势。革命纪念馆从观众需求出发，创新运用多种技术手段，通过构建沉浸式互动场景、开发利用课程资源等形式创新发展纪念馆业务工作，通过数字赋能实现革命纪念馆管理智慧化升级，积极拓展线上预约功能、推进智慧导览，不断完善观众智慧服务；通过构建藏品资源管理数据库平台、加强场馆安全监控与预警管理，逐步深化安全智慧保护；有序加强业务工作模块化管理、场馆运行数据化管理与办公系统嵌入式管理，统筹协调场馆智慧管理，增强纪念馆与公众间的相互联系，从而与公众建立起更加智能、持续的红色文化服务与文化交流。

下 篇

实践案例篇

第八章

基于工作实践的博物馆藏品体系建设

——以辛亥革命博物院为例 *

　　辛亥革命博物院是湖北省为进一步打造辛亥首义文化品牌，将主题相同的辛亥革命武昌起义纪念馆和辛亥革命博物馆整合而成的专题性的博物馆，分为南北两区。北区依托中华民国军政府鄂军都督府旧址而建，南区建于辛亥革命武昌首义 100 周年之际。博物院馆藏文物丰富，种类繁多，体系完整，现有文物藏品数量达 3.5 万件/套，其中珍贵文物 512 件/套。依据 2021 年国家文物局、财政部印发的《国有博物馆藏品征集规程》，以及 2023 年 1 月中国博物馆协会开展的 2019～2021 年度博物馆运行评估工作中有关藏品体系方面的要求，现将辛亥革命博物院长期以来的在藏品体系方面的构建实践与同行分享。

一、辛亥革命博物院的藏品分类体系

　　博物馆的藏品体系是博物馆管理和展示藏品的系统化框架，其建立不仅需要考虑收藏方向、宗旨、目标、面向的受众群体以及资源和环境等多方面的因素，还需要兼顾藏品与藏品之间的关系、藏品与展览的关系、藏品与宣传教育之间的协调性等。

---

　　* 李媛丽：辛亥革命博物院。

每个博物馆都会有多种藏品体系，一般来说，博物馆会根据自己的主题和收藏情况，选择不同的分类方法来建立藏品体系。按照质地和时代是常见的藏品体系构建方法，也是博物馆常用的分类方式之一。为了方便管理，按照质地建立藏品体系，分库房进行保管保护，也是辛亥革命博物院的藏品体系之一。

与综合性博物馆不同，专题性博物院通常不涉及过多的时间和空间跨度，藏品的横向性很强，围绕主题的不同方面展开。辛亥革命博物院作为专题性博物馆，馆藏主要围绕辛亥革命这一主题展开，因此博物院的主要藏品是与辛亥革命相关的历史实物、历史文献资料、珍贵历史照片；反映辛亥革命志士生活、学习、工作状态的物品；反映辛亥革命时代人民群众生活的物品；与辛亥革命直接相关联的其他社会团体、政治、军事、经济个人的各类物品；辛亥革命衍生的各类物品；反映辛亥革命期间社会生活状况的物品；导致辛亥革命诱因的政治、经济、文化和精神信仰类的各种实物等等。这种横向性的藏品结构特点，在长期的工作中形成了以下几种藏品体系。

（一）从藏品内容上分类藏品体系

从 1981 年以来，辛亥革命博物院经过几代人的不懈努力，通过捐赠、购买、调拨等方式征集的藏品体系完整，种类齐全，品类众多。在操作层面主要按四个方面进行分类。

（1）以历史事件为标准的分类：以辛亥革命相关的历史事件为主题的藏品体系，涉及的藏品类型是多样化的，这个多样化不仅体现在藏品质地方面，还体现在藏品特征、藏品内容、藏品所蕴含的文化内涵等等。如以辛亥革命武昌起义为主题、以"丙午之狱"为主题、以辛亥革命武昌起义爆发前的社会团体为主题等，这些主题的文物、资料都形成了较为完整的藏品体系。

（2）以历史人物为标准的分类：与辛亥革命相关的历史人物，如孙中山、黄兴、宋教仁、孙武、黎元洪等辛亥志士为主线的藏品体系，这种藏品体系涉及的文物资料也是多元化的。如辛亥革命博物院以孙中山为主线的藏品体系包含孙中山先生的"天下为公""博爱"等书法作品、所签署的文件、文告、开国纪念币、纪念章、邮品、金圆券、瓷器等文物资料所构成的藏品体系。

（3）以历史文化主题为标准的分类。以辛亥革命时期历史文化主题为体系的藏品，数量众多，品类丰富，可以自成体系，也可以组合成新的体系，如博物院的藏品中晚清民国时期的明信片、火花、债券、广告月份牌、邮品等文物资料，在湖北省内乃至全国都独具特色。明信片内容涵盖老武汉历史旧貌、汉口开埠旧影、武昌首义风云、老武汉民情民生等，以明信片为载体真实记录了武汉早期城市近代化发展过程。

（4）以生活方式和生活用品为标准的分类：以辛亥革命时期的生活方式、生活用品等反映当时人民的衣食住行用品、家具、器具等藏品，构成了民俗类藏品体系。

（二）从藏品质地上分类的藏品体系

博物馆一般按体系对藏品实行分类、分库管理，体系的标准具有多样性。如果建立藏品管理系统或者藏品信息管理系统，就能以藏品为基础，业务流程为核心，系统管理为支撑，将藏品管理、库房管理、台账管理、藏品查询、统计分析等，实现海量、多元、异构数字资源一体化管理。辛亥革命博物院目前藏品管理主要依靠人工对藏品按质地分类管理，对藏品账按文物级别、质地、地域、文化等多种标准分类。

1. 实物分类

辛亥革命博物院的藏品主要有以下分类：

（1）纸质类：这类藏品主要包括书籍、档案文书、纸质证照、邮品、书画、债券等；

（2）纺织品类：这类藏品主要包括绸缎、刺绣等；

（3）陶瓷类：这类藏品主要包括瓷器、陶器、瓷雕等；

（4）钱币类：这类藏品包括各个朝代的金属质地的钱币；

（5）木竹类：这类藏品主要包括木雕、竹刻、木质桌椅、木质家具等；

（6）小体量杂件类：这类藏品主要包括金、银、铜、铁等小件金属制品、玉器、翡翠、宝石等珠宝等。

当然，以上仅是一些常见的按藏品质地的分类方式，实际上，不同的藏品还可以根据不同的特点和属性进行分类。在实际操作中，经常根据藏品的具体情况、保存位置，选择最合适的分类方式，使分类管理更加科学、合理。

由于自然条件和历史原因，辛亥革命博物院的藏品按类别存放在南北区不同的库房。北区库房设在复原修缮后的"议员公所"二层楼房中，配备了相应的柜架，配备了恒温恒湿设施设备，在恒温恒湿设备无法正常运行的情况下，藏品库房可以利用开门窗进行通风，调节温湿度。因此，将对温湿度要求较高的纸质类、纺织品类文物存放于此。南区库房为现代建筑，全封闭式，室内空气流通主要依靠空调系统，加之位于地下一层，有货运电梯，进出方便。因此，将瓷器等藏品受温湿度变化的影响较小的文物和大体量的石器、木质建筑构件、铁轨等不方便运输文物存放于此。

2. 藏品账目分类

为了方便藏品信息的记录和更新，以及对藏品进行比较、分析和研究。辛亥革命博物院的藏品账目的分类，以方便利用和查询为原则，方式呈多元化。按等级建立了一级文物账、二级文物账、三级文物账、一般文物账、资料账、参考品账、复制件账；按质地建立了纸质、纺织品、瓷器、木器、金属器等等；按文化类型建立有钱币、辛亥名人书画、火花、明信片、广告月份牌等分类账。

二、完整藏品体系促进活化利用

在博物馆藏品的作用发挥方面，成体系的藏品更有利于藏品的活化利用，管理者、研究人员等群体可以更方便地找到自己感兴趣的物品，并且可以了解它们的历史、背景、文化价值和艺术价值。在辛亥革命博物院的馆藏中，体系完整的藏品利用率明显高于单个的藏品。

（一）在展览方面

近年来，辛亥革命博物院每年举办 2～3 个原创临时展览，体系完善的藏品是展览的首选藏品。

（1）主题展览：通过将同一主题或同一时间段的藏品放在一起，形成一个主题展览，以便更好地展示其历史和文化背景。如《流年似水——旧上海广告月份牌》展览，广告月份牌，是民国年间，商家宣传推销的媒介，也具有查询日期的年历功效。展览设计中利用80件广告月份牌组合在一起，从历史故事、民间传说、文苑佳话、明星名媛、摩登女郎、四季时装、四时风光、合欢怡情等8个部分综合反映辛亥革命对中国的社会变革的推动作用。《馥郁绽芳华——晚清民国女性人物火花展》利用晚清民国火花1000余枚，以形象生动的方寸贴画展现晚清民国时期或国色天香、或语笑嫣然、或时髦摩登的女性风采，并透过一张张小小的画片，将时代连缀起来，成为鲜活的画面，使我们聆听时代变迁的脚步，感受社会进步的气息。类似的展览还有《那个年代的武汉——晚清民国明信片》《走向共和——晚清民国火花展》《近代中国债券展》《剑胆琴心——辛亥名人翰墨展》等等。

（2）专题展览：通过一定的归纳和总结，从藏品中抽象出来的、带有其个人特质（看法、价值观、偏好）的藏品放在一起，形成一个专题展览。如《五色交辉——馆藏共和纪念文物展》将有十八星旗和五色旗交叉放置的双旗图案、有孙中山、黄兴、黎元洪等辛亥革命人物的图像、有"振兴中华""光复大汉""民国""开国"等具有鲜明时代特征藏品，来反映结束封建帝制，建立资产阶级共和国，促进思想解放和中国社会的进步的辛亥革命这一历史事件。《文物藏品中的英雄武汉》以历史脉络为线索，以重大历史事件和重要历史人物为支撑，突出反映从辛亥革命到2021年中国共产党成立100周年，武汉人民在中国共产党的领导下，为民族独立和人民解放，国家繁荣富强和人民共同富裕，不惜流血牺牲、英勇奋斗、艰苦创业、开拓奋进，在中国革命、建设、改革和新时代的伟大实践中，为使武汉发生沧桑巨变作出的不可磨灭的历史贡献。类似的展览还有《百年回眸——孙中山和他的新加坡友人》《荆楚十年辉煌答卷》《首义英雄——武昌起义志士事迹陈列》《革命文物中的英雄城市》等。

（二）在宣传教育方面

利用藏品体系进行宣传教育是一种有效的方式，可以系统地向公众介绍历史、文化、艺术等领域的知识，让人们更容易理解和记忆。辛亥革命博物院通过设计和布置基本陈列通过展览，详细阐述将辛亥革命武昌起义的历史背景、起义的过程、影响和意义等内容；通过图文、音频、视频等多种形式的展示手段，生动地展现辛亥革命的历史面貌，引导观众深入了解辛亥革命历史。除此之外，根据观众的兴趣和需求，设置不同类型的展览，如艺术展、文化展、历史展等，让观众可以更加全面地了解辛亥革命和当时的历史背景。同时，为了适应年轻人的阅读习惯、满足寓教于乐需求，辛亥革命博物馆在宣传教育过程中增加互动、趣味性和娱乐性元素，让观众能够更加轻松愉快地学习历史。

在宣传教育方面，利用各种宣传渠道，如报纸、电视、网络等，宣传辛亥革命武昌起义纪念馆的特色和重要性。辛亥革命博物馆定期举办一些专题讲座、讲解和教育活动，通过专家的讲解、互动问答等方式，使观众更加深入地了解辛亥革命的历史和文化内涵。在馆内设置一些互动体验的环节，让观众能够亲身体验辛亥革命的历史场景，如模拟起义过程、模拟传报情况、模拟参与者角色等，增加观众参与感和互动性，提高观众的体验和记忆效果。

（三）在专题研究方面

利用藏品体系进行专题研究可以帮助人们更好地了解某一特定领域的文化、历史、科学、艺术等方面。根据个人兴趣、研究需要和研究资源等因素，选择一个具体的研究主题，利用博物馆、图书馆、档案馆等机构提供的藏品体系，查找与研究主题相关的文物、书籍、档案等资料。对筛选出来的藏品进行仔细地分析和研究，了解其历史背景、文化内涵、艺术特色等方面的信息，并进行比较和综合分析。

辛亥革命博物院历来重视研究工作，结合保护修缮、陈列布展、学术研究等实际工作，发动职工对藏品进行深度研究，并将研究成果以论文或论著的形式发表或出版。如：从馆藏文物中挑选出与辛亥革命主题相关的精品文物，编辑出版《辛亥武昌首义文物图录》，挖掘文物背后的故事、文物流传经历及所蕴含的价值，展示隐藏在文物中的相关历史细节，凸显辛亥首义历史的厚重与沧桑，弘扬辛亥志士为振兴中华敢为天下先的首义精神；编辑出版《辛亥首义人物谱》，7位编著者经过查阅十余种第一手文献资料，将1984年至1913年间参与湖北革命的准备、武昌起义的发动、鄂军都督府的创建、阳夏保卫战、省内各属攻克以及湖北二次革命的辛亥志士的姓名、生卒年份、字号、籍贯、辛亥武昌首义的事功整理录入成书；与国家图书馆合作编纂《辛亥革命武昌起义报刊资料续编》等。

（四）在交流合作方面

辛亥革命博物院不断加强与其他博物馆、机构或国际组织的合作交流，共同举办展览、开展学术研究、打造首义文化品牌等活动。如：利用收藏的新冠疫情抗疫物品，配合武汉市档案馆筹备的抗击新冠肺炎疫情武汉保卫战专题展览；抗疫物品中的志愿者红马甲，在省委宣传部"2020 年湖北荆楚楷模年度人物颁奖仪式"上借用；利用馆藏文物资料为辛亥革命后裔等社会人士查询资料；配合省市政府共同打造"首义文化"品牌，利用每年的 10 月 10 日，举行"双十捐赠日"系列活动，以辛亥革命实物捐赠为主题，民间收藏机构和收藏家为纽带，辛亥革命博物院为平台，将零散单一的社会收藏资源不断整合、拓展，该活动丰富了馆藏，对传承首义文化、倡导公益捐赠和助力博物馆事业发展起了良好的示范作用，已成为全国性的公益捐赠文化品牌，创造文博捐赠的"武汉模式"，在海内外引发捐赠热潮。

三、完整藏品体系深化藏品研究

藏品体系是为藏品的组织、分类、描述和保存而建立的方法和规则，通过建立完整的藏品体系，可以对相关藏品进行更深入的研究，从而促进藏品研究的深入发展。在辛亥革命博物院的工作实践中，其促进作用主要体现在以下几个方面。

（1）提供标准化的描述和分类方法。藏品体系提供了一套标准化的描述和分类方法，使得藏品的特征和属性可以被系统化地描述和记录。这有助于研究者更加准确地理解藏品，发现藏品之间的联系和区别，提高研究的可比性和可靠性。辛亥革命博物院干部职工利用馆藏撰写《黎元洪紫花都督印新探——以湖北地区文书档案为侧重》《从器物上的双旗标识管窥民国时期的政治纷争》《〈北洋军阀史话〉中的几则史料考证》《武昌起义前夕南湖炮队实践再审视》等研究文章。

（2）保存藏品并提供研究所需的材料。藏品体系可以帮助保存藏品，并为研究者提供方便对藏品进行对比分析。在同一类藏品体系中的藏品，往往具有相似的特点和属性，因此可以进行有针对性的对比分析，找出它们的异同之处。这有助于更深入地了解各类藏品的特征、演变、地域差异等方面的内容。辛亥革命博物院干部职工利用馆藏撰写《辛亥首义文化旅游区的开发现状、完善策略及其建设启示》《文物中的"中国梦"——从"黄兴赠吴崑四条屏诗轴"说起》《由民国时期的广告月份牌管窥辛亥革命带来的社会变化》《中华民国南京军用钞票发行研究》等研究文章。

（3）促进藏品分类研究。建立完整的藏品体系可以帮助研究者更加准确地分类各种藏品，确保其分类体系的科学性和完备性。这有助于保证藏品分类研究的可靠性和系统性，进一步推动藏品研究的深入发展。辛亥革命博物院干部职工利用馆藏撰写《博物馆陈列设计中的平等意识》《博物馆老年群体教育工作的现状与思考》《"五国领事中立布告"浅析》《新时期做好博物馆藏品档案管理的思考》《如何做好大型主题展览的讲解工作》《试析博物馆对城市精神的传承作用——以辛亥革命武昌起义纪念馆为例》等研究文章。

（4）促进藏品保护和传承。建立完整的藏品体系可以更加全面地了解各类藏品的特点和演变规律，从而有针对性地制定保护和传承策略。这有助于确保各类藏品得到妥善保护和传承，使其在时间的洗礼下不断繁荣发展。辛亥革命博物院干部职工利用馆藏撰写《科技保护与传统修复的完美融合——一件清代进士榜文的揭取与修复》《馆藏纸质文物的保护》等理论文章。

辛亥革命博物院收藏的藏品种类繁多，如果没有一个明确的体系，将会使藏品难以管理和组织。根据藏品收藏范围、收藏目标、观众需求等因素，建立藏品分类体系，通过明确每个分类体系的藏品种类和数量，科学有序规范开展藏品收藏、保护、研究和利用是辛亥革命博物院藏品管理工作长期的目标。

以藏品体系建设为抓手
筑牢湘江战役革命文物保护利用根基

——以湘江战役纪念（陈列）馆为例[*]

习近平总书记高度评价湘江战役，始终牵挂在湘江战役中牺牲的革命先烈。2018 年 11 月，习近平总书记对湘江战役烈士纪念设施建设保护和红军遗骸收殓保护工作作出重要批示，明确要求"做好湘江战役红军遗骸收殓保护工作、规划建设好纪念设施"。2021 年 4 月，习近平总书记视察广西，第一站就来到位于广西桂林市全州县的红军长征湘江战役纪念园，指出"湘江战役是红军长征的壮烈一战，是决定中国革命生死存亡的重要历史事件"，并对湘江战役文化保护传承工作给予充分肯定，赋予桂林打造世界级旅游城市重大使命。桂林市牢记习近平总书记重托，认真贯彻落实习近平总书记对革命文物工作的重要指示精神，创造性开展红军长征湘江战役革命文物保护利用工作，取得了优异成绩，也积累了一些经验，其中"以纪念馆建设为载体传承红色基因——湘江战役旧址保护利用实践探索"荣获"2020 全国革命文物保护利用十佳案例"。桂林市主要通过六大路径，完善藏品体系建设，筑牢湘江战役革命文物保护利用根基。

---

* 张明道、涂灵燕、唐萍莉：桂林红军长征湘江战役文化保护传承中心。

一、成立专门机构，创新传承模式

2019 年，为加强红军长征湘江战役文化的保护利用，广西桂林及全州、兴安、灌阳、资源、龙胜等桂北五县均成立了"红军长征湘江战役文化保护传承中心"。其中市级传承中心为正处级的市委直属财政全额拨款的公益一类事业单位，共有编制 25 名。主要负责全面推动湘江战役红色文化保护传承和开发利用，全面提升红军长征湘江战役红色文化资源保护传承水平，并专门设立了文物管理部门，主要负责指导、协调红军长征湘江战役遗址遗存和各种陈列设施的维修保护；组织协调对红军长征湘江战役遗址、遗存、遗迹等进行调查研究及有关材料收集；负责协调相关文物征集、鉴别、研究、保管、复制、利用和建档等工作；配合有关部门对具有重要价值的文物遗址、遗迹组织申报各级重点文物保护单位。目前，市、县两级传承中心在岗人员 200 余人。

市、县两级传承中心的成立，标志着桂林市红军长征湘江战役文化保护传承工作迈上了一个新台阶，为桂林市进一步传承和弘扬红军长征精神，深入挖掘湘江战役文化核心价值，构建湘江战役文化体系，切实做好红军长征湘江战役文化传承保护工作提供了坚强保障。

二、拓宽收集渠道，丰富文物类别

藏品是展馆依据自身性质、任务和社会需要搜集并经过鉴选符合入藏标准，完成登记、编目等入藏手续的文物和自然标本，是展示、教育、科研活动的基础。桂林市现有红军长征湘江战役纪念馆、红军长征突破湘江纪念馆、新圩阻击战史实陈列馆三个展馆，共有藏品 2000 余件。近年来，不断拓宽湘江战役纪念（陈列）馆藏品的收集渠道，丰富革命文物类别。截至目前，桂林市通过红军遗骸挖掘，到江西、湖南等地以及向本地村民了解情况后购买，红军后代或其他渠道获赠，到中国人民革命军事博物馆复制等方式，共收集到湘江战役革命文物 12 大类，共计 1000 余件。其中棕类 2 件、金银器类 22 件、棉质类 6 件、铜器类 105 件、纸质类 30 件、铁器类 267 件、皮制类 27 件、木质类 66 件、石器类 19 件、铝器类 6 件、玻璃制品类 23 件、竹制品类 31 件、布料类 11 件、钢类 2 支、塑料类 1 件、锡器类 1 件、其他类 350 余件（见图 9 – 1）。为科学研究湘江战役文化、发展红色资源的保护利用奠定坚实基础。

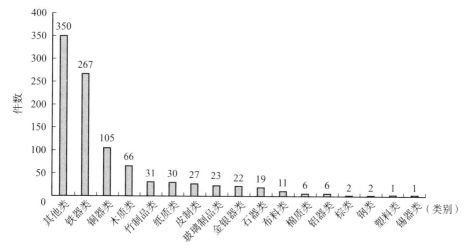

图 9 – 1　湘江战役革命文物类别示意图

在众多藏品中，有一些极具历史价值的藏品，如红军长征湘江战役纪念馆的藏品红军锅，是红军长征行军打仗途经广西全州时使用过的。锅口的斑斑锈迹以及残缺的锅身，见证了红军的艰难岁月及革命的光辉；红军长征突破湘江纪念馆的藏品易荡平烈士生前使用的老虎毯，是红一军团二师五团政委易荡平烈士小时候使用过的毯子，已有百年历史，毯子图案精美，虽时间久远，但保存完好，让后辈时隔多年，仍能感受到浴血奋战的红军战士坚定的必胜信念和英勇牺牲的大无畏精神；新圩阻击战史实陈列馆的藏品半床棉被。当年红军在灌阳县水车镇夏云屯架设浮桥渡过灌江时，曾经受过红军恩惠的村民翟顺修为感谢红军将自己家的大桌子、门板扛给红军架设浮桥，并走到江心跟红军一起打桩，红军为表示感谢将自己使用的棉被赠送给了村民翟顺修。1977 年，翟顺修将棉被捐献给灌阳县文化馆。2019 年 9 月，该棉被展陈于新圩阻击战史实陈列馆，这份传承，恰恰是对赓续红色血脉，凝聚奋进力量的最好诠释。

桂林市对于湘江战役革命文物的挖掘保护主要呈现以下特点：既重视收集区域发掘物，又注重地域特色反映当地社会经济、历史文化、物产风貌的文物资料；注意收集发掘物的背景信息、环境信息和传承信息；注意丰富类别，突出地方典型性。

三、制定专门保护条例，填补地方立法空白

为加强对红军长征湘江战役文化资源的保护、管理和合理利用，弘扬长征文化，传承红色基因，赓续红色血脉，培育和践行社会主义核心价值观，桂林市根据《中华人民共和国文物保护法》《中华人民共和国文物保护法实施条例》《广西壮族自治区文物保护条例》等有关法律法规，结合本地实际，制定了《桂林市红军长征湘江战役文化资源保护条例》（以下简称《桂林文化保护条例》），填补了桂林红色资源保护领域的立法空白，意味着湘江战役遗址保护工作步入法治轨道。

《桂林文化保护条例》包含文化资源的定义、遵循原则、合理利用原则、法律责任等21条，2022年10月21日，已经桂林市人大常委会一审通过。

《桂林文化保护条例》规定，红军长征湘江战役文化资源实行名录管理制度。市级红军长征湘江战役文化保护传承部门根据红军长征湘江战役文化资源的历史价值、教育作用、纪念意义和保护现状等，统筹审定、编制红军长征湘江战役文化资源名录，并分批次公布。红军长征湘江战役文化资源保护名录应当载明其名称、类型、产权归属、地理坐标、四面界线、面积、地形图及其文化内涵、历史价值和保护利用级别等内容。

《桂林文化保护条例》规定，在红军长征湘江战役文化资源保护范围内，禁止下列行为：

（一）刻划、涂污、损坏红军长征湘江战役文化资源；

（二）刻划、涂污、损毁或者擅自移动红军长征湘江战役文化资源保护标识和保护界桩；

（三）存放易燃、易爆、易腐蚀等危及红军长征湘江战役文化资源安全的物品；

（四）葬坟、建窑、取土、采石、采沙、开矿、毁林、爆破；

（五）损坏红军长征湘江战役文化资源保护设施；

（六）翻爬、骑坐等亵渎、损害红军长征湘江战役文化资源形象；

（七）在红军长征湘江战役文化资源保护单位的建筑物内设立娱乐场所；

（八）法律、法规禁止的其他对红军长征湘江战役文化资源可能造成破坏性影响的行为。

《桂林文化保护条例》规定，在资源保护上参照相应的国家法律法规实施保护。已经被公布为各级文物保护单位的，依照《中华人民共和国文物保护法》《中华人民共和国文物保护法实施条例》进行保护。未被公布为文物保护单位、已列入红军长征湘江战役文化资源目录的，由县级以上人民政府参照县级文物保护单位进行保护。市、县级红军长征湘江战役文化保护传承部门应当运用好现代信息技术对红军长征湘江战役文化资源进行数字化保存和呈现。

《桂林文化保护条例》规定，在红军长征湘江战役文化资源合理利用上，应当在确保红军长征湘江战役文化资源安全的前提下遵循合理、适度、可持续的原则，发挥其公共服务和社会教育作用，促进党性教育、爱国主义教育和文化事业、文化产业、红色旅游、乡村振兴协调发展。

在遵循统一规划、统筹管理、专业管理与群众管理相结合的原则上，确保历史真实性、风貌完整性和文化延续性。

《桂林文化保护条例》的制定，将会对规范红军长征湘江战役中产生的具有史料价值、纪念意义、教育意义的物质资源和精神资源的文化资源进行更深层次的保护利用，同时为挖掘红色文化，传承红色基因起到积极的促进作用。

四、依托项目带动，规范藏品管理

（一）长征国家文化公园（广西段）规划建设——用好红色资源做好红色宣传

建设国家文化公园是以习近平同志为核心的党中央作出的重大决策部

署，是推动新时代文化繁荣发展的重大文化工程。桂林是中央红军长征过广西唯一途经地，桂北六县拥有非常丰富的湘江战役红色资源。2021 年 8 月，《长征国家文化公园建设保护规划》正式印发，2021 年 11 月，《长征国家文化公园（广西段）建设保护规划》（以下简称《广西段规划》），获得国家文化公园建设工作领导小组批准印发实施，这为传承和保护湘江战役红色资源迎来了新机遇。

《广西段规划》以红军长征过广西路段沿线一系列主题鲜明、内涵清晰、影响突出的长征文物和文化资源为主干，串联沿线重要遗址遗存、民族文化、自然生态等资源，根据管控保护、主题展示、文旅融合、传统利用等主题功能区的规划设置，超前谋划，规划一批近期可实施的保护传承、研究发掘、文旅融合、环境配套、数字再现、人才提升等工程，形成了"一路四园多点"的空间布局，共规划了 5 个重点项目，21 个一般项目，34 个其他项目，总投资额 13.89 亿元。

《广西段规划》规划中提到，"保护传承工程，要严格执行文物保护督查制度，完善长效机制，夯实长征文物基础工作，加强长征文物资源调查与征集，完善四个管控保护片区的集中连片保护措施，实施重大修缮保护项目。加大管控力度，严防不恰当开发和过度商业化。拓展长征文物利用途径，加快推进主题展示园区四个核心展示园、三条集中展示带和十五个特色展示点建设，分级分类建设完善展示体系。提升长征文物展示水平，创新长征文物传播方式，组织形式多样的主题活动，因地制宜开展宣传教育。"

《广西段规划》中一系列工程项目的实施，为红军长征湘江战役纪念（陈列）馆藏品地征集、现代化管理、保护、利用等提供了重要支撑。

（二）馆藏革命文物预防性保护项目——让高质量护航与弘扬长征精神齐飞

红军长征湘江战役纪念馆、红军长征突破湘江纪念馆、新圩阻击战史实陈列馆馆藏革命文物预防性保护项目是国家文物局在文物维修保护、文物安防、考古、可移动文物保护等方面专项支持馆藏文物的"预防性保护"项目。项目已于 2023 年 2 月正式进场施工，计划 180 个工作日完工。

预防性保护项目通过有效的质量管理、监测、评估、调控干预抑制各种环境因素对藏品的危害作用，努力使文物处于一个"稳定、洁净"的安全生存环境，尽可能阻止或延缓文物的物理和化学性质改变乃至最终劣化，以达到长久保存文物的目的。保护内容主要包括场馆建设与布局、环境质量监测、环境调控、日常养护、文物保存设施、长效机制等。

通过开展此项目，各馆的馆藏文物预防性保护意识得到全面强化，文物预防性保护措施、方法、技术得到广泛推广应用，这将较大范围地提升馆藏文物收藏保护水平。

（三）湘江战役遗址遗存数字采集项目——与时代并进用科技支撑

2021年，桂林市实施了红军长征湘江战役遗址遗存数字采集项目，该项目建设是通过专业技术团队利用航拍无人机、三维激光扫描仪、手持三维彩色扫描仪、高像素数码相机等设备非接触数据采集方式，对全国重点文物保护单位红军长征湘江战役遗址遗存21个点进行现场数据采集，进行专业化标注和关联，建立爱国主义教育基地的鸟瞰全景数据，为红色文化资源数据库、3D漫游数字展示系统提供数据服务，并实现全国联网，建立完成统一、先进和规范的超清数据资源库。

项目已经通过验收，不仅有利于珍贵文物的保护、记录和研究，更是直接丰富了藏品展陈方式，推动用好红色资源，发挥好"红色基因库"作用，让革命文物活起来。

五、抓实"定级定名"，推进"片区"工作

（一）抓实"定级定名"工作彰显红色文化价值

近年来，桂林市文物部门组织桂北六县全力以赴做好革命文物定级和规范定名工作。桂北六县收集整理的近1000件革命文物，向上级申报一级文物13件，二级文物73件，三级文物465件，需做规范定名的革命文物1000余件。

革命文物定级和规范定名工作有利于充分发挥现有文物的作用，防止文物资源的闲置、浪费；有利于展馆核心竞争力的提升，提高展馆知名度与吸

引力；有利于文物的保护，让社会各界对文物保护引起重视，真正实现文物的价值。通过革命文物定级和规范定名工作，桂林市革命文物工作管理水平大幅度提升，为广西壮族自治区革命文物名录公布等工作奠定基础，也对进一步摸清家底，提升文物管理、保护修复、展示利用及研究水平等方面具有重要作用。

（二）推进"片区"工作凝聚爱国主义力量

2022 年，桂林市文物主管部门组织桂北六县对辖区内长征片区（红一方面军）革命文物信息资料进行了系统收集整理并上报，对全区革命文物保护利用片区工作具有积极的推动作用。桂北六县收集材料当中，现状照片共 557 份，三普登记表共 56 份，文件依据共 20 份，保护区划共 28 份，片区图纸共 16 份，以及其他材料 800 余份。

抓实抓好革命文物保护利用片区工作，就是保护好、管理好、运用好革命文物资源，发挥好革命文物在党史学习教育、革命传统教育、爱国主义教育等方面的重要作用，激发广大干部群众的精神力量，为革命文物保护事业添砖加瓦。

六、探索展陈新路，顺应时代发展

在革命文物展陈方面，展示文物是基础，而与现代技术结合，则相当于为革命文物插上了智能化、数字化、体验化的翅膀，这是观众新的需求，更是未来展陈与多媒体、互动性融合的重要趋势。

据此，桂林市不断探索展陈新路，努力打造具有湘江战役特色的展陈方式。除了展厅里文物柜的文物展示，还利用馆内小剧场演出、全景展示、数字化展陈、实景体验等形式，并与桂林市权威网络媒体合作，在网站上开辟红色旅游专栏；同时与文创公司合作，进一步提升展陈方式，开发新的文创产品。2022 年，第十八届中国（深圳）国际文化产品博览交易会上，桂林市通过网络与多媒体技术结合将湘江战役的红色故事、红色资源、红色文化，分享给更多的观众。

革命文物承载党和人民英勇奋斗的光荣历史，记载着中国革命的伟大历程和感人事迹，是弘扬革命传统和革命文化、加强社会主义精神文明建设、振奋民族精神的珍贵记录。藏品展陈的建设发展，能够以鲜活具体、真切直观的方式，教育并引导人民群众树立正确的历史观、党史观。

探索藏品体系建设的新路子，不断提升展陈水平，突出藏品特有的红色文化底蕴，以差异化竞争为原则、展示和传承地方特色，让红军精神与时代精神相呼应，才能使革命文物保护利用的脚步越迈越稳，道路越走越远。从而达到用好用活红色资源，筑牢湘江战役革命文物保护利用根基。

第十章

人物纪念馆展览业务工作体系的构建

——以北京鲁迅博物馆（北京新文化运动纪念馆）为例[*]

北京鲁迅博物馆（北京新文化运动纪念馆，以下简称"鲁新馆"）是2014年7月由原北京鲁迅博物馆和原北京新文化运动纪念馆合并组建而成，主要从事鲁迅和新文化运动时期著名人物、重大事件的相关文物和资料的征集、保管、研究和宣传展示等工作。原北京鲁迅博物馆是为纪念和学习中华民族的思想和文化巨人鲁迅而建立的社会科学类人物博物馆，是首批国家一级博物馆之一，其基本陈列"鲁迅生平陈列"依托大量的实物、图片，并配以多媒体手段，全面展示鲁迅一生的业绩。原北京新文化运动纪念馆依托原北京大学红楼建立，北京大学红楼曾是北大图书馆所在地，为全国重点文物保护单位，也是新文化运动和五四运动的发源地，马克思主义在中国最早传播的地方、中国共产党早期组织的重要活动场所之一。原北京鲁迅博物馆原本偏重对有重大影响的人物的研究，而原新文化运动纪念馆的设立是为了纪念深刻影响国家文化形态的历史事件及其人物群体。两馆合并后，从对一个人的研究，转变为对一个时代诸多人物的研究，再到对历史事件的研究，又到对一个文化转型时代的研究。①

其中，原北京鲁迅博物馆位于北京市西城区阜成门内大街宫门口二条

---

* 刘欣：北京鲁迅博物馆（北京新文化运动纪念馆）。
① 黄乔生. 论策展在博物馆运营中的关键作用——以北京鲁迅博物馆（北京新文化运动纪念馆）为例［J］. 四川省干部函授学院学报，2022（3）：3-9.

19 号，1956 年正式开馆，鲁迅旧居是全国重点文物保护单位。2021 年 10 月 19 日鲁迅逝世 85 周年纪念日之际，全新改版升级的"鲁迅的道路——鲁迅生平陈列"正式对外开放，翌年 5 月被评为"第十九届（2021 年度）全国博物馆十大陈列展览精品"。"鲁新馆"的临时展览也多次入选文博行业热门展览，受到社会各界的关注和好评。通过多年的展览业务实践，"鲁新馆"尝试构建以展览为枢纽的业务工作体系，以推动全馆总体业务水平的提升。

一、构建展览业务工作体系的总体思路

博物馆的陈列展览与学术研究、文物资料保管和整理、社会教育工作相互促进，构成博物馆业务工作的主线。

学术研究是展览策划的基础。"鲁新馆"一直以来都是鲁迅研究的重镇，20 世纪 50 年代出版了《鲁迅手迹和藏书目录》，首次向人们展示了鲁迅手迹和藏书的现存状况。60 年代出版《俟堂专文杂集》《鲁迅手稿选集》，与上海鲁迅纪念馆共同编辑出版《鲁迅收藏中国现代木刻选集》。经毛泽东主席批复，1976 年成立了鲁迅研究室，此后出版了大量研究成果和资料汇编，从馆藏文物出发，为现代文学学科、鲁迅研究学科的建设奠定了基础。特别值得一提的是，1980 年创办的《鲁迅研究动态》，1990 年更名为《鲁迅研究月刊》，至今已出版 40 余年，是全国唯一一家专门刊登鲁迅研究成果的学术期刊，并兼及同时代人研究、新文化研究，是全国社科类核心期刊。近几年来，"鲁新馆"的研究成果不但有基础资料的整理，还有专题研究论著，更承担了多个国家社会科学基金重大项目、国家出版基金项目，扎实的研究工作为展览策划打下了坚实的学术基础。

藏品是展览阐释的主角。"鲁新馆"的藏品是以鲁迅及鲁迅同时代人相关文物以及五四新文化运动时期相关文物为主。其中，文物、图书、艺术品等达 7 万余件，主要有鲁迅和同时代人的手稿、生平史料、藏书、藏画、藏碑拓片、藏友人信札等；鲁迅著、译、辑、编著作版本和鲁迅研究著作、现代新旧期刊；中外美术作品等。20 世纪 90 年代，"鲁新馆"启动了藏品数字化管理工作，建立藏品数据库、图书数据库以及管理系统。2019 年，藏品管理系统升级改造，更适应于业务工作的需求与当下行业的发展，为馆藏品的公开、研究与活化利用打开了重要的窗口。

"鲁新馆"馆藏最核心的文物分为鲁迅藏书和手迹两大类，另外还有与鲁迅相关的史料与物品、鲁迅收藏品、亲友捐赠的文物等。在策划鲁迅相关的文物展览时，通常会涉及鲁迅藏书类、鲁迅生平活动史料类、鲁迅日常生活学习类、鲁迅的收藏品类、鲁迅亲友及好友的相关藏品类、其他图书和资料类等几大类别的文物。以上类别的藏品相互交织与配合，共同构成展览叙事体系中的一个个重要的坐标，策展人深入研究文物背后的故事，并通过展览语言表达出特定的话语。这些藏品还可以根据类别单独确立主题策划展览，以体现鲁迅的某一个侧面的生平事迹与业绩、体现博物馆藏品的特色。

展览是学术研究的外化体现，通过多种展示手段，将研究成果渗透到可视化的多维空间，让文化具有了"可参性"。学术研究是做好一个有深度的展览的基础，而展览本身就是连接整个博物馆业务工作体系中的枢纽。博物馆策划原创展览，并将其制作完成向公众开放，其核心目的是教育公众，因而，在展览的策划过程中，策展人就需要和社会教育者进行足够的沟通，了解不同观众的观展需求和特点、了解社会教育课程的思路，在展览策划中有针对性设计重点内容与展项，通过陈列语言搭建起文物与观众之间沟通的桥梁，并通过围绕展览内容展开的各类社教活动，让观众更深刻理解展览的内容。简而言之，展览中的文物是开展社教课程的素材，展览空间可以作为社教活动的场地。在展览的策划过程中，同时纳入配套文创产品的规划，博物馆以精彩的展览满足人们身与心的需求，也以丰富的文创产品满足人们"把展览带回家"的愿望。

二、基本陈列与临时展览相辅相成

（一）基本陈列

基本陈列的策划应鲜明地体现出博物馆主业。以 2021 年对外开放的"鲁迅生平陈列"为例，这是策展人根据多年从事学术研究、文物收藏、陈列展览和社会教育工作的经验策划制作而成的。该展览由分管业务的馆领导作为学术主持，组织精干人员共同构成策展团队，发挥学术背景和多学科研究优势，对馆藏文物进行系统化梳理和再挖掘，对鲁迅研究领域中的前沿问题进行深入探讨和成果筛选，展开积极而有创造性的策展，共同完成展览实践。

在展览策划过程中，策展团队始终遵循以下策展原则：第一，鲁迅生平陈列始终把鲁迅放在中心地位，把与鲁迅相关的藏品及图像信息放在展示的第一位，尊重鲁迅本人的自我述说，把历史事件和时代背景作为勾勒人物形象、交代人物经历的背景信息；第二，以文物为核心，将鲁迅相关文物作为其精神的证明而加以生动叙事和有序阐释，更突出宣扬鲁迅精神实质，并保证真实地、清晰地叙述鲁迅一生的经历和业绩贡献；第三，采用多层级信息传播方式，通过多种传播技术与空间组合方式，满足当代观众参观、参与展览的需求，建立起鲁迅与观众的联系，与社会发展保持一致。

展览策划的核心即为内容策划。首先，展览的主题确定为"鲁迅的道路"。1921年《新青年》第九卷刊发鲁迅的《故乡》中的名言"地上本没有路，走的人多了也便成了路"脍炙人口，也非常符合鲁迅拓荒者的形象，以及引领大众前行的先驱者形象，成为2021年鲁迅生平陈列展的立足点。因而最终确定展览的主题为"鲁迅的道路"。展览最大限度挖掘文物，以表现鲁迅的人生道路选择、职业变化、生活状态改变的轨迹。接下来，展览确定为以"编年体＋专题体"相结合的结构形式。以"编年体"为主体结构展示人物生平，在局部单元以"专题体"结构专项展示鲁迅的文学成就、鲁迅培养青年、与革命战友的交往等等，并突出呈现人物的精神与个性。其中，绍兴、南京、日本、绍兴－杭州－南京、广州、厦门6个部分采用严格的"编年体"，北京和上海两部分在时间线索中提炼出"专题"，以清晰勾勒鲁迅生平的事件，强调重点展示内容。最终，展览分割出绍兴、南京、日本、归国、北京、厦门、广州、上海8个版块，以518件文物文献、600余幅图像支撑起丰富的展品群。

展览科学进行展品组合，以多条线隐性索贯穿展览始终。"鲁迅生平陈列"精心遴选馆藏文物，以科学的展品组合方式准确传达信息，并设计了五条贯穿始终的线索，鲁迅照片、手稿、自述文摘、旧体诗、藏书，从中可以看出鲁迅人生道路前后一贯。同时，展览注重通过多层级的信息传播方式，促使观众参与，利用色调搭配、展品组合、线索呼应、情境建构、沉浸式烘托等 5 种表现手段展现鲁迅的生命之路。

"鲁迅的道路——鲁迅生平陈列"于 2021 年 10 月 19 日开幕,不仅是对鲁迅诞辰 140 周年、逝世 85 周年的献礼,也是对博物馆展览业务工作的综合展现。展览开幕后,产生了广泛的社会影响力,人民网、中国新闻社、环球网、国家文物局网站、凤凰网、澎湃新闻、《中国文物报》《北京青年报》等多家权威媒体及政府机关网站对展览给予及时跟踪报道。2022 年 5 月 18 日,在"国际博物馆日""鲁迅生平陈列"荣获全国博物馆十大陈列展览精品奖,这让一直以来就是党政机关、大中小学、社会团体、企业开展党团活动优选之地的"鲁新馆"具备了更强的吸引力。

(二) 临时展览

临时展览配合基本陈列,以宣传和普及鲁迅的思想和作品为总体目标,负有阐释主题、拓展题材的任务,其策展成功的关键在于尽可能地发挥博物馆的学术研究专长和馆藏文物的特点。① 多年来,以基本陈列为基点,结合历史事件和人物重大纪念节点,"鲁新馆"策划多个原创专题临时展,逐步构成了独具特色的展陈体系。

2015 年,为纪念新文化运动一百周年,制作推出《旧邦新命——新文化运动百年纪念展》,让观众对中华文明的连续性和创新性有更深入的认识。2016 年,为纪念鲁迅诞辰 135 周年、逝世 80 周年、北京鲁迅博物馆建馆 60 周年,"鲁新馆"策划了《含英咀华——鲁迅博物馆馆藏文物精品展》,还根据多年整理、研究鲁迅照片的成果,制作了《俯首横眉——鲁迅生命的瞬间》,用大量照片配合鲁迅生平事迹,帮助观众认识多面的、丰富多彩的鲁迅。2017 年,为纪念新文学发生一百周年,推出《文白之变》展,对新文化运动一个重要方面做了具体展现。同年,策划了《万里向西行——西北科学考查团 90 周年纪念展》,使观众对中国现代科学成就获得了形象的感知。2019 年,五四运动一百周年之际推出《五四现场》《国民:1919》《中国的文艺复兴:新文化八大家》展览。其他临时展览还有《呐喊:鲁迅与新文化运动》《书写的艺术:鲁迅手稿展》《鲁迅藏汉画像精品展》《鲁迅的艺术世界》《拈花:鲁迅与外国美术》《中国战斗——抗日战争时期木

---

① 黄乔生. 博物馆临时性展览工作浅识 [J]. 中国博物馆, 2007 (4): 12–17.

刻展》等等。

"鲁新馆"在策划临时展览时，始终将展览策划与博物馆主业相结合，在更详细、更集中展示鲁迅生平业绩和新文化运动事件和人物上下功夫，使事件更为具体，人物形象更加丰满，使独具特色的馆藏文物更好地服务于社会与公众。

三、配合展览开展社教活动与开发文创产品

（一）社教活动

陈列展览的正式开放，仅仅是一个展览策划成果的阶段性呈现，需要由社会教育者对展览进行下一阶段性的转化，搭建起展览与观众沟通的桥梁。"鲁新馆"的社教工作除了常规的讲解之外，还配合策划了一系列的社会教育活动，主要包括针对基本陈列与临时展览的课程，以及鲁迅特色课程等。

结合基本陈列的展示内容，开发体验性强的系列课程。例如，配合展览"北京"部分的内容，展开"追寻鲁迅在北京的足迹"课程。"北京"部分综合展示了鲁迅在北京的生平事迹，并设置鲁迅在北京足迹地图多屏联动展项，点击查询地图标识，就会出现鲁迅在这些地方的经历，不仅有居住地、工作地的展示，更有很多他生活足迹地的展示，为"追寻鲁迅在北京的足迹"自主游学课程，提供了重要的索引和直观的感受。作为中央国家机关思想政治教育基地和党史学习教育基地，配合党史学习课程，"上海"部分相对集中展示了鲁迅与共产党人的交往，这一部分内容和"鲁迅与共产党人"的专题党史学习教育相结合，成为红色教育主题的核心展示教育区。社会教育工作者也会根据"鲁新馆"主要业务相关主题的临时展览，来开展相关活动。比如，配合 2023 年春节期间推出的临展"版化万象——木版年画展"，开设多场木版年画拓印体验互动活动，活动在展厅内部进行，希望通过此活动让观众们深入地体验中国春节年俗文化，进一步提升对非物质文化遗产的保护意识。

鲁迅相关特色课程主要包括鲁迅生平普及教育、文学教育和审美教育三个方面。

在鲁迅生平普及教育方面，为了给青少年群体提供一个走近鲁迅世界的路径，我们设计了"走近鲁迅"教育方案，并将基本陈列的内容压缩精简，设计制作适合青少年观众参观的配套展览。我们不仅把"走近鲁迅"展览、"走近鲁迅"系列网课带入学校，还在校内招募学生志愿者，他们可以根据自己的特长，成为志愿讲解员、志愿教育活动助手、志愿活动宣传员。让青少年阐释与传播鲁迅文化，真正让鲁迅走近青少年的心中。

鲁迅留下的文学类遗产是最丰富的，作为鲁迅专题的博物馆，文学类课程是观众期望最高、与鲁迅特质最相关的特色课程。"三味书屋读鲁迅"系列教育课程是专门为青少年量身打造的语文学科研学课程，通过对鲁迅作品的阅读体验，从文学的角度让青少年感受鲁迅文学的魅力，激发青少年阅读学习鲁迅作品的热情，提供更多鼓励学生走进鲁迅文学、思想世界的路径。

鉴于鲁迅在推动新兴木刻运动方面的贡献、"鲁新馆"又藏有大量珍贵的版画作品，我们挖掘藏品所承载的人物事迹、文化内涵、思想价值，再根据藏品的特征，请教相关领域专家，设计出"鲁迅与版画"系列教育活动出相应的教育方案，这一系列活动由浅入深、适合各个年龄段和不同美术基础公众参加。该系列活动荣获 2021 年度"全国十佳文博社教案例"。

（二）展览配套文创产品

展览文创产品也是对展览的另外一种阐释方式，产品应能够准确传达展览主题，对藏品的外观、内涵、衍生信息进行提炼与转化，通过视觉化的形式赋予到产品之上，让产品成为文化的载体。展览配套文创产品在展览策划的同时进行规划，文创开发人员与策展人反复沟通，提炼适合于文创开发的文物元素，以期开发出既能阐释展览，又满足市场需求的文创产品。

针对"鲁迅的道路"基本陈列，从展览中的文物、展览的隐性线索中提取元素，开发展览配套文创产品。主要包括"鲁迅漫画像"箴言系列、鲁迅诗句"孺子牛"系列、红色文创"新青年"系列。其中，"鲁迅漫画像"箴言系列甄选与展览主题"路"有关的鲁迅箴言，以漫画像配合"路"箴言的形式进行图案组合，开发出教育性强的文具类系列产品。鲁迅的旧体诗句是展览的隐性线索之一，以博物馆的镇馆之宝鲁迅手稿《自嘲》为重点开发对象，提取诗句中的文字进行二次创意设计，开发"孺子牛"系列生活类产品。在鲁迅诞辰 140 周年、中国共产党建党 100 周年的双重纪念年份，配合基本陈列中马克思主义早期传播的相关内容，开发"新青年"系列红色文创产品，该系列文创产品种类丰富，包括学习用具、生活用品和食品等。丰富的文创产品在满足观众视觉、听觉、嗅觉、味觉、触觉全方位感官需求及精神需求的同时，更让观众体会产品背后深刻的文化内涵。

"鲁新馆"原创的大型临时展览通常都会开发配套文创产品。例如，配合《万里向西行——西北科学考查团 90 周年纪念展》《北京大学红楼百年纪念展》两个重要的周年纪念性展览，开发纪念性强又具有实用性的文创产品。配合《鲁迅的艺术世界》展览开发"艺术鲁迅"系列产品，在展览交流的同时配套推广文创产品，以扩大展览的传播效果。

四、关于人物纪念馆展览业务工作的思考

通过对策展工作的实践，我们对人物纪念馆展览业务工作体系的构建进行如下反思。

第一，构建以展览为枢纽的业务工作体系。展览是博物馆业务工作的外在产出，促进学术研究工作的创新与转化，推动文物资料的整理与研究，并为开展社会教育课程提供材料与空间。因此，博物馆的陈列展览与学术研究、文物资料保管和整理、社会教育工作互相促进，构成博物馆业务工作的主线。

第二，展览策划以基本陈列为主，临时展览为辅，结合历史事件和人物重大纪念节点，策划主题明确又具有拓展性的展览，构建博物馆独具特色的展陈体系。基本陈列需要确立明确的展览主题与传播目标，凸显博物馆的主业。临时展览可从人物的某个侧面、在某一方面的贡献、参与或经历的某个事件的细节入手，以点带面，展示基本陈列中没有展开的故事；或从与主要人物相关的其他人物的生平与史料入手，以展示人物之间的关系与事件；从馆藏品的类别与特色为切入点，将深藏库房的藏品向社会展示，同时促进藏品管理与学术研究。

第三，通过多种媒介，建立与各类型观众的联系。展览是与观众沟通的首要媒介，展项设置需要具有不同的层次，让各类型观众都能够找到自己观展的方式。针对重点文物、重要节点，营造特殊情境，让观众建立与文物、

与文物背后的人物和故事的联系。社教活动与文创产品也是与观众沟通的媒介，展教结合的活动能够让观众获得一种个性化的体验，展览配套文创产品的推广则促进了博物馆文化的传播。

第四，建立健全策展人制度。策展人是整个展览策划的核心，策展人需要在各展览策划过程中把握政治要求、社会需求、观众期待等因素，充分展现自身的学术素养，与资料部门和社会教育部门进行沟通协调，对博物馆的定位具有准确认识，对目标观众具有全方位的了解，充分发挥馆藏文物资料的基础作用。因此，博物馆应该重点做好策展人的培养。近些年，"鲁新馆"一直在尝试建立策展人制度，并在实践中逐渐完善，建立健全策展的激励和奖励机制，加强全馆业务部门的协调与合作，以推动展览工作迈上一个新的台阶。

第十一章

革命纪念馆智库建设的
"雨花台经验"*

革命纪念馆行业进入提质升级发展新阶段，需要高质量发展。雨花台红色文化研究院是全国首家依托革命纪念场馆建立的红色实体新型智库，是"革命纪念馆＋智库"建设的成功探索和尝试，需要总结建设成效与发展经验，为革命纪念馆智库建设提供参考。本章以案例分析法对雨花台烈士纪念馆推进雨花台红色文化研究院建设进行深入剖析，总结出价值引领型和行动型双发展定位，筑基搭台、引智育人、补短强本、高端突破四大举措，人才资源整合和红色项目管理两大抓手的"雨花台经验"。革命纪念馆智库还是新生事物，"雨花台经验"是革命纪念馆智库建设探索中取得的阶段性成果，值得大力推广，但仍需进一步完善。

一、引 言

革命纪念馆是"为纪念近、现代革命史上重大事件或杰出人物，并依托于有关的革命遗址、纪念建筑而建立的纪念性博物馆，是有关革命遗址、纪念建筑和文物资料的保护收藏机构、宣传教育机构和科学研究机构"①。党的十八大以来，习近平总书记高度重视革命纪念馆的工作，足迹遍布全国

＊ 刘志亮、杨永清：南京市雨花台烈士陵园管理局。
① 国家文物局博物馆司．博物馆工作手册 ［M］．北京：华龄出版社，2007：97.

各地的革命圣地、红色旧址、革命历史纪念场所，重要时间节点都会参观主题展览。习近平总书记表示，"党的十八大以来，我到地方考察，都要瞻仰对我们党具有重大历史意义的革命圣地、红色旧址、革命历史纪念场所，主要的基本上都走到了。每到一地，重温那一段段峥嵘岁月，回顾党一路走过的艰难历程，灵魂都受到一次震撼，精神都受到一次洗礼。每次都是怀着崇敬之心去，带着许多感悟回。"① 习近平对革命纪念馆工作的一系列重要指示、批示和重要讲话精神，为革命纪念馆高质量发展指明了方向。智库建设是革命纪念馆对高质量发展路径的创新性探索，实践证明依托雨花台烈士纪念馆成立的新型智库雨花台红色文化研究院，对推动高质量发展成效显著，总结雨花台红色智库发展经验并积极推广，正当其时、正有所需。

二、价值引领型和行动型的双发展定位

中共中央办公厅、国务院办公厅印发《关于加强中国特色新型智库建设的意见》中指出，"按照公益服务导向和非营利机构属性的要求，积极推进不同类型、不同性质智库分类改革，科学界定各类智库的功能定位"②。革命纪念馆智库是智库建设领域的新类型，其建设思路不同于高校、社科院等智库，必须明晰发展定位，找准发展优势。雨花台红色文化研究院依据SWOT分析，在实践探索中明确价值引领型和技术支援型两大发展定位，在智库建设中争得一席之地。成立近三年以来，雨花台红色文化研究院申报成果连续两年在以高校、社科院智库为主的中国智库索引（CTTI）来源智库的年度成果评选中入选，成绩斐然。

（一）建设价值引领型智库

"启民"是智库的重要功能，《关于加强中国特色新型智库建设的意见》中也强调了要健全舆论引导机制，"发挥智库阐释党的理论、解读公共政策、研判社会舆情、引导社会热点、疏导公众情绪的积极作用。鼓励智库运

---

① 谢环驰，鞠鹏. 习近平在中共中央政治局第三十一次集体学习时强调　用好红色资源　赓续红色血脉　努力创造无愧于历史和人民的新业绩［N］. 人民日报，2021-06-27（001）.
② 中办国办印发《意见》加强中国特色新型智库建设［N］. 人民日报，2015-01-21（001）.

用大众媒体等多种手段，传播主流思想价值，集聚社会正能量"①。革命纪念馆作为党领导的宣传思想文化阵地的一部分，本身就是"大学校"，习近平指出，"革命博物馆、纪念馆、党史馆、烈士陵园等是党和国家红色基因库。要讲好党的故事、革命的故事、根据地的故事、英雄和烈士的故事，加强革命传统教育、爱国主义教育、青少年思想道德教育，把红色基因传承好，确保红色江山永不变色"②，革命纪念馆承担着意识形态教育的责任，在舆论引导方面，革命纪念馆具有丰富的经验，并且革命纪念馆可以依托自身红色资源，广泛开展社会教育、用心打造精品展览，具备雄厚的实力和传播优势。雨花台红色文化研究院充分利用自身母体条件，借助纪念馆建立的官网、微信、微博、今日头条、抖音、喜马拉雅等媒体宣传矩阵和媒体联盟的作用，在重要节日、纪念日，联合主流媒体策划推出专题报道，高频高位传播革命精神和红色文化，年均在中央省市主流媒体发布宣传报道千余篇，仅 2021 年上半年就在中央级媒体发布报道 120 多篇。雨花台红色文化研究院在《南京日报》上开辟了"风雨百年雨花魂"专栏，推出 100 期雨花英烈短故事，在南京电视台创办红色访谈节目"雨花台论坛"，在《新华日报》启动"弘扬雨花英烈精神·辉煌百年红色接力"主题宣传活动，总阅读量超 6625 万次，多次被学习强国、人民日报、新华网等媒体报道。

雨花台红色文化研究院通过社会教育、主题展览、精神宣讲等形式，以更接地气的方式开展进企业、进校园、进机关等"七进"活动，扩大红色文化影响力，让主流文化入脑入心。雨花台红色文化研究院牵头的"铁窗犹见坚壮志——雨花英烈狱中斗争革命文物展"入选中央宣传部和国家文物局联合推介的建党百年精品展览，"凝聚的历史，永恒的初心——庆祝中国共产党成立 100 周年红色雕塑展"入选国家文物局"弘扬中华优秀传统文化、培育社会主义核心价值观"主题展览推介项目名单；联合南京市教育局牵头打造了雨花英烈精神中小学校园读本，推动雨花英烈精神等江苏革命精神进入南京师范大学、南京航空航天大学等高校的思想政治教育课程，联合南京师范大学推出《雨花英烈精神党性教育教材》；参与创作推广"初心"大型理论宣讲节目、"信仰之歌'雨花颂'"音乐会、《雨花台》纪实

---

① 中办国办印发《意见》加强中国特色新型智库建设 [N]. 人民日报，2015 – 01 – 21（001）.
② 谢环驰，鞠鹏，李刚. 习近平在河南考察时强调坚定信心埋头苦干奋勇争先谱写新时代中原更加出彩的绚丽篇章 [N]. 人民日报，2019 – 09 – 19（001）.

文学等，始终将价值引领作为智库的政治责任和核心竞争力，不断推动红色基因传承，强化核心价值引领。

（二）设技术支援型智库

"专业智库不应该去当'国师'——为党委政府出思想、出概念和出思路，而是应该承担技术性支援工作。专业智库的主要工作是调查研究，是采集数据、数据分析、建模计算，是协助政府脚踏实地的落实政策，是用其数据资源、计算能力评估政策和项目的执行情况，并及时反馈给政府。"① 与主要生产政策思想相比，雨花台红色文化研究院更多的是侧重于以发展报告、评价报告、专题调研报告等数据，支撑党委政府决策，做技术支援型智库。当前，智库建设与党委政府需求还有不适性，主要表现为"供需信息欠对称，评价标准不太一致，话语体系不匹配等"②，这限制了思想型智库的发展，也为技术支援型智库创造了发展空间，尤其是靠政府资金维持运作的"政府委托机构"。现代化的治理体系需要党委政府在决策前摸清相关问题的真实现状，但"人少活多连轴转"的工作状况，使得党委政府的决策部门难以花费大量时间精力去调研和分析，这就需要技术支援型智库主动对接，提供数据支持。雨花台红色文化研究院依托市政府直属的公益类事业单位南京市雨花台烈士陵园管理局，可以直接承接党委政府项目，实现供需信息无缝对接，并且承担的是基础性工作，主要目的是获得真实、一手材料，不存在评价标准、话语体系不一致等问题。

同时，雨花台红色文化研究院与高校、社科院智库相比，缺少权威的领军型人才，研究能力相对薄弱，在思想高度层面竞争明显呈弱势，但雨花台红色文化研究院执行能力强，有稳定的实职队伍，有充足的时间保证，在实践厚度层面竞争又具有一定优势，因此，雨花台红色文化研究院也适合建设技术支援型智库。雨花台红色文化研究院将技术支援型智库作为其发展定位，打造以"行动力"为招牌的思想库。近年来，雨花台红色文化研究院协助国家文物局完成"革命纪念馆专项调查"，为国家文物局加强革命文物保护、传承红色基因提供扎实数据支撑；对接江苏省文物局，编写出版

① 李刚. 创新机制、重心下移、嵌入决策过程：中国特色新型智库建设的"下半场"[J]. 图书馆论坛，2019，39（3）：29-34，41.
② 王顺. 新型智库建设要更好服务党委政府决策 [N]. 安徽日报，2019-01-08（006）.

《江苏省纪念馆发展报告·2020》，摸清江苏全省纪念馆的发展现状，为相关政策制定奠定基础；承接江苏省委宣传部和南京市委宣传部委托项目，编写《江苏省爱国主义教育基地发展报告·2020》，出版《南京市爱国主义教育基地发展报告·2020》，为省市贯彻落实《新时代爱国主义教育实施纲要》精神、制定实施方案提供重要数据参考；服务南京市委宣传部，创设《党史学习教育专报》，收集全国党史学习教育的最新动态、热点信息、优秀经验、理论观点等，报送南京市委党史学习教育领导小组办公室。

三、推动高质量跨越式发展的四大举措

雨花台红色文化研究院"坚持摸着石头过河和加强顶层设计相结合"①的工作方法，成立近三年来，雨花台红色文化研究院从"筑基搭台""引智育人"到"补短强本""高端突破"，实现了从无到有、从跟跑到并跑、部分领跑的高质量跨越式发展，极大地提升了雨花台红色文化研究院的社会影响力与品牌知名度，助推雨花台烈士纪念馆行业地位和社会美誉度的提高。

（一）"筑基搭台"：强化顶层设计，全面融入纪念馆业务流程

雨花台红色文化研究院成立于 2018 年 11 月，是全国首家依托革命纪念场馆建立的红色实体智库，南京市首批重点新型智库，由中共南京市委宣传部主管、雨花台烈士纪念馆（南京市雨花台烈士陵园管理局）主办。雨花台红色文化研究院成立之初就制定了《雨花台红色文化研究院发展规划（2019—2021）》，并报南京市委宣传部同意，以正式文件下发，从战略层面明确雨花台红色文化研究院建设为红色文化研究中心、决策咨询中心、传播交流中心、服务中心。为落实文件精神，集聚资源发展，雨花台烈士纪念馆以内部处室雨花英烈研究院为依托，设立智库运行中心，雨花英烈研究院的正副院长兼任智库运行中心的正副主任，配备 6 名实职工作人员（1 名博士，4 名硕士，1 名后勤）。按照"局库一体"的发展战略，雨花台烈士纪念馆以四个中心的定位，对相关处室、单位做了责任划分（见图 11-1），

---

① 习近平 . 在深圳经济特区建立 40 周年庆祝大会上的讲话 [M]. 北京：人民出版社，2020：8.

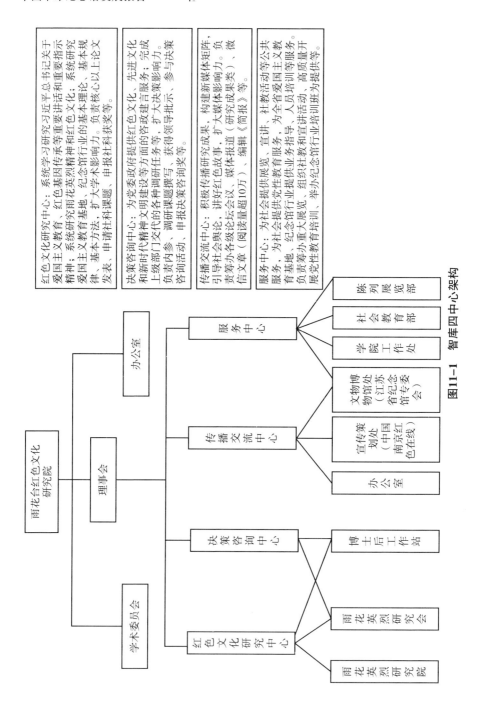

图11-1 智库四中心架构

以分管副局长作为智库的副院长主抓工作，由雨花台烈士纪念馆馆长兼任智库院长，全面融入革命纪念馆业务工作，促进融合发展。在厘清体制机制后，雨花台红色文化研究院立足实际，着眼未来，先后制定《雨花台红色文化研究院研究产品质量控制体系管理办法》《雨花台红色文化研究院信息管理制度》等规范性文件，不断推进管理标准化。

（二）"引智聚人"：构筑平台体系，集聚人才资源

人才是根本，是决定智库发展的战略基础。雨花台红色文化研究院始终坚持"开门办智库"理念，充分利用南京高校数量多的智力优势，搭建了"1＋3＋N"战略合作框架，与南京大学中国智库研究与评价中心合作，与光明智库、省市党史部门和南京师范大学签订战略合作协议，并根据工作需要与党校机构、社科院所、文博场馆等开展专项合作。在此基础上，雨花台红色文化院坚持高质量发展、高效能建设原则，以问题导向搭建新平台，以结果导向用好现有平台，不断集聚人才资源。在南京市委宣传部和南京大学的鼎力支持下，雨花台红色文化研究院与南京大学马克思主义学院合作，设立了国内首家著名双一流高校与革命纪念馆共建的博士后工作站，来自南京师范大学、江苏省委党校、南京林业大学、安徽师范大学的首批5名博士已进站工作。在纪念馆专委会和江苏省文物局的支持下，雨花台红色文化研究院牵头搭建了江苏省博物馆学会纪念馆专业委员会，雨花台烈士纪念馆任主任委员单位，进一步整合行业内的人才资源。同时，雨花台红色文化研究院充分利用雨花台干部学院和南京雨花英烈研究会等现有平台，在各自专家库基础上，加快推进跨平台人才整合、跨学科研究创新，进一步扩大朋友圈，扩展合作研究领域。除此之外，雨花台红色文化研究院不断完善自身组织，聘请教育部社会科学研究中心主任王炳林担任名誉院长，组建以江苏省社科联原副主席叶南客、江苏省政府研究室原副主任沈和、南京大学马克思主义学院党委书记王建华教授为首席专家，涵盖不同领域、集聚18位专家学者的学术委员会，聘请了原中央党史研究室副主任李忠杰和中国人民大学教授、长江学者杨凤城等10位高端专家学者作为"特邀高级研究员"，进一步强化队伍建设。

（三）"补短强本"：强化母体建设，提升智库影响力

馆库一体运营模式下，雨花台红色文化研究院首先聚焦自身母体建设，以问题意识和实践需求为导向，聚焦短板、靶向施策、精准发力。雨花台红色文化研究院牵头完成《雨花台烈士陵园文物保护规划》，并上报国家文物局审批通过，创造出"1124"工作方法，助力雨花台烈士纪念馆一级博物馆创建。在雨花台红色文化研究院引领攻坚下，雨花台烈士纪念馆聚焦红色主业，明确"全省最前列、全国有影响的高质量国家一级博物馆"的目标定位，紧扣顶层设计先行和组织保障跟进两个抓手，全面落实整体规划专业化、工作推进竞赛化、分段评估预审化、督查考核差异化四项机制，实现了从无等级博物馆到国家一级博物馆的转变。在服务自身母体建设的同时，雨花台红色文化研究院以服务全市、全省乃至全国红色文化政策和理论研究为宗旨，在固化宣传教育优势的基础上，立足红色文化和纪念馆两大研究领域，加快提升自身政策影响力和学术影响力，打造智库"拳头产品"。自成立以来，雨花台红色文化院推动成立江苏省博物馆学会纪念馆专业委员会，策划并推动成立整合南京市 165 家红色文化资源点的"中国南京红色在线——南京红色文化资源展示和利用平台"，参与制订《南京市红色文化资源保护利用三年行动计划（2019—2021 年）》，牵头制订《弘扬雨花英烈精神三年行动计划（2019—2021 年）》，报送内参报告 50 余篇，其中近 30 篇获得领导批示、17 篇被政府相关部门内部刊物录用，出版近 70 本书籍，打造出"雨花英烈史料"丛书和"纪念馆研究"丛书两个品牌，在核心期刊发表红色文化研究论文 16 篇、承担课题项目 24 项、举办 7 场国内高规模会议，全面提升了雨花台红色文化研究院的影响力，打响了红色智库品牌。

（四）"高端突破"：对接国家文物局，推动纪念馆行业建设

雨花台红色文化研究院在全面提升自身建设的同时，科学分析自身发展优势，瞄准纪念馆行业首个红色智库定位，聚焦革命纪念馆行业建设，全面对接国家文物局政策需求，推出一系列促进革命纪念馆高质量发展的创新性、引领性、突破性成果，得到国家文物局领导的肯定和支持，并承接了国家文物局相关课题项目。雨花台红色文化研究院主动作为，联合纪念馆专委会、南京大学共同编写了新中国成立以来纪念馆行业首份发展报告《中国

纪念馆发展报告·2019》，填补了行业空白。在此基础上，雨花台红色文化研究院继续直面行业发展的空白和难点，推出《中国纪念馆高质量发展评价指标体系》，编写"国内第一本革命纪念馆行业工具书"①《中国革命纪念馆概览》，策划并承办由国家文物局指导和主办的"革命纪念馆高质量发展峰会·2020""中国革命纪念馆高质量发展峰会·2021"，并得到了国家文物局主要局领导的肯定性批示，不断推动纪念馆行业发展建设。雨花台红色文化研究院还参与了国家文物局项目"革命文物保护利用示范基地遴选与管理办法"的论证与起草，参与了由国家文物局和教育部共同发布的《关于充分运用革命文物资源加强新时代高校思想政治工作的意见》的起草修改工作，目前正在起草修改将由多部委联合发布的《革命纪念馆高质量发展行动纲要（2022—2025年）》，以参与行业政策制定，深度推动新时代革命纪念馆提质升级。除此之外，雨花台红色文化研究院还推动国家文物局在南京大学设立革命纪念馆研究中心，并由雨花台红色文化研究院与南京大学共同建设，进一步推动研究成果落地转化，固化行业建设成效。

四、人才资源整合与红色项目管理的两大抓手

雨花台红色文化研究院始终坚持"人才强院"的运行理念，把人才资源利用作为驱动发展的首要系统工程，坚持"项目找人"和"人找项目"的两大管理思维，推进内外部人才资源整合和红色项目管理，促进领导力、智力、执行力三力融合发展，努力建设高水平的研究团队和强执行力的行政团队。

（一）构建培养"递进链"，促进人才资源融合发展

雨花台红色文化研究院积极探索，建立专业型智力型人力资源组织结构、创新型服务型人力资源管理模式，不断优化人才成长的平台和环境。为形成尊重知识、尊重人才的浓厚氛围，雨花台红色文化研究院出台《人才

---

① 国家文物局. 国内第一本革命纪念馆行业工具书《中国革命纪念馆概览》出版 [J]. 文物鉴定与鉴赏，2021（14）：109.

队伍建设三年行动计划（2020—2022）》《专业人才队伍"雁阵"培育方案》等文件，实行更为积极、开放、有效的人才培育措施，以"雁阵计划"中"头雁领飞""强雁争飞""雏燕起飞"三大工程，建设更为专业化的高素质干部人才队伍。同时，为培育青年人才，充分发挥博士后工作站等平台高级人才的"联帮带"效用，进一步整合人才资源，雨花台红色文化研究院从顶层设计出发，一方面，给博士后工作站配备双站长、双导师、双对接人，并将博士后人才与内部雁阵人才有机结合，形成权威专家指导、博士后及头雁人才带队、强雁及雏雁人才支撑的"1＋2＋2"链式培育机制，进一步推进人才整合，厚植智力优势。博士后工作站成立半年多来，全站人员共发表署名雨花台的文章29篇，其中核心期刊4篇，省级党报3篇；决策咨询报告共7篇，其中1篇获得国家级领导批示，1篇获得正省级领导批示，1篇获副省级领导批示，1篇获副市级领导批示，融合培育成效显著；另一方面，以"项目融合发展"为手段，将与高端专家合作的甲乙方委托变为"1＋1＋2"合作，由外包方专家、行政负责人和专技骨干共同合作，以项目锻炼人才，如在编写《江苏省纪念馆发展报告·2020》时，南京大学课题组充分吸纳雨花台红色文化研究院自身人才，全过程参与项目合作，深度融入课题组，在实践中提升自身人才能力素质，筑牢人才根基。

（二）创新红色项目管理，切实提高执行力

雨花台红色文化研究院将项目化管理原则引入红色文化发展，提出红色项目管理，并形成了定标、定人、定点、定责的红色项目管理"四项机制"，不断推进工作往实里抓、人才使用往深里抓。首先，雨花台红色文化研究院将发展规划中确立的目标任务细化为具体的实施项目，对拟实施项目的内容、目标、经费等进行专家论证，在确保项目的科学性和可行性后，以立项的方式定标；同时，就合同、资金、采购等与职能处室充分交流，保证项目正常推进。其次，是明确责任人挂牌督办，进行项目责任包干，项目第一责任人在推进过程中定期汇报项目基本进展、存在问题，以及在问题化解过程中项目责任人、科室负责人、处室负责人的解决情况，以实操锻炼各级干部，促进上下有序联动。再次，是倒排节点，制定项目执行路线图，项目严格按照计划实施，"实行一周一推进、一月一点评、一季一总结、半年一

比拼、全年一考核，确保项目可操作性、进度可视化、管理精细化"。^① 最后，是强化督查工作，全过程制定推进情况完成表，实行"红黑榜"通报制度，项目完成后以表定责，确定奖惩，充分尊重人才劳动成果，激发人才干事积极性。

五、结　语

习近平总书记在中央政治局进行第三十一次集体学习时强调，"红色资源是我们党艰辛而辉煌奋斗历程的见证，是最宝贵的精神财富。红色血脉是中国共产党政治本色的集中体现，是新时代中国共产党人的精神力量源泉。回望过往历程，眺望前方征途，我们必须始终赓续红色血脉，用党的奋斗历程和伟大成就鼓舞斗志、指引方向，用党的光荣传统和优良作风坚定信念、凝聚力量，用党的历史经验和实践创造启迪智慧、砥砺品格，继往开来，开拓前进，把革命先烈流血牺牲打下的红色江山守护好、建设好，努力创造不负革命先辈期望、无愧于历史和人民的新业绩"^②。在庆祝中国共产党成立100周年大会上，习近平总书记又提出伟大建党精神，并要求"我们要继续弘扬光荣传统、赓续红色血脉，永远把伟大建党精神继承下去、发扬光大"。^③ 在党中央的高度重视下，革命纪念馆行业正迎来前所未有的发展机遇期。同时，全国革命博物馆、纪念馆、陈列馆、展览馆等革命纪念馆总数超过1600家^④，革命纪念馆体系基本形成，革命纪念馆行业也进入了提质升级的发展新阶段。

新形势、新阶段都迫切要求革命纪念馆行业高质量发展，智库建设是推进高质量发展的有效新路径。雨花台红色文化研究院的成功实践，也证明了革命纪念馆行业可以办智库，可以办好智库。在实践中生成、经过实践检验的双定位、四举措、两抓手的"雨花台经验"是"革命纪念馆＋智库"建设的成功探索和尝试，开辟了革命纪念馆高质量发展新路径。但革命纪念馆

① 杨永清. 创新红色文化发展项目管理［J］. 群众（思想理论版），2020（17）：34-35.
② 谢环驰，鞠鹏. 习近平在中共中央政治局第三十一次集体学习时强调 用好红色资源 赓续红色血脉 努力创造无愧于历史和人民的新业绩［N］. 人民日报，2021-06-27（001）.
③ 习近平. 在庆祝中国共产党成立100周年大会上的讲话［M］. 北京：人民出版社，2021：8.
④ 国家文物局. 中国革命纪念馆概览［M］. 南京：南京出版社，2021：8.

智库还是新生事物，2019 年国家文物智库建设工作才正式启动①，并没有形成可复制、可推广的成熟经验。

雨花台红色文化研究院是全国首家依托革命纪念场馆建立的红色实体新型智库，"雨花台经验"是革命纪念馆智库建设探索中取得的阶段性成果，有相对精准的目标定位、明晰的发展路径、科学的发展经验，是"十四五"时期革命纪念馆高质量发展的可借鉴性选择，值得大力推广。但总体而言，"雨花台经验"还处于初步发展和前期探索阶段，尤其是在功能定位与职责使命、平台建设与人才培养、人才成长与成果转化、资源整合利用与发展实际成效方面，仍存在一定不匹配现象，需要进一步破除体制障碍，进一步育才引智，在现有发展基础上，总结发展模式、形塑发展理念、铸造发展精神，努力打造革命纪念馆智库的"品牌内参""品牌报告""品牌期刊""品牌学者"等"拳头"体系，以进一步完善智库建设，推动革命纪念馆高质量发展。

---

① 文宣. 国家文物智库建设工作启动 ［EB/OL］. (2019 – 03 – 13) ［2021 – 11 – 10］. http：// www. gov. cn/xinwen/2019 – 03/13/content_5373393. htm.

第十二章

中共一大纪念馆拓展馆校合作路径研究

——以《"百物进百校，百讲证百年"—— 百件文物藏品进课堂》教育活动为例*

中共一大纪念馆自 2021 年 10 月起持续开展《"百物进百校，百讲证百年"——百件文物藏品进课堂》馆校合作教育活动。活动打破常规单一化馆校对接方式，通过"项目制""菜单式""手册化"工作体系，构建馆校合作新模态；整合全馆专业人才资源，组建"红色讲师团""文保专家组""礼兵护卫队"，打造思政金课人才库；逐步形成"全领域、全课程、全覆盖"一体化课程开发体系和"多维度、深层次、全媒体"矩阵式传播推广体系，推动教育活动品牌化。活动中形成的馆校合作"一大模式"，有力推进革命文物创造性转化和创新性发展，拓展全国馆校合作新路径，开辟馆校合作新格局。

一、引　言

党的二十大报告指出，"用社会主义核心价值观铸魂育人，完善思想政治工作体系，推进大中小学思想政治教育一体化建设"。中共一大会址是党的诞生地、初心始发地和伟大建党精神孕育地，肩负着讲好建党故事、弘扬

---

* 张粟：中共一大纪念馆。

伟大建党精神的使命与责任。为深入学习贯彻党的二十大精神和习近平总书记关于革命文物工作的重要指示和办好思政课的重要论述，结合教育部、国家文物局《关于充分运用革命文物资源加强新时代高校思想政治工作的意见》，中共一大纪念馆自 2021 年 10 月起持续开展《"百物进百校，百讲证百年"——百件文物藏品进课堂》馆校合作教育活动（简称"百物进百校"活动）。

"百物进百校"活动围绕四个"100"总体布局有序开展，精选 100 件文物藏品，走进 100 所学校，讲述 100 个红色故事，打造 100 节思政金课。活动由上海市委宣传部、市教卫工作党委、市教委、市文物局指导，中共一大纪念馆、上海市青少年学生校外活动联席会议办公室主办。中共一大纪念馆发布可供选择的文物清单，全市幼儿园、中小学、高等院校等通过纪念馆官方网站和微信公众号预约报名。纪念馆根据预约情况，与校方协商确定课程时间安排，把珍贵的文物藏品带入课堂，进行现场展示，并向师生介绍文物的流转、收藏、保护过程，讲述背后的红色故事。

本章系统梳理中共一大纪念馆在"百物进百校"活动中的创新做法和工作经验，从模态构建、人才赋能、品牌建设等方面总结提炼活化利用文物藏品资源、拓展思政教育一体化建设的路径，形成馆校合作的"一大模式"，为文博场馆持续开展馆校合作教育活动提供可借鉴的工作方案和理论指导。

二、构建馆校合作新模态

"百物进百校"活动打破常规单一化馆校对接方式，盘活馆内外优质资源，释放团队活力，增进馆校双方理解互信，为活动开展提质增效、保驾护航。通过"项目制""菜单式""手册化"工作体系，构建灵动轻盈、严谨规范的馆校合作新模态。

（一）项目制

基于"百物进百校"馆校合作教育活动多部门、多环节、多目标的特点，中共一大纪念馆为活动成立项目组，采用"项目制"运作模式开展工作。项目组成员来自 5 个不同的职能部门，平均年龄不足 30 岁，是一支充满活力和创造力的团队。项目组设立项目负责人统筹总体工作，其他成员分别负责与本部门业务联系密切的工作内容，分工明确、权责清晰、沟通顺畅。

"百物进百校"活动在策划和执行过程中需要做好馆内各部门、馆校双方、指导单位、媒体记者等多方面的沟通协调和资源调度，需要业务功能完备、工作能力全面的项目团队提供支持。项目组以活动策划到执行的全过程为工作核心，突破部门制组织架构的管理局限，采用扁平化、轻量级管理方式，降低沟通成本，提高工作效能，有力保障活动的顺利推进。项目组的成立得到各部门的大力支持，选派精兵强将，配备优质资源，着眼于青年职工的培养锻炼和潜在能力的开发。"百物进百校"活动的"项目制"运作方式，为馆内工作模式创新进行了有效探索，为纪念馆可持续发展提供坚强的组织人才保证。

（二）菜单式

馆校合作教育活动的有效开展，需要馆校双方增进理解互信，在对各自资源优势和需求有充分了解的前提下，寻求合作切入点。"百物进百校"活动在馆藏 12 万件套文物藏品中精心挑选 100 件，以"菜单式"形式，通过全媒体平台向学校和社会各界发布。文物藏品"菜单"揭开了纪念馆的神秘面纱，学校可结合本校教学特点和实际情况，选择适合的文物藏品开展馆校合作，促进教育活动与学校教学内容高度融合，让思政教育走深走实。

革命文物承载着党和人民英勇奋斗的光荣历史，记载中国革命的伟大历程和感人事迹，是党和国家的宝贵财富。"百物进百校"活动围绕中国共产党成立 100 周年这一主题，从馆藏中精心挑选 100 件革命文物藏品，首次公开亮相，是建馆 70 年来教育活动的一大创举。文物藏品"菜单"中，有反映近代以来中国历史舞台上发生的重大历史事件的珍贵文献，有为实现中华民族伟大复兴而英勇献身的英雄人物的历史遗物，有中国共产党领导中国人民进行革命、建设和改革的历史见证，有广大人民群众在迈向小康征途中留下的学习、工作和生活的美好记忆等等。文物藏品"菜单式"呈现，让馆藏资源不再神秘，让馆校双方增进理解，让馆校合作有的放矢、不再流于形式。文物藏品"菜单"发布，让纪念馆资源"走出去"，扩大了学校在馆校合作教育活动开展时的自主性和选择权，有助于增进社会各界对中共一大纪念馆馆藏资源的了解。

（三）手册化

"百物进百校"活动是与教学内容高度融合、衔接紧密的馆校合作思政教育活动。在此类活动的实施过程中，繁杂的流程对接和细节把控工作会占用大量的时间精力。按照常规方法开展工作，耗时耗力还容易遗漏出错。项目组根据项目实施特点，编写《"百物进百校，百讲证百年"——百件文物藏品进课堂活动馆校合作操作手册》（简称《操作手册》），将馆校双方的工作"手册化"，流程规范化、制度化，最大限度消除人为因素对活动质量的影响，提升工作效能。

《操作手册》由项目组成员负责编写，随着活动的发展总结经验、不断完善。《操作手册》按照活动流程顺序，明确馆校双方的职责和分工。特别是馆校合作经验并不丰富的学校，通过查询《操作手册》，可以明晰校方在活动前、中、后的职责，按照手册的详细步骤准备各项物料、资料、教具、宣发稿件等。项目负责人为每场"百物进百校"活动建立专属微信工作群，馆校双方工作人员在工作群中明确文物藏品选择、时间安排等基本信息后，按照《操作手册》规定有序开展各项准备工作，并及时进行进度汇报和问题交流。

三、打造思政金课人才库

"百物进百校"活动充分挖掘馆内宣传教育部、藏品保管部、陈列研究部、安全保障部等部门的专业人才优势，组建红色讲师团、文保专家组和礼兵护卫队，打造思政金课"人才库"，营造具有思想性、专业度和仪式感的思政课堂。项目组为每件文物配备由"人才库"成员组成的授课团队，通过精心设计的"文物进场""摆放文物""文物故事""文物背景介绍""观看文物"等课堂环节，让同学们见人见物见精神，有思有感有所得。

（一）红色讲师团

红色讲师团由中共一大纪念馆宣传教育部的宣教专员和部分讲解志愿者组成，这是一支立场坚定、情绪饱满、学养深厚、背景多元、活力四射的人才团队。红色讲师团以"个人负责，团队协作，专家把关"为工作宗旨，为100件珍贵文物藏品原创100个红色故事，做到每处细节都真实可考，每个故事都触动心灵。每场活动的红色讲师全权负责"文物故事"环节，深度参与全媒体传播推广工作，灵活配合活动现场的各项流程。

"文物故事"讲述是"百物进百校"活动的重点环节，是文物藏品资源能否有效转化为思政教育生动教材和鲜活教具的关键所在，是引发思考、唤起情感、激发共鸣的活动高潮。课堂教学以学生为主体，以教师为主导。讲师团成员在故事创作和现场讲述的过程中注重把握主导性、激发主动性，对授课内容高度负责。

红色讲师全权负责"文物故事"环节。首先通过细致深入的文物背景知识调研，创作故事文稿，并根据教育专家和文物保护专家的意见反复修改打磨，形成定稿。故事定稿后，红色讲师根据每场活动的学校特色、学生年龄特点、时间安排等，设计个性化授课方案；选择符合学生认知能力的故事切入点和落脚点，设置激发学生兴趣的启发性提问，必要时对故事进行结构调整等。此外，每个文物故事还要配备图文并茂的电子课件和背景音乐，帮助学生集中注意力，使学生更有代入感。红色讲师深度参与全媒体传播推广工作，每一篇故事定稿均需进行录音，配合中共一大纪念馆官方微信公众号"文物讲故事"栏目进行宣传；每一次活动的课堂讲稿和设计方案，均需提交媒体为新闻稿提供撰写素材；部分红色讲师还要在活动结束后配合现场采访工作。

红色讲师团成员具备多元的学科背景和研究特长，如文史类、政治类、哲学类、外语类、医学类、科技类、教育类、艺术类、体育类等。红色讲师们根据自身专业特长，进行文物选择、故事创作和课堂设计，让学生接触到最前沿的专业知识和最鲜活的时代思想，让思政教育不枯燥、不空洞、有视野、有高度。红色讲师团用心、用情、用史、用理讲述文物故事，在历史与现实之间搭建起一座座桥梁，让文物藏品开口说话，让新时代的曙光照亮学生前行的方向。

（二）文保专家组

文保专家组由中共一大纪念馆藏品保管部和陈列研究部的专家学者组成，这是一支专业过硬、严谨求实、一丝不苟、守正创新的专家团队。出席每场活动的文保专家负责"摆放文物"和"文物背景介绍"环节，并在"观看文物"环节现场为学生答疑解惑。此外，文保专家组还负责故事文稿的审核、宣传视频脚本撰写等工作。

"百物进百校"活动是围绕文物藏品进入课堂开展的馆校合作教育活动，文物藏品是活动开展的中心和立足点。"摆放文物""文物背景介绍""观看文物"等精心设计的环节是活动的突出特色，有助于凸显文物藏品的中心地位，加深学生对文物藏品及背后感人故事的记忆，与"文物故事"讲述互为映衬、相辅相成。

活动专设"摆放文物"环节，请文保专家运用专业手法将文物从保险箱中取出，放入展示架，直观培养学生的文物保护意识，增强对革命文物藏品的敬畏心。"文物背景介绍"环节中，文保专家现场介绍文物流转、收藏、保护过程，有助于揭开文博行业的神秘面纱，激发学生的探索兴趣，吸引越来越多的学生走入文博场馆，接受文化熏陶。在保证文物安全的情况下，让学生近距离观看文物，并由文保专家现场答疑互动，可以有效增强学生的参与感和体验感，留下对文物藏品、背后故事以及所蕴含的思想内涵的深刻印象。通过"百物进百校"活动，平时深藏功与名的专家学者从幕后走向台前，"高冷"的文博专业知识也愈发具体生动起来。

（三）礼兵护卫队

礼兵护卫队由中共一大纪念馆安全保障部的工作人员组成，这是一支身姿挺拔、步伐坚毅、英姿飒爽、气宇轩昂的"仪仗队"。每场活动根据情况配备2~6名礼兵，身着礼兵服，手提文物藏品保险箱，乘坐"百物进百校"活动专车，充满庄重感和仪式感地前往活动现场。礼兵护卫队负责"文物进场"环节，并为文物藏品提供安全保障，防止发生意外情况。部分礼兵护卫队队员为退伍军人，他们以"退伍不褪色"的精神风貌，投身每一次护送文物藏品的仪式之中。

仪式教育是思想政治教育的重要组成部分。由礼兵护卫队负责的"文物进场"仪式是"百物进百校"活动的亮点。整齐划一的服装和铿锵有力的步伐，礼兵的出场在视觉和听觉上给予学生极大的震撼，自然而然进入到思政教育的情境之中。"文物进场"与"文物开箱""摇铃上课""文物摆放"等环节共同营造了活动庄严的仪式感，使思政课程在内容与形式上相得益彰，触动学生的精神世界，唤起浓烈的家国情怀。

四、推动教育活动品牌化

"百物进百校"活动通过一体化课程开发体系和矩阵式传播推广体系，将一项全新的馆校合作教育活动逐步打造为文博行业乃至全国思政教育领域的响亮品牌。一体化课程开发体系将文物藏品与学校教学深度融合，满足各年龄段学生的求知欲和好奇心，涵养爱党爱国的高尚情怀，为活动赢得口碑。矩阵式传播推广体系帮助活动宣传取得厚积薄发的效果，辐射范围不断扩大，在更广阔的空间与平台塑造品牌形象和价值。

（一）"全领域、全课程、全覆盖"一体化课程开发体系

革命类纪念馆和文物藏品的受众不分年龄，其背后蕴含的深厚历史脉络值得终身探索，不同年龄的受众都能有所思考、有所感悟、有所收获。正是因为文物藏品的博大精深，以此为中心的"百物进百校"活动才能够形成"全领域、全课程、全覆盖"一体化课程开发体系。当文物藏品走进课堂，授课团队需要根据学生的年龄特征、认知能力、学习兴趣等，从文物藏品众多的阐释角度中选择最契合的一个，开展思政教育活动，激发情感，启迪心灵。

"百物进百校"活动中，"人才库"成员组成课程研发和授课团队，从文物藏品源头出发，深入挖掘文物历史与学校日常教学内容的契合点。同一件文物藏品，课程研发团队会根据大中小幼学生的不同接受能力，确定相应的课程目标和讲述方法，涉及多学科知识。如果选择的文物藏品与学校发展建设历史有着极为密切的关系，还会设计个性化的专属教学方案，从而形成"全领域、全课程、全覆盖"一体化课程开发体系，灵活应对各类课堂场景。

　　"百物进百校"活动通过一体化课程开发体系，将纪念馆补充性、辅助性教育与学校的系统性、全面性教育高度融合，秉承"共有共建共享"理念，推动学生学习方式的变革，助力思政金课建设，深化全面育人，助力健康成长。

（二）"多维度、深层次、全媒体"矩阵式传播推广体系

　　"百物进百校"活动搭建"多维度、深层次、全媒体"矩阵式传播推广体系，让宣传有深度、有广度、有温度，产生了强大的红色文化品牌效应。采用"官方微信公众平台＋合作媒体＋全媒体"宣传方式，"百物进百校"活动自举办以来就被众多知名媒体关注报道，得到上海市教育系统、广大学校、师生和家长的一致好评。

　　活动以"中共一大纪念馆"官方微信公众平台为大本营，开展"多维度、深层次"的推广宣传工作。每场"百物进百校"活动都会安排活动预告、文物介绍、文物故事、新闻通稿等至少4篇微信推送稿件。"文物介绍"由"文保专家组"负责，展示在课堂上介绍的文物流转、收藏、保护知识，并配备文物介绍视频。"文物故事"由红色讲师团负责，公开发布文物故事定稿、故事录音和背景音乐。在官方微信公众平台的深耕细作，展现了"百物进百校"项目团队做教育工作的初心；通过扎扎实实做好内容，让现场学生能够系统回顾活动中的细节，让更多未能参与活动的学生和观众共同接受红色文化的浸润与熏陶。

　　《新民晚报》是"百物进百校"活动的合作媒体，现场跟踪报道每一场活动，开辟活动专栏，刊登学校学生及老师参与活动的心得体会。央视新闻、新华社、中新社、人民日报等全国性媒体，上观、文汇报、新民晚报等市级媒体，上海教育台、上海教育、第一教育等教育行业媒体，以及纪念馆快讯等纪念馆行业媒体参与活动报道。与活动直接相关的"全媒体"报道累计500余次，触达人数过亿。2022年1月7日，"百物进百校"活动作为上海市贯彻落实教育"双减"政策、利用校内外资源提升教学水平的典型优质案例被央视《新闻联播》报道。

五、结　语

"百物进百校"活动将中共一大纪念馆珍贵的文物藏品带入课堂，让文物史料成为生动的党史教材、鲜活的思政教具，让学生们近距离回顾历史、感悟初心，让思政教育入耳、入脑、入心。截至 2023 年 2 月 15 日，活动共吸引 111 所学校报名参与，已开展馆校合作思政课 35 堂，覆盖上海市 16 个教育行政区大中小全学段学生。活动入选 2022 年中共一大纪念馆馆际重点项目、上海市文化旅游局首批"社会大美育"课堂名单、第二届全国文博社教十佳入围终评案例。包括央视新闻联播、新华社、中新社、人民日报等在内与活动直接相关的全媒体报道累计 500 余次，触达人数过亿，打响了"党的诞生地"红色文化品牌，产生了广泛而热烈的社会影响。

活动中形成的馆校合作"一大模式"，以"用好红色资源，赓续红色血脉"为思想引领，以推进革命文物创造性转化和创新性发展为主线，以"模态构建、人才赋能、品牌建设"三大板块为着力点，构建馆校合作新模态、打造思政金课人才库、推动教育活动品牌化。为推进大中小学思政课一体化建设，推动思政课建设内涵式发展，构建"校社联动、馆校联动"的育人格局，探索出一条切实可行的发展路径。

中共一大纪念馆《"百物进百校，百讲证百年"——百件文物藏品进课堂》教育活动，引领全国馆校合作新模式，拓展馆校合作新路径，开辟馆校合作新格局，为全国博物馆、纪念馆推动文物藏品活化利用、开展馆校合作教育活动提供了参考案例，具备较高的示范价值和导向意义。

第十三章

运用革命文物资源　服务高校思政教育

——以常州三杰纪念馆为例[*]

常州三杰纪念馆于 2018 年组建完成，风雨兼程累累硕果，先后获评全国爱国主义教育示范基地、全国重点文物保护单位、全国优秀社会教育基地、全国红色旅游经典景区、江苏省青少年研究教育基地、江苏省团史主题宣传阵地、江苏省党史教育基地、江苏省工人先锋号、首批省级网络素质教育基地、新时代江苏省家教家风实践基地、首批常州市示范型"青年学习社"、市青少年爱国主义教育基地。

常州三杰纪念馆自组建以来，以用好红色资源、赓续红色血脉为目标，努力做好下属瞿秋白、张太雷、恽代英等 6 个纪念场馆的管理、纪念活动、陈展宣传、学术研究、文物征集、资料整理及衍生产品开发等工作，不断创新宣教模式、提升服务品质，推动红色文化创造性转化创新性发展，并致力于探索将革命文物融入新时代高校思想政治工作新格局，培养担当民族复兴大任的社会主义建设者和接班人。据统计，场馆开放以来共接待游客约 500 万人次，认真对待每一场讲解，共接待团队约 1 万批次，其中服务青少年游客占比超 7 成，成为青少年名副其实的红色教育打卡首选地，极大地增强了常州红色文化的辐射力、影响力。

---

[*]　单歆祎：常州三杰纪念馆。

一、环境提升加强资源融合，打响三杰红色文化品牌

2021 年正式启动常州三杰纪念馆周边环境整治提升工程，工程包括瞿秋白纪念馆"怀霜社"、张太雷纪念馆"太雷青年信仰空间"和恽代英生平事迹展览提升工程，进一步强化常州三杰纪念馆辅助用房功能配备，提升高校学生服务体验，营造红色文化氛围，打响"三杰故里·红色名城"文化品牌。

瞿秋白纪念馆"怀霜社"占地 700 平方米，是综合性服务与活动空间，集游客中心、诸夏怀霜专题展、怀霜书社、临时展厅、秋白课堂等多种功能于一体。"怀霜书社"展示了"铁健书库"及"观泉书库"两个专家书库，共计 8000 余册。公共阅览区开放借阅书籍百余本，并设置"党史学习教育"专区，助力党史学习教育。观影空间根据团队需求或定时播放瞿秋白相关专题纪录片及影像资料，宣传秋白事迹。秋白课堂可容纳 100 人进行主题教育活动，进一步满足党史学习教育多样化需求，丰富"常州三杰"革命精神内涵。除此之外，游客中心完善游客休息区、文创售卖区、公共卫生间等设施设备，提升场馆对外开放服务品质。

张太雷纪念馆"太雷青年信仰空间"为新增设空间，建筑打破了传统游客中心仅为游客提供咨询、功能单一的束缚，集合红色观影区、临展区、文创、研究书籍销售展示区、红色阅读区和休憩水吧区等多功能区域，给游客提供了一个展示、观影、学习、体验、购物和休憩的综合体验地。场馆设计结合共青团史、青年元素，目前已开发多种丰富多彩、形式新颖的活动，提供定制化的微党课、团课课程服务，打造"省级青年学习社"、沉浸式演出、非遗工坊、文创体验区等，真正让党史、团史学习和丰富多彩的主题活动相结合，寓教于乐。

恽代英生平事迹展览采用"利社会、利国家、利天下"作为"一句话"主题，介绍了恽代英同志光辉的人生及革命业绩。在空间设计上通过巧妙的设计化零为整，将原本散碎的古建空间整合，用内容与形式深度结合的方式打造顺畅动线，达到"方寸之内、大有乾坤"的观览感受。展陈同步配套重温入党誓词、现场解说、3D 裸眼视频、专题讲座、现场教学、情景教学

和体验式教学等方式全方位多角度营造游客参观氛围。此外，展览入选2022 年度"弘扬中华优秀传统文化、培育社会主义核心价值观"主题展览集中推介项目名单。

二、打造研学课程体系，创新高校实践教育

在开拓常州三杰研学课程体系的四年时间里，常州三杰纪念馆致力用年轻人喜欢的方式讲好红色故事，创新性地将"话剧"与"场馆"相结合，成为深入挖掘红色资源、用好用活革命文物的成功探索案例。2020 年推出《又见少年阿霜》沉浸式演出，生动演绎瞿秋白与家人、同伴、友人相处的场景和细节。这种采用情景再现、角色模拟的方式，营造了浓厚的历史现场感，让参观者变成体验者，由"灌输式教育"转为"体验式教育"。演出一经推出，收获一致好评，首演直播观看人数超一万人次，随后线下演出预约不断，现已成功演出近 50 场，线上线下观看次数超 50 万。2021 年推出最新沉浸式演出《又见秋白》，通过两段故事的演绎再现瞿秋白坚贞的革命信仰，借助纪念馆场景生动刻画故事细节，使参观者仿佛回到百年前的历史现场，了解瞿秋白在不同人生阶段的经历，真切感受他的精神世界。2022 年推出恽代英情景微课堂，分为《革命的力量》《国不可不救》《南昌起义》三个篇章，将静态化展览与多元立体化的话剧表演相结合，通过代入式情景、多感官包围、互动叙事手法等方式，深度融入互动式讲解线路，共同沉浸演绎梦回百年。

此外，常州三杰纪念馆结合实境现场教学、素质实践拓展，开辟了多条适合大学生体验打卡的红色主题研学线路，从"红色＋乡村"拥抱青春回归自然，从"红馆＋防灾避险馆"打破行业壁垒，共建青年研学朋友圈，培养强国信心，从"红色＋工业"创新引领时代，开辟爱国主义工业思政线路，搭建爱国思政教育平台，研学课程体系服务人数目前已达到 100 万人次。

三、挖掘常州三杰研究成果，打造高校思政学习样板

常州三杰纪念馆先后编辑出版《瞿秋白画册》（修订版）、《洪亮吉洪深论文集》《常州红色故事集》《常州三杰精神简明读本》《常州三杰纪念馆现场教学点讲解词》撰写工作，并推出《常州三杰生平事迹全国巡回展》《一起向未来——常州三杰的青年担当》《笔尖上的觉醒——常州三杰红色报刊杂志专题展》《热血三杰与五四印记》《向光明——鲁迅与瞿秋白》等10余个原创展。作为国家文物局核心价值观主题展重点推介项目，这些展览不仅送进全国一流红色主题场馆、企事业单位，走进青果巷、文化广场等常州地标，让红色资源"活"起来，还送展进校、送讲解进校，走遍二十多个城市，走遍天津大学、上海大学、江南大学等高校，让红色文化"动"起来。

除学术性原创展览，场馆每月定期举办《中国共产党革命精神展》《俞秀松革命事迹展》《中国共产党早期纪律建设展》《中国共产党支部建设展》《"青春奋进新时代"常州三杰主题书法作品展》《"童真里的色彩"三杰红色艺术作品线上展》等临展，将馆藏革命文物资源转化为高校思政教育需要的"展览资源包"。目前，场馆原创展览以及临展服务人数已达200万人次。

四、从"请进来"到"走出去"，
研发三杰菜单式定制课

依托省社科联重点资助项目"常州三杰红领带党史学习教育宣讲团"开展大学生党史学习宣讲活动，梳理《觅渡》《中国青年永远的楷模》《红色家风代代相传》等11篇常州三杰系列微党课，开发政治类、文化类、社会类、党建类、三杰类等红色教育系列课程，点单服务50余所学校，共计约100课时。将《一封家书》微课堂、《穿越时空的对话》实景5G演绎、《密室逃脱》实景线索探秘互动、《致信未来》主题文创商品体验融入"课

堂式教学＋红色展馆现场教学"系列性课程，十个课时十个创新主题，从"寻觅新世界的渡口"到"中国青年"，营造以"红色文化"育人的良好氛围，培养青年"求学、成才、爱国"的情怀和志向。结合党史学习教育要求，通过讲、唱、吟、诵等多种形式，开创性地推出"乐之秋白"系列音乐党课，课程包括《瞿秋白与红色音乐》《瞿秋白与〈国际歌〉》等，举办"乐之秋白"音乐党课百场巡讲，获得社会各界广泛认可。

常州三杰纪念馆定期组织讲解员走入校园课堂，通过"5G＋VR/AR红色纪念馆"科技手段，给孩子们带去沉浸式演出《又见少年阿霜》；常州移动的志愿者们到学校给孩子们讲述五四运动和瞿秋白英勇就义的故事。多样化的活动提高了社会对常州三杰纪念馆的认知度，更为广泛地传播了常州三杰的革命精神。

五、创新拓展，多形式深化知行合一思政实践

近年来场馆不断尝试新媒体技术，打造互联网＋联动平台，拥有线上服务平台，6个语音导览、4个VR场馆、2项AR展项、8个线上临展，与移动公司搭建了全省首个"5G＋VR/AR红色纪念馆"，对瞿秋白同志生平事迹展览中的《清代常州府全程图》进行了三维立体创作，不断创新红色教育新模式，打造深受青少年喜爱的综合性的活动与服务空间。全国主流媒体纷至沓来，从文献纪录片《国家记忆》《山河岁月》《信仰的感召》的推出到三杰电影的筹拍，制作的影视化内容都成为了高校思政学习的"指尖阵地"。

常州三杰纪念馆微信公众号至今上传信息2000余条，开设"文采撷珍""社会实践""党课开讲啦"文章与视频专栏，文章浏览量破万，聚焦三杰故事，弘扬时代精神。常州三杰相关文章近百次上传学习强国。线上引导高校师生参与主题展览策划和社教活动云直播10余次，如"红色旅游云直播——瞿秋白纪念馆""我苏直播——纪念中国共产党成立100周年特别节目""江苏卫视——革命伴侣秋之白华"及高校专题网络研讨会等。个性化服务的网上"云纪念馆"打通了纪念馆宣教服务的"最后一公里"。

六、充分运用革命资源，打造校园红色文化品牌项目

借助高校优质的师资力量对常州的红色文化进行深入挖掘与研究，常州三杰纪念馆与高校共同在教学科研、传统文化挖掘、文创开发、大学生思政课教育等领域进行人才培养、党史研究和项目创新的一些探索。组织宣讲员受聘高校，参与高校思政课程建设，努力形成不同特色的馆校共建融合机制。联合全国71所高校、革命纪念馆成立"推进革命文物资源融入新时代高校思想政治工作馆校合作联盟"。先后与常州大学合作成立"张太雷干部学院"；与常州工程职业技术学院成立"秋白文化艺术实践教学基地"；与常州工学院外语学院开展与江苏大学合作成立"马院教学科研实践基地"，为该校思政专业学生提供专业实践实习平台；与江苏工程学院合作"秋白文化艺术实践教学基地"等红色教育基地；与常州信息工程技术学院联合建设"常州三杰纪念馆党性教育基地"，校方自筹一千万元，改造六千平方米校舍；与江理工共建"常州三杰红色文化产品创意研发中心"，将文创产品与教育相结合，设计、制作了一批常州三杰主题文创。2018年，常州三杰纪念馆与常州大学等单位联合成立"常州红色文化宣传教育阵地联盟"，组建"常州三杰精神宣讲团"，推出"常州三杰周周讲"等主题学习活动，2019年起常州三杰纪念馆与天津大学校友会合作共同设立"泰来—绍熙奖学金"，奖励考入张太雷母校——天津大学的常州籍新生，目前奖学金已连续颁发三年。

以创造式、互助式实践活动提升思政教学针对性，举办"常州三杰红色故事宣讲大赛"，创排舞台剧《信仰的力量——致敬常州三杰》《永远的青年：常州三杰》、音乐剧《白云溪上》，拍摄微电影《觅渡》。与高校组建"月之秋白"宣讲团，由馆方专家、学工导师、音乐导师三方保驾护航，搜集整理红色音乐相关资料，组建10支宣讲队伍，走进学校讲堂、深入社区广场，让秋白音乐以更为生动鲜活的音乐微党课形式来到大家身边；联合上海大学秋白书院开展"瞿秋白在上海"线上专题讲座；与高校共建"常州三杰红色文化产品创意研发中心"、联合举办"乾图杯"常州市文化创意设计大赛，报名参赛者涉及江苏、广东等6个省份、17个城市、33所高校，

涌现出一批质量优秀、落地推广性强的常州三杰主题文创。

七、探索志愿服务新模式，系统构建革命文物实践育人共同体

通过与各高校的合作共建，如今高校师生们结合重大事件、重大活动、重要节日和主题党团日走进常州三杰纪念馆已成为常态。为深化大学生志愿服务活动，常州三杰纪念馆始终秉持"互利共赢"的理念招募大学生志愿者，六馆分别拥有成熟的志愿者团队，稳定志愿者队伍人数超 500 人次，大学生志愿者成为中流砥柱的力量，与学校深度合作打造定期服务、每周到岗新模式，开辟志愿服务新通道。随着社会进步和科技的发展，面向人民高品质生活需要，常州三杰纪念馆志愿团队与时俱进，打好"线上宣传＋线下讲解"组合拳，为常州党史教育交上"完美答卷"。

线上，大学生志愿者们依托常州三杰纪念馆新媒体平台开设媒体专栏、制作宣传视频，依托学院公众平台账号撰写常州三杰纪念馆志愿服务信息、分享转载志愿服务心得；线下，他们身穿红色小马甲讲述党史故事、分享史料资源、设计文创作品，完成了一个大学生从"学习者"到"讲述者"的完美蜕变，成为常州三杰纪念馆名副其实的"宣传小火炬"。华中师范大学"大学生党史宣讲团"和江南大学"薪火实践团"在常州三杰纪念馆联合开展的"沉浸式"研学实践活动，同步进行《新媒体发展背景下红色纪念馆传播策略》课题调研，深入探索"志愿＋活动""志愿＋学术"融合模式。江理工的志愿者为各馆讲解词进行英文翻译。联合编排的恽代英情景剧《国不可以不救》、缩编排演洪深英文剧进行线上展示。高校学生"线上＋线下"联合宣传的新模式，促使常州三杰纪念馆志愿服务呈现"遍地开花"的发展新常态。

第十四章

从教育机构、纪念空间到记忆之场

——侵华日军南京大屠杀遇难同胞纪念馆爱国主义教育开展的实践*

侵华日军南京大屠杀遇难同胞纪念馆建馆 37 年以来，始终将爱国主义教育作为首要的功能定位，并创立、研发、开展一系列爱国主义教育形式、产品和活动，积累了爱国主义教育的经验。随着时代的改变，纪念馆开展爱国主义教育的理念也在与时俱进地发生着改变，其中的主线是将纪念馆从一个教育机构转变为纪念空间，又从纪念空间转变为记忆之场，充分利用纪念性的展示产品、空间氛围以及沉浸式的仪式，将纪念馆打造为一个民族记忆、创伤记忆、警示记忆等多种性质的记忆之场，并基于各类记忆开展爱国主义教育。

2017 年 12 月 13 日，习近平总书记参观侵华日军南京大屠杀遇难同胞纪念馆（以下简称纪念馆）时表示，这个馆很重要，在整个世界反法西斯战争中，是一个重要的节点事件，要发挥好这个馆在中华民族伟大复兴和爱国主义教育中的重要作用。马克思主义经典作家认为，"爱国主义是由于千百年来各自的祖国彼此隔离而形成的一种极其深厚的感情"。在近代以来的社会实践中，爱国主义的内涵逐渐固化为调整个人和国家之间关系的一种行为准则，是一种集情感、意志、思想理论及行为于一体的反映个人与国家关系的一个综合复杂的价值体系。1982 年，由于日本"教科书事件"的发生，

---

* 王山峰：侵华日军南京大屠杀遇难同胞纪念馆。

中国人民对于日本侵华的历史记忆再次被强化，人民要求"把血写的历史镌刻在南京的大地上"，并由南京大屠杀惨案激起一种对中华民族苦难历史的深切追溯并确定为铭记历史和警示未来而建立一座纪念馆。由此，一种产生于民族创伤并带有人类警示意义的纪念设施得以建成并向全人类开放。

一、作为教育机构的纪念馆

支撑一个纪念馆开展社会教育的，是由文物、研究和展陈组成的一整套体系。纪念馆作为教育机构而存在，也是从这三个方面着手的。

厚积薄发系统开展研究。有研究方可立馆。爱国主义教育的开展，需要有厚实可靠的研究成果作为支撑，每个纪念馆都要构建自己的知识体系，并让这种主题知识体系被观众触及。南京大屠杀史完整的知识体系建立，正是从纪念馆建馆开始。1983 年 12 月 13 日奠基后，南京市政府成立"编史、立碑、建馆小组"，将带有研究性质的编史放在了任务的第一顺位。到开馆之时，老一辈的南京大屠杀研究学者们以高度的爱国之心和拳拳爱国之情编辑出了《侵华日军南京大屠杀史稿》和《侵华日军南京大屠杀史料》。此后经年，一代代的学者们接续奋斗，先后编辑出了 50 多类共 340 多册的南京大屠杀系列图书，其中有 20 多类书籍和学术期刊纳入国家的"丝路书香计划"被翻译成 12 种外文传播到国际社会。2014 年，纪念馆组织专家参与了《国家公祭读本》的编写，这一套三本的图书作为江苏省的乡土教材进入江苏省的所有中小学，为南京大屠杀历史在中小学的普及和青少年爱国主义教育起到了巨大的推动作用。

聚沙成塔广泛征集文物。文物是纪念馆的立馆之基，历史有物证，观众有物看是纪念馆运行的前提。纪念馆建馆时，经过政府的调拨和纪念馆的征集，一共组织了两个木柜子的文物。文物是见人见物见精神的物质和思想意义的集合，体现着历史的痕迹和事件的信息，是国族记忆和社群记忆的象征元素，也是爱国主义教育的重要物质载体。纪念馆一直将文物征集、收藏、研究、保护、利用和展示作为重中之重，围绕南京大屠杀屠杀、抢劫、强奸、毁坏，南京保卫战，中外人士守望相助的救护，东京审判和南京审判，遇难者考证，幸存者口述等一系列主题，进行以文物为核心的全记录载体、全记录符号、全记录介质的爱国主义记忆建构，目前入藏19万余件文物和藏品。除了对外征集文物外，纪念馆还将馆舍本体内的文物也给予积极保护。其中，"万人坑"遗址的保护被国家文物局列为党的十八大以来全国18个文物保护展示先进案例。

与时俱进更新展示方式。纪念馆37年的发展过程也是一个紧跟时代要求变化，与时俱进更新爱国主义教育理念的过程。建馆之初，重在发挥纪念馆日军侵华的罪证功能，展陈在叙事方式上更多采用揭露和控诉的方式，在照片选择，场景设置方面，更多展示悲惨的一面，表达南京大屠杀惨案之惨。这样的叙事方式在加深观众对南京大屠杀历史的记忆方面，起到了非常重要的作用。纪念馆在未来的运行过程中，不仅将观众作为教育对象，还将把观众作为研究对象，针对不同年龄、不同职业的观众以及不同年代来馆参观的观众的心理和行为进行研究，并且每隔10年左右更新一次爱国主义教育的主产品——南京大屠杀史实展。纪念馆曾在2017年第四次更新的展览中，将揭露和控诉的叙事方式，调整为从战胜国展示世界记忆和警示人类未来的角度进行叙述，照片和场景使用充分照顾到低龄观众的成长心理，对悲惨的历史事实讲到位即可，在文字表述上注意留白，留给观众充分的思考空间。未来，纪念馆将诸如在"万人坑"遗址的展示等方面，既照顾到观众的年龄分类，也考虑到遗骸在文物保护方面的有效性，同时兼顾到中华传统文化中对逝者尊重的人文性，设置更加科学合理保护方式和展示方式，既避免对尚未建立起死亡概念的14岁以下儿童直接目击遗骸造成心理隐性伤害，又能向成年观众展示当年同胞遇害之惨。诸如此类，纪念馆还将继续紧跟时代要求，不断从爱国主义教育概念的本质出发，在叙事方式、教育方式、运行方式、管理方式、传播方式等方面不断更新教育理念，做符合时代要求、尊重教育规律、满足观众需求的好的爱国主义教育。

二、作为纪念空间的纪念馆

敢为人先实施免费开放。为了促使更多的观众到馆接受爱国主义教育，扩大爱国主义教育的覆盖面，自2004年清明节开始，纪念馆在全国率先实施免费开放，敞开馆门开展爱国主义教育。免费开放后的当年，观众参观量由之前的每年约 40 万人次猛增到约 180 万人次。观众量的增加反过来促进了纪念馆爱国主义教育事业的发展，2005 年和 2015 年，纪念馆先后实施了两次扩建扩容，场馆面积由 33 亩增加到了 168 亩，馆容馆貌也实现了巨大改变。截至 2022 年 10 月，累计观众参观量超过 1.2 亿人次，覆盖全国所有的省份和港澳台地区，到南京一定要参观纪念馆逐渐成为一种社会现象，社会效益也得到显著提升。

久久为功促成国家公祭。习近平总书记在党的二十大报告中指出，新时代十年的伟大变革，在党史、新中国史、改革开放史、社会主义发展史、中华民族发展史上具有里程碑意义。习近平总书记的这一段话，若以某一项具体工作进行展示，南京大屠杀死难者国家公祭就是最好的样本。1994 年 12 月 13 日，南京市举行了第一场以南京地方名义开设的南京大屠杀遇难同胞悼念仪式。这场地方公祭的爱国主义教育效果十分明显，开启了南京大屠杀死难者连续性地方公祭的先河，并奠定了此后公祭仪式的基本仪规。1995 年，这一纪念活动升格为江苏省地方公祭，此后不间断 20 年的举办，最终促成了全国人大对南京大屠杀死难者国家公祭日的立法，并从 2014 年 12 月 13 日开始升格为国家公祭。《关于设立南京大屠杀死难者国家公祭日的决定》中，将 12 月 13 日国家公祭的悼念对象确定为包含南京大屠杀死难者在内的所有在日军侵华期间惨遭杀戮的死难者，以南京大屠杀为主题、以南京城市创伤记忆为核心的爱国主义情感以法规形式涵盖全国。从 2014 年 12 月 13 日首次南京大屠杀死难者国家公祭日开始，每年全国 30 多个城市与南京同步举行悼念活动，实现了爱国主义教育在全国范围内同一节奏、同一频次、同一格调、同一情感的推行，形成了关于国家公祭日的价值体系、知识体系、符号体系和情感体系。

三、作为记忆之场的纪念馆

创新爱国主义教育的方式，以记忆之场为理念开展教育。纪念馆勇于也善于将自身作为研究对象，不断深化对自我功能定位的认识。近年来的一个重要认识就是将作为教育机构的纪念馆深化为作为记忆之场的纪念馆。作为机构的纪念馆，主要从机构的功能出发单向度地为观众提供产品和服务，但是作为记忆之场的纪念馆，则由单向度走向多维。记忆之场既可意指切实存在的、具有记忆内涵的实体场所，如建筑、纪念碑等，同时也可以指代抽象的、具有象征意义的概念，诸如纪念仪式、箴言或事件。纪念馆作为记忆机构是民族、国家和社会记忆的存储地，是能够彰显社会和民族特性的存在。从空间意义上来说，纪念馆的空间因为南京大屠杀历史的纪念性元素的存在，已经变为一种叙事空间、文化空间、心理空间、精神空间和记忆空间。1985 年建成的纪念馆固然是一个教育机构，但建筑师在墓地、墓碑、棺椁等建筑布局以及建筑色彩的运用方面，已经带有将纪念馆打造为一个记忆之场的痕迹。2007 年拔地而起的"和平之船"建筑造型和辅助的一系列纪念雕塑、纪念墙、纪念碑、纪念厅、纪念园等，已经具备将纪念馆打造为一个记忆之场的条件。基于这样的认识，纪念馆将不断对空间、建筑、象征性纪念设施、周期性的仪式乃至员工行为赋予价值和意义，与南京大屠杀历史一起，重构为观众接受教育和体验的资源。目前，已经尝试在观众入口的必经之道上树立一面只印有"肃穆"两个字的立牌，营造参观氛围并进行参观前的心理教育。实践证明，"肃穆"二字传递的信息超过 200 字的观众参观须知起到的效果，观众以此主动规训自己的参观行为。观众带着"肃穆"之情庄重地参观纪念馆，自身的参观行为也融入场馆，变为其他观众参观纪念馆时接受教育的二级信息载体。

创新爱国主义教育平台，充分利用国家公祭仪式的溢出效应开展教育。如何对待民族的苦难，反映了一个民族未来的视野。2014 年 2 月 27 日，十二届全国人大常委会第 7 次会议通过了《关于设立南京大屠杀死难者国家公祭日的决定》，以国家立法的形式将 12 月 13 日确定为南京大屠杀死难者国家公祭日。1994 年 12 月 13 日开始的地方公祭得到固化和升格，1995 年清明节在中国国家博物馆举办展览时首次亮出的"12·13"，在国家公祭立法中成为一个纪念性的符号。随着国家公祭的周期性举办，社会各界形成了一个集体记忆。在 12 月 13 日前的一段时间，社会各界已经在心理上建立了一个情感预期，并在实践中策划各类以南京大屠杀死难者国家公祭为核心的爱国主义教育活动。纪念馆将充分依托这种社会心理和情感期待推进三种"溢出效应"。一是从纪念馆溢出到南京城市。围绕国家公祭开展围绕南京安全区的徒步、组织幸存者及后代以家庭名义开展的"家祭"、设计"燃烛寄哀思、奉烛祭亲人"的"烛光祭"，联合五大宗教开展悼念逝者祈祷和平的法会等群众性主题教育活动，充分发挥国家公祭在爱国主义教育中的城市溢出效应。二是从南京溢出到全国。紧扣《关于设立南京大屠杀死难者国家公祭日的决定》中对悼念对象的界定，联合全国 30 家抗战类纪念馆在 12 月 13 日同步开展悼念活动，形成全国性的同一主题的规模性悼念，将南京大屠杀死难者国家公祭日为主题的爱国主义教育效应实现国内最大化。三是从中国溢出到国际。从 2014 年设立国家公祭日，纪念馆就注重以国家公祭凝聚海外华人华侨，并以海外华侨社团的活动带动南京大屠杀世界记忆的传播，每年 12 月 13 日全球 400 多个华人华侨社团组织同步悼念活动，尤其是促成了加拿大华人社群推动安大略省将 12 月 13 日设为该省纪念日的动议。随着国家公祭仪式的不断举办，纪念馆还将联合更多的华人华侨社团在海外土地为南京大屠杀死难同胞建立纪念设施，让国家公祭的国际性溢出效应更加明显，鼓舞海外华人的爱国主义热情。

创新服务方式，以多样化的服务开展爱国主义教育。纪念馆是培养认同的机构，它从来都不是中立的，从建立之初就带着鲜明的价值导向，带有塑造认同感和共同体意识的明确使命。观众的需求是多样的，培养认同和共同体意识就相应需要提供多样化的服务，多样化的背后是分众化、精准化、差异化的服务。分众化服务方面，基于不同职业观众的参观需求，打造具有多个教育模块的教育服务产品库，为党、团员教育，中小学生春秋季研学，大学生和研究生实习实践，文博同行业交流，外事团组等提供不同内容、不同规格、不同呈现方式、不同传递渠道的教育服务。如 2022 年，纪念馆创新模式，与南京大学等国内 10 家高校、国防大学等 10 所军事院校、江苏警察学院等 10 所特种行业院校建立线下和线上思政教育合作，并成功入选国家级高校思政基地。精准化服务方面，基于特定目的针对特定人群身打造教育产品。纪念馆将继续针对即将出国留学的高中学生，深度开发"爱祖国、爱家乡""铭记历史、珍爱和平""世界记忆、家国情怀"系列教育产品，通过上"行前一课"打好在国外做好一名中国人的底色。针对青少年学生，规划建设儿童馆，在馆区内选择一个或多个相对独立的空间，根据青少年观众的成长阶段和认知心理，采用"紫金草""一棵会唱歌的树"等艺术形式及互动仪式的教育产品，保证青少年参观时既能获得充分的知识又不会因题材沉重影响心理健康。差异化服务方面，充分保障视障、听障以及其他残障观众的参观体验，在导览导视系统中设置盲文提示，制作幸存者盲文版名录并选择部分文物进行实体复制，提供触摸体验。此外，必须承认，受经济发展、地域文化等方面的影响，观众受教育的机会和享受到的教育服务是存在差异的，纪念馆将尤其注重为无法来纪念馆参观，甚至没有渠道了解南京大屠杀历史的人群提供服务。2022 年已经尝试与在边远地区的大学生支教团队合作，通过支教团队渠道，由纪念馆在馆内进行视频直播，向大山里的孩子们提供远程教育服务。未来这一尝试将作为差异化教育服务的重要形式与高校支教团队形成机制，提升边远山区爱国主义教育的质效。

附录一

中国革命纪念馆发展大事记

附录一通过搜集国家文物局新闻资讯中 2019～2022 年的全部新闻，结合博物馆发展报告以及习近平系列重要讲话数据库，共得到 7101 条新闻数据。采用关键词筛选和人工筛选相结合的方式，选取与革命纪念馆、红色资源相关的、具有代表性的新闻作为大事记内容，包括总书记重要讲话，各类奖项评选，国家级、省市级政策法规，纪念馆创新性发展等相关内容。

2019 年

1 月

《国家文物保护专项资金管理办法》正式施行。

中央军委办公厅印发《新时代军史场馆体系建设规划》。

国家文物局组织编制《革命旧址保护利用导则（2019）》，并发布《国家文物局关于印发〈革命旧址保护利用导则（试行）〉的通知》。

湖南省举办革命文物登录鉴定培训班。

浙江省委办公厅、省政府办公厅印发《浙江省实施革命文物保护利用工程（2018—2022 年）的意见》。

2 月

安徽省省级财政统筹设立 2 亿元革命老区红色文化保护专项资金。

宁夏回族自治区党委办公厅、政府办公厅印发《宁夏回族自治区实施革命文物保护利用工程（2018—2022 年）方案》。

3 月

国家文物智库建设工作启动。

中宣部、财政部、文化和旅游部、国家文物局公布《革命文物保护利用片区分县名单（第一批）》，确定了 15 个革命文物保护利用片区。

国家文物局发布《国家文物局办公室关于举办 2019 年全国文物展览策划与实施培训班的通知》。

江西省委办公厅、江西省人民政府办公厅印发了《江西省革命文物保护利用工程（2018—2022 年）实施方案》。

4 月

福建省研究并原则通过《福建省革命文物保护利用工程实施方案》。

广西壮族自治区印发《关于实施广西革命文物保护利用工程（2019—2022）的意见》。

重庆市委办公厅、市政府办公厅印发《关于推进革命文物保护利用工程（2018—2022 年）的实施方案》。

5 月

习近平总书记参观中央红军长征出发纪念馆。

国家文物局公布《博物馆馆藏资源著作权、商标权和品牌授权操作指引（试行）》。

国家文物局印发《关于转发〈军事法院涉案文物移交办法（试行）〉并做好相关工作的通知》。

甘肃省委办公厅、省政府办公厅印发了《关于革命文物保护利用工程的实施意见》。

全国革命文物保护利用工程实施研修班在福建龙岩举办。

文化和旅游部、国家文物局印发《关于加强地方文物行政执法工作的通知》。

6 月

国家文物局策划推出"踏寻红色足迹 传承红色基因"微信小程序。

"保护革命文物 传承红色基因"全国革命文物保护利用论坛在延安举办。

全国文物保护标准化技术委员会年会在北京举行。

四川省出台《四川省革命文物保护利用工程实施方案》。

山西省正式对外发布《山西省革命文物保护利用工程实施方案》。

7 月

首届"全国革命文物保护利用优秀案例宣传推介活动"启动。

国家文物局部署开展革命文物宣传传播工程有关工作。

国家文物局举办社会文物管理骨干人员培训班。

8 月

习近平总书记参观中国工农红军西路军纪念馆。

国务院办公厅发布《关于进一步激发文化和旅游消费潜力的意见》。

《烈士褒扬条例》第二次修订。

重庆市举办智慧文博高峰论坛。

国家文物局发布《关于开展 2020 年"高层次文博行业人才提升计划"的通知》。

9 月

习近平总书记参观香山革命纪念馆。

习近平总书记参观鄂豫皖苏区首府烈士陵园、鄂豫皖苏区首府革命博物馆。

习近平总书记参观毛主席纪念堂。

国家文物局委托中央文化和旅游管理干部学院举办"文物保护管理专题培训班（二期）"。

国家文物局举办"新型技术在文化遗产保护中的应用与研究研修班"。

"东北革命文物保护利用联盟暨红色景区联盟"成立。

10 月

国家文物局委托陕西师范大学举办"全国博物馆藏品管理培训班"。

国家文物局在重庆市举办"2020 年度全国非国有博物馆馆长培训班"。

国家文物局在安徽滁州市举办"2020 年度全国文物行政执法骨干培训班"。

中国博物馆协会纪念馆专业委员会主办、韶山毛泽东同志纪念馆承办"全国革命类纪念馆文创开发与经营管理主题培训班"举办。

"红色中国——革命文物数字展厅"在国家文物局网站正式上线。

11 月

文化和旅游部办公厅、国家文物局办公室印发《公共文化服务领域基层政务公开标准指引》。

教育部下发《教育部办公厅关于加强高校博物馆管理工作的意见》。

国家文物局、应急管理部联合印发《关于进一步加强文物消防安全工作的指导意见》。

人力资源社会保障部、国家文物局公布《关于进一步加强文博事业单位人事管理工作的指导意见》。

国家文物局设立革命文物司，多地跟进成立革命文物保护管理机构，全国革命文物机构队伍建设实现新突破。

国家文物局在全国文博网络学院举办"革命文物保护利用"网上专题培训班。

由国家文物局组织编写的《创新与启示——赣南等原中央苏区革命文物保护利用实践》出版发行。

川陕渝签署《川陕片区革命文物保护利用合作协议》。

中国博物馆协会纪念馆专业委员会 2019 年年会暨"革命类纪念馆与中国共产党的建国思想"学术研讨会成功举办。

中共中央、国务院印发《新时代爱国主义教育实施纲要》。

12 月

全国革命文物保护利用十佳案例在京发布。

中国文物学会文化创意发展委员会成立。

上海市成立全国首个文物保护工程行业协会。

中共中央、国务院在南京举行 2019 年南京大屠杀死难者国家公祭仪式。

国家文物局印发《国家文物保护利用示范区创建管理办法（试行)》。

上海市出台全国首部规范民间收藏文物经营管理的省级政府规章《上海市民间收藏文物经营管理办法》。

内蒙古自治区党委、政府印发《内蒙古自治区革命文物保护利用工程（2019—2023 年）实施方案》。

2020 年

1 月

习近平总书记参观艾思奇纪念馆。

习近平总书记参观西南联大旧址及博物馆。

中国文物报社发表《关于向"博物馆网上展览平台"提供网上展览内容资源的倡议书》。

2 月

经国务院、中央军委同意，退役军人事务部、外交部、财政部、中央军委政治工作部联合发布《境外烈士纪念设施保护管理办法》。

甘肃省人民检察院和甘肃省文物局联合印发《关于开展〈国有文物保护检察公益诉讼专项监督活动的实施方案〉的通知》。

3 月

《上海市民间收藏文物经营管理办法》正式施行。

青海省人民政府办公厅印发《青海省文物安全管理办法》。

山西省文物局获批增设革命文物处。

陕西省文物局新增设的"革命文物保护处"正式对外亮相。

4 月

习近平总书记参观西安交通大学交大西迁博物馆。

山西省人民检察院和山西省文物局联合印发《关于在检察公益诉讼中加强协作依法做好文物保护利用工作的通知》。

5 月

国家文物局公布《文物保护工程安全检查督察办法（试行）》。

6 月

湖南省召开"贯彻落实《新时代爱国主义教育实施纲要》暨革命文物保护利用工作会议"。

重庆市文物局出台《重庆市文物安全检查督察办法》。

国务院办公厅印发《公共文化领域中央与地方财政事权和支出责任划分改革方案》。

7 月

习近平总书记参观四平战役纪念馆。

中央宣传部、财政部、文化和旅游部、国家文物局公布第二批革命文物保护利用片区分县名单。

国家文物局在山西太原召开文物保护法修订座谈会。

8 月

习近平总书记参观渡江战役纪念馆。

重庆市印发《红岩革命文物保护传承工程实施方案》。

9 月

习近平总书记参观"半条被子的温暖"专题陈列馆。

习近平总书记参观中国人民抗日战争纪念馆。

延安市通过《延安市实施〈陕西省延安革命旧址保护条例〉办法》。

纪念中国人民抗日战争暨世界反法西斯战争胜利 75 周年向抗战烈士敬献花篮仪式在中国人民抗日战争纪念馆举行。

10 月

习近平总书记参观中国人民抗日战争纪念馆。

习近平总书记参观汕头开埠文化陈列馆、侨批文物馆。

教育部、国家文物局联合印发《关于利用博物馆资源开展中小学教育教学的意见》。

由国家文物局主办，中国文物报社、大连市文物局承办的 2020 年全国文物新闻宣传培训班在大连市举办，文物舆情工作培训同期开展。

2020 年度全国文物消防安全管理培训班在贵阳市开班。

"革命纪念馆高质量发展峰会·2020"在南京举行。

11 月

国家文物局办公室、民政部办公厅联合印发《关于进一步规范非国有博物馆备案登记管理工作的意见》。

12 月

中国博物馆协会纪念馆专业委员会 2020 年会暨"纪念馆与红色基因传承"学术研讨会在湖南党史陈列馆举办。

国家文物保护利用示范区创建工作推进会在北京召开。

文物修复职业教育联盟成立大会在济南莱芜召开。

2020 年全国革命文物保护利用十佳案例宣传推介活动终评会在北京举行。

中共中央、国务院在南京举行 2020 年南京大屠杀死难者国家公祭仪式。

"文旅融合背景下的红色文创"研讨会暨"红色文创联盟"成立大会在中国国家博物馆举行。

国家国防科技工业局、国家文物局共同签署《关于加强军工文物保护利用的合作框架协议》。

国家文物局印发《文物博物馆单位文物安全直接责任人公告公示办法（试行）》。

陕西省公布全省首批革命文物名录。

山东省公布第一批革命文物名录。

2021 年

1 月

宁夏回族自治区公布全区革命文物名录。

甘肃省教育厅与甘肃省文物局联合印发《关于利用博物馆资源开展中小学教育教学的实施意见》。

重庆市公布《重庆市红岩革命旧址保护区管理办法》。

国家文物局、中央广播电视总台和中央网信办联合开展全国革命文物百佳讲述人遴选和展示推介工作。

革命文物宣传传播工程——《红色印记》项目建组会在京召开。

浙江省公布第一批革命文物名录。

2 月

教育部印发《中华优秀传统文化进中小学课程教材指南》和《革命传统进中小学课程教材指南》。

习近平总书记给上海市新四军历史研究会百岁老战士们回信。

习近平同志《论中国共产党历史》出版发行。

国务院印发《关于新时代支持革命老区振兴发展的意见》。

陕西省全面推进革命文物普查工作。

中共中央印发《关于在全党开展党史学习教育的通知》。

河北省公布首批革命文物名录。

3 月

中宣部印发《关于在中国共产党成立 100 周年庆祝活动中突出发挥爱国主义教育基地作用的通知》。

财政部、国家文物局发布《关于加强国家文物保护资金管理的意见》。

上海市公布首批革命文物名录。

《中华人民共和国国民经济和社会发展第十四个五年规划和 2035 年远景目标纲要》强调要加强文物保护研究利用。

自然资源部、国家文物局发布《关于在国土空间规划编制和实施中加强历史文化遗产保护管理的指导意见》。

大型融媒体报道《红色印记——百件革命文物的声音档案》开播。

延安市政府公布《陕西延安革命文物国家文物保护利用示范区建设实

施方案》。

全国革命文物工作会议在北京召开，习近平总书记对革命文物工作作出重要指示。

北京市公布第一批革命文物名录。

财政部、国家文物局联合印发《国有文物资源资产管理暂行办法》。

国家文物局、退役军人事务部联合印发《关于充分用好革命文物资源及烈士纪念设施服务党史学习教育的通知》。

河北省推进革命文物资源集中片区保护利用总体方案编制工作。

4 月

习近平总书记参观红军长征湘江战役纪念馆。

湖北省公布第一批革命文物名录。

新疆维吾尔自治区公布第一批革命文物名录。

中共河南省委组织部印发《关于在党史学习教育中充分发挥红色教育基地作用的通知》。

安徽省公布首批革命文物名录。

国家文物局印发《关于学习贯彻习近平总书记关于革命文物工作重要指示精神的通知》。

国家文物局调研重庆革命文物工作并召开湘鄂川渝黔五省市革命文物保护工作座谈会。

天津市公布第一批革命文物名录。

全国革命文物百佳讲述人候选人作品展播启动。

江苏省公布首批革命文物名录。

中共安徽省委党史学习教育领导小组办公室印发《关于充分发挥革命文物在党史学习教育中重要作用的通知》。

国家发改委同相关部门发布《关于印发〈文化保护传承利用工程实施方案〉的通知》。

5 月

最高检发布通知以检察公益诉讼保护革命文物。

陕西省委宣传部、省委党史研究室、省文物局、省退役军人事务厅联合下发《关于在党史学习教育中充分发挥红色资源作用的通知》。

多地开展"红色百年——全国革命文物图片选萃展"。

陕西延安革命文物国家文物保护利用示范区建设全面启动。

中央宣传部、发展改革委、教育部、科技部、民政部、财政部、人力资源社会保障部、文化和旅游部、国家文物局等九部门联合印发《关于推进博物馆改革发展的指导意见》。

河南省委宣传部、河南省文物局联合印发《关于加强新时代革命文物保护管理利用工作的通知》，对新时代革命文物保护管理利用工作进行安排部署。

河北省出台《河北省人民代表大会常务委员会关于加强革命文物保护利用的决定》。

6 月

习近平总书记参观丰泽园毛泽东同志故居。

习近平总书记参观北大红楼。

习近平总书记参观中国共产党历史展览馆。

国家文物局、应急管理部消防救援局联合加强革命文物建筑消防安全工作。

甘肃省公布第一批珍贵可移动革命文物名录。

新疆维吾尔自治区召开革命文物和红色旅游工作视频会议。

陕西军地检察院开展红色资源公益诉讼监督。

陕西省《走进红色纪念馆》（12 册）丛书出版。

中央宣传部新命名 111 个全国爱国主义教育示范基地。

国家文物局、财政部印发《国有博物馆藏品征集规程》。

上海市通过《上海市红色资源传承弘扬和保护利用条例》。

中国共产党历史展览馆开馆，"'不忘初心、牢记使命'中国共产党历史展览"开幕。

习近平总书记在中共中央政治局第三十一次集体学习时强调，用好红色资源赓续红色血脉，努力创造无愧于历史和人民的新业绩。

四川省通过《四川省红色资源保护传承条例》。

"红色印冀·照耀百年"庆祝中国共产党成立 100 周年河北省革命纪念馆数字主题展正式上线。

"红色百年——全国革命文物图片选萃展"在文博大厦开幕。

7月

"中国革命纪念馆高质量发展峰会·2021"在南京举行。

国内第一本革命纪念馆行业工具书《中国革命纪念馆概览》出版。

为纪念全民族抗战爆发84周年，"中流砥柱——中国共产党抗战文物专题展"在中国人民抗日战争纪念馆开幕。

南京大学革命纪念馆研究中心揭牌成立。

国家文物局、教育部联合印发《关于充分运用革命文物资源加强新时代高校思想政治工作的意见》。

全国革命文物展示联盟成立。

革命文物保护利用实践与理念创新论坛在四川仪陇举办。

财政部印发《中央对地方博物馆纪念馆免费开放补助资金管理办法》。

8月

国家文物局等八部门联合印发《关于进一步推动文化文物单位文化创意产品开发的若干措施》。

国家文物局、中央广播电视总台、中央网信办共同主办的全国革命文物百佳讲述人发布暨《红色印记》声音档案进入革命博物馆纪念馆启动仪式在中国共产党历史展览馆举行。

9月

习近平总书记参观米脂县杨家沟革命旧址、中共中央"十二月会议"旧址、毛泽东旧居、周恩来旧居、中共绥德地委旧址。

陕西省公布《陕西省"十四五"文物事业发展规划》。

陕西省印发支持革命老区振兴发展若干措施。

长江流域博物馆联盟成立大会在四川召开。

10月

国务院办公厅发布《"十四五"文物保护与科技创新规划》。

国家文物局印发《大遗址保护利用"十四五"专项规划》。

人力资源社会保障部、国家文物局共同颁布文物行业首个职业技能标准《文物修复师国家职业技能标准》。

"全国革命文物与新时代高校思想政治教育工作融合发展论坛"在济南召开。

由国家文物局主办，中国文物信息咨询中心、广东省文物局承办的

"2021年度全国非国有博物馆馆长培训班"在深圳开班。

2021年全国文物职业技能竞赛在山东省曲阜市举行。

11月

中央审议通过《关于让文物活起来　扩大中华文化国际影响力的实施意见》。

党的十九届六中全会审议通过《中共中央关于党的百年奋斗重大成就和历史经验的决议》。

天津市出台红色资源保护与传承条例。

安徽省出台《安徽省红色资源保护和传承条例》。

江西省通过《江西省革命文物保护条例》。

山东省印发《山东省文物事业发展"十四五"规划》。

12月

国家文物局等六部门出台《关于加强民间收藏文物管理　促进文物市场有序发展的意见》。

甘肃省发布文物事业发展"十四五"规划。

国家文物局印发《革命文物保护利用"十四五"专项规划》。

应急管理部、国家文物局印发《文物建筑和博物馆火灾风险防范指南及检查指引（试行）》。

中共中央、国务院在南京举行2021年南京大屠杀死难者国家公祭仪式。

国家文物局、财政部联合印发《关于加强新时代革命文物工作的通知》。

上海市文物局、江苏省文物局、浙江省文物局和安徽省文物局共同签署《长三角文物市场一体化规范发展战略合作框架协议》。

2022年

1月

西藏自治区印发《西藏自治区"十四五"时期文物事业发展规划》。

广东省出台《广东省革命遗址保护条例》。

国家发展改革委、文化和旅游部、国家文物局联合印发推动革命老区红色旅游高质量发展有关方案。

2月

宁夏回族自治区印发实施《宁夏回族自治区文物事业发展"十四五"规划》。

文化和旅游部办公厅、教育部办公厅、国家文物局办公室联合发布《关于利用文化和旅游资源、文物资源提升青少年精神素养的通知》。

《中华人民共和国水下文物保护管理条例》发布。

重庆市委宣传部、市文化旅游委印发《重庆市革命文物保护利用总体规划》。

3月

国务院发布关于同意建设赣州、闽西革命老区高质量发展示范区的批复。

山东省公布2021年度革命文物保护利用典型案例。

黑龙江省出台《"十四五"文物事业发展规划》。

第三届（2021年度）全国革命文物保护利用十佳案例宣传推介活动结果揭晓。

延安加快推进革命文物国家文物保护利用示范区创建工作。

4月

陕西省委教育工委、省文物局联合印发《关于充分运用革命文物资源加强新时代高校思想政治工作的实施方案》。

国家文物局、中央网信办联合开展2022年度中华文物全媒体传播精品（新媒体）推介工作。

第十九届（2021年度）全国博物馆十大陈列展览精品推介初评揭晓。

中央宣传部、国家文物局联合印发《关于持续开展革命文物名录公布工作的通知》。

国家文物局办公室发布关于组织开展国家革命文物协同研究中心候选单位推荐工作的通知。

5月

中共河南省委宣传部、河南省委党史研究室、河南省文物局联合印发《关于开展革命文物协同研究基地申报工作的通知》。

江苏省九部门联合出台《关于推进博物馆改革发展的实施意见》。

青海省出台"十四五"文物事业发展规划。

第十九届（2021年度）全国博物馆十大陈列展览精品揭晓。

四川省出台《〈四川省红色资源保护传承条例〉实施办法》。

6 月

山东省成立革命场馆与高校融合发展联盟。

"新时代百大陈列展览精品展示推介系列活动"启动。

国家文物局开展全国红色标语专项调查工作。

国家文物局举办的"2022 年全国革命文物保护管理培训班"在江西抚州开班。

7 月

习近平总书记参观新疆兵团军垦博物馆。

国家文物局与退役军人事务部签署战略合作协议。

纪念全民族抗战爆发 85 周年仪式在北京举行。

《重庆市红色资源保护传承规定》正式施行。

全国文博社会教育高端论坛暨红色资源保护利用法制理论研讨会召开。

《关于鼓励和支持社会力量参与文物建筑保护利用的意见》全文正式发布。

上海市印发"十四五"文物保护利用规划。

陕西省公布"十四五"博物馆事业发展规划。

8 月

习近平总书记参观辽沈战役纪念馆。

国家文物局、国家林业和草原局联合公布第一批"红色草原"。

中共中央办公厅、国务院办公厅印发《"十四五"文化发展规划》。

由国家文物局组织编写《深厚的滋养——革命文物资源服务党史学习教育大数据分析与案例探究》正式出版发行。

教育部等八部门联合设立首批"大思政课"实践教学基地，会同国家文物局联合设立中华优秀传统文化、革命文化、社会主义先进文化专题实践教学基地。

9 月

最高人民法院、最高人民检察院、公安部、国家文物局联合发布《关于办理妨害文物管理等刑事案件若干问题的意见》。

勿忘九一八撞钟鸣警仪式在沈阳"九·一八"历史博物馆举行。

革命文物展览与展陈策划提升工作培训班举办。

10 月

习近平总书记参观杨家岭革命旧址、延安革命纪念馆。

习近平总书记参观林州市红旗渠纪念馆。

《全国革命文物保护利用案例集（2022）》出版发行。

习近平总书记带领中共中央政治局常委瞻仰延安革命纪念地。

习近平总书记在党的二十大报告中指出："弘扬以伟大建党精神为源头的中国共产党人精神谱系，用好红色资源，深入开展社会主义核心价值观宣传教育，深化爱国主义、集体主义、社会主义教育，着力培养担当民族复兴大任的时代新人。"

11 月

国家文物局印发《博物馆运行评估办法》《博物馆运行评估标准》。

"中国革命纪念馆高质量发展峰会·2022"在重庆举行。

12 月

中共河南省委宣传部、河南省文化和旅游厅、河南省文物局联合印发《河南省新时代革命文物保护管理利用三年行动计划（2023—2025 年)》。

中共中央、国务院在南京举行 2022 年南京大屠杀死难者国家公祭仪式。

内蒙古自治区公布施行革命文物保护利用条例。

陕西省通过《陕西省革命文物保护利用条例》。

革命纪念馆工作优秀案例名录

全国博物馆十大陈列展览精品汇编

年份	奖项	入选展览项目名称	单位
2019	特别奖	为新中国奠基——中共中央在香山	香山革命纪念馆
	优胜奖	纪律建设永远在路上——中国共产党纪律建设历史陈列	武汉革命博物馆
		伟大长征 辉煌史诗——纪念中国工农红军长征胜利 80 周年展览	延安革命纪念馆
2020	特别奖	铭记伟大胜利 捍卫和平正义——纪念中国人民志愿军抗美援朝出国作战 70 周年主题展览	中国人民革命军事博物馆
		抗美援朝 保家卫国	抗美援朝纪念馆
	优胜奖	艰苦卓绝——上海抗战与世界反法西斯战争主题展	上海淞沪抗战纪念馆
		铁军忠魂——新四军历史陈列	新四军纪念馆
2021	特别奖	"不忘初心、牢记使命" 中国共产党历史展览	中国共产党历史展览馆
		在党的旗帜下前进——人民军队庆祝中国共产党成立 100 周年主题展览	中国人民革命军事博物馆
		伟大的开端——中国共产党创建历史陈列	中国共产党第一次全国代表大会纪念馆
		人民的胜利——淮海战役历史展览	淮海战役纪念馆

续表

年份	奖项	入选展览项目名称	单位
2021	特别奖	红船起航——南湖革命纪念馆基本陈列	南湖革命纪念馆
		"人民共和国从这里走来——中华苏维埃共和国史"陈列	瑞金中央革命根据地纪念馆
		光辉伟业 红色序章——北大红楼与中国共产党早期北京革命活动主题展	中国共产党早期北京革命活动纪念馆
		中流砥柱——中国共产党抗战文物展	中国人民抗日战争纪念馆
	精品奖	伟大历程——中共中央在延安十三年历史陈列	延安革命纪念馆
		向海图强——人民海军历史基本陈列	中国人民解放军海军博物馆
		鲁迅生平陈列	北京鲁迅博物馆（北京新文化运动纪念馆）
	优胜奖	"两弹一星"精神原子城纪念展览	青海原子城纪念馆

资料来源：国家文物局：http://www.ncha.gov.cn/art/2020/5/18/art_722_160604.html; http://www.ncha.gov.cn/art/2021/5/18/art_722_167993.html; http://www.ncha.gov.cn/art/2022/5/18/art_1019_175525.html.

弘扬中华优秀传统文化、培育社会主义核心价值观主题优秀展览

年份	奖项	入选案例名称	单位
2019	重点推介项目	为新中国奠基——中共中央在香山	香山革命纪念馆
		一条大河波浪宽——新中国70周年民间记忆展	四川省建川博物馆
		榜样的力量——雷锋精神国际公益海报邀请展	抚顺市雷锋纪念馆

续表

年份	奖项	入选案例名称	单位
		时代先锋——周恩来邓颖超与五四运动	周恩来邓颖超纪念馆
		共产党员日记精选展	保定市中国共产党员日记博物馆
		我们永远纪念——中苏共同抗战纪念展	孙吴日本侵华罪证陈列馆
		遗爱般般在 勿忘缔造难——庆祝上海解放70周年文物图片展	龙华烈士纪念馆
		为新中国奋斗——宋庆龄文献特展	宋庆龄生平事迹陈列馆
		家就是岛 岛就是家——"时代楷模"王继才同志先进事迹展览	连云港市革命纪念馆
		在党的领导下走向胜利——新四军抗战历史专题展	新四军纪念馆
		常州三杰——瞿秋白、张太雷、恽代英生平事迹展	常州三杰纪念馆
		新四军在皖南	新四军军部旧址纪念馆
2019	推介项目	红色遗珍 见证辉煌——闽西革命文物背后的故事精品展	中央苏区（闽西）历史博物馆
		不忘初心，从秋收起义到井冈之火	秋收起义文修水纪念馆
		"梅岭三章"专题展	梅岭三章纪念馆
		立夏惊雷——纪念商城起义90周年，信阳解放70周年专题展	鄂豫皖革命纪念馆
		日出江城——庆祝武汉解放70周年展览	武汉革命博物馆
		共和国主席刘少奇	刘少奇同志纪念馆
		红色文学——广东左翼作家点将录	广州鲁迅纪念馆
		捍卫中华 复兴中华——孙中山三次在广东建立政权	孙中山大元帅府纪念馆
		"不忘初心 牢记使命"专题展览	重庆红岩革命历史博物馆

续表

年份	奖项	入选案例名称	单位
2020	重点推介项目	不忘初心 牢记使命——党旗、党徽、党章专题展	东北烈士纪念馆
		选择——钱学森的初心与信仰	钱学森图书馆
		铁军忠魂——新四军历史陈列	新四军纪念馆（盐城）
		敢教日月换新天——武汉70年巨变	武汉革命博物馆
		风范长存——毛主席遗物展	韶山毛泽东同志纪念馆
		血战湘江不朽丰碑	兴安红军长征突破湘江纪念馆
		刚毅坚卓——西南联大历史展	云南师范大学"一二·一"运动纪念馆（西南联大博物馆）
		"弘扬爱国奋斗精神 建功立业新时代"西迁精神图片实物展	交大西迁博物馆
	推介项目	纪念全民族抗战爆发83周年专题展览——抗日根据地的创建与发展	中国人民抗日战争纪念馆
		周恩来专题同手迹展	周恩来邓颖超纪念馆
		留住历史记忆——平津战役亲历者口述史料展	平津战役纪念馆
		执政先声——晋冀鲁豫边区政府发展史	八路军一二九师纪念馆
		不忘初心 伟大征程——从建党到建国红色文物史料展	上海市历史博物馆（上海革命历史博物馆）
		"国歌从这里唱响"主题陈列展	国歌展示馆
		星火初燃：共产党早期组织与中国共产党的创建文物史展	中共一大会址纪念馆
		还我青岛	青岛一战遗址博物馆
		海军精英 甲午忠烈——北洋海军爱国将士事迹展	中国甲午战争博物院

续表

年份	奖项	入选案例名称	单位
2020	推介项目	兰考新时代脱贫攻坚故事主题展	兰考县焦裕禄纪念馆
		中国工人运动的杰出领袖刘少奇	刘少奇同志纪念馆
		吾志所向 一往无前——孙中山早年的奋斗历程	孙中山大元帅府纪念馆
		铁军雄风——叶挺独立团史迹陈列	肇庆市博物馆（叶挺独立团团部旧址纪念馆）
		光辉的历程 伟大的成就——庆祝新中国成立70周年暨中国共产党领导的多党合作和政治协商制度确立70周年主题展	重庆特园民主党派历史陈列馆
		高尚品德 光辉典范——陈毅生平事迹展	陈毅纪念馆
		延安文艺的光辉历程	延安文艺纪念馆
		抗美援朝 保家卫国	抗美援朝纪念馆
2021	重点推介项目	伟大的开端——中国共产党创建历史陈列	中国共产党第一次全国代表大会纪念馆
		人民共和国从这里走来——中华苏维埃共和国史	瑞金中央革命根据地纪念馆
		人民至上 生命至上——抗击新冠肺炎疫情专题展览	湖北省博物馆、武汉革命博物馆
	推介项目	拈花——鲁迅藏中外美术典籍展	北京鲁迅博物馆（北京新文化运动纪念馆）
		中流砥柱——中国共产党抗战文物展	中国人民抗日战争纪念馆
		红色电波中的领袖风范——毛泽东同志香山时期发布电报手稿专题展览	香山革命纪念馆
		在太行山上——庆祝中国共产党成立100周年抗战文物展	八路军太行纪念馆
		白山黑水间的红色印记——中国共产党领导东北人民抗日斗争专题展览	沈阳"九·一八"历史博物馆
		初心如磐——吉林省庆祝中国共产党成立100周年主题展览	吉林省博物院

续表

年份	奖项	入选案例名称	单位
2021	推介项目	力量——一百年来中国共产党领导下的资本市场实践和发展历程展	中国证券博物馆
		凝聚的历史 永恒的初心——庆祝中国共产党成立100周年红色雕塑展	南京市雨花台烈士陵园管理局
		为民族复兴而奋斗——孙中山与中国共产党人主题展	孙中山纪念馆、上海孙中山故居纪念馆
		只要跟党走 一定能胜利——庆祝中国共产党成立100周年新四军革命文物专题展	新四军纪念馆
		红色安源工运旗帜——安源路矿工人革命斗争史展览	安源路矿工人运动纪念馆
		千里跃进 逐鹿中原	宝丰县中原解放纪念馆
		恰是百年风华——庆祝中国共产党成立100周年主题展	韶山毛泽东同志纪念馆
		共产党人的光辉榜样——刘少奇	刘少奇同志纪念馆
		风雨同行：鲁迅与中国共产党人	广州鲁迅纪念馆
		初心·使命·奋斗——中国共产党重庆100年光辉历程展	重庆红岩联线文化发展管理中心（重庆红岩革命历史博物馆）
		聂荣臻同志永远和我们在一起——聂荣臻元帅生平事迹展	聂荣臻元帅陈列馆
		建党100周年 统战百件大事——统一战线庆祝中国共产党成立100周年主题展	重庆特园民主党派历史陈列馆
		清廉闻于世·而澜表方圆——张澜家风转辑展	张澜纪念馆
		奋斗与辉煌——中国共产党百年礼赞	四川省建川博物馆
		烽火不息	息烽集中营革命历史纪念馆
		红日照亮了陕甘高原	南梁革命纪念馆
		魂筑天山——毛泽民烈士生平事迹展	乌鲁木齐市博物馆（乌鲁木齐市革命历史纪念地管理中心）

续表

年份	奖项	入选案例名称	单位
2022	重点推介项目	在党的旗帜下前进——人民军队庆祝中国共产党成立100周年主题展览	中国人民革命军事博物馆
		一切为了新中国——解密鞍钢红色档案特展	鞍钢博物馆
		伟大精神就伟大时代——中国共产党伟大建党精神专题展	中国共产党第一次全国代表大会纪念馆
		红船起航——南湖革命纪念馆基本陈列	南湖革命纪念馆
		山河赤子心 岁月峥嵘行——鲁迅与共产党人专题展	绍兴鲁迅纪念馆
		红色福建——新时代新福建	福建省革命历史纪念馆
		南国烽烟举红旗——南方红军三年游击战争展览展	南方红军三年游击战争纪念馆
		"两弹一星"精神原子城纪念展览	青海原子城纪念馆
		新疆生产建设兵团屯垦戍边历史陈列	新疆生产建设兵团军垦博物馆
	推介项目	百川归海 人民至上——香山时期中国共产党领导的协商建国实践专题展览	香山革命纪念馆
		红色医药文化遗存展	平津战役纪念馆
		战旗美如画——东北解放战争荣誉战旗专题展览	辽沈战役纪念馆
		永恒的丰碑——雷锋生平事迹暨全国学雷锋成果展	抚顺市雷锋纪念馆
		"东北抗联精神、大庆精神（铁人精神）、北大荒精神"专题展	东北烈士纪念馆
		江南生活美学	上海市历史博物馆（上海革命历史博物馆）
		又见钱学森——钱学森110周年诞辰纪念展	钱学森图书馆
		新四军优良传统专题展	新四军纪念馆

续表

年份	奖项	入选案例名称	单位
2022	推介项目	青春壮歌——中国青年运动中的雨花英烈	雨花台烈士纪念馆
		利社会、利国家、利天下——恽代英生平事迹展	常州三杰纪念馆
		"才溪乡调查统计研习"专题陈列	毛泽东才溪乡调查纪念馆
		唤起工农千百万——红色标语专题展	南昌八一起义纪念馆
		苏区精神永放光芒	瑞金中央革命根据地纪念馆
		向海图强——人民海军历史基本陈列	中国人民解放军海军博物馆
		信仰之光	青岛市革命烈士纪念馆
		地雷战役纪念馆基本陈列	海阳市博物馆（地雷战纪念馆）
		"烽火齐鲁 英雄徂徕"徂徕山抗日武装起义主题展	泰安徂徕山抗日武装起义博物馆
		人民公仆 大爱无疆——孔繁森生平事迹陈列展	孔繁森同志纪念馆
		千秋二七	郑州二七纪念馆
		愿为党的事业流尽最后一滴血——红色财政金融先驱毛泽民烈士生平业绩展	湖南党史陈列馆
		青春壮歌——湘南学生联合会历史陈列展	湘南学生联合会历史陈列馆
		红色湾区 中国共产党在粤港澳	广东革命历史博物馆
		农民运动的摇篮——毛泽东同志主办农民运动讲习所历史陈列	毛泽东同志主办农民运动讲习所旧址纪念馆
		矢志初心 终身为党服务——朱德是共产党人中的杰出代表	朱德同志故居纪念馆
		红旗漫卷大巴山	川陕苏区纪念馆

续表

年份	奖项	入选案例名称	单位
2022	推介项目	烽火岁月谁长歌行——西南联大蒙自分校记忆	西南联大蒙自分校纪念馆
		丰衣足食的凯歌	延安南泥湾革命旧址纪念馆
		邓宝珊将军纪念馆基本陈列	邓宝珊将军纪念馆
		抗战时期中共党员在新疆的奋进历程	八路军驻新疆办事处纪念馆

资料来源：国家文物局，http://www.ncha.gov.cn/art/2019/11/15/art_722_157517.html；http://www.ncha.gov.cn/art/2020/8/12/art_722_162130.html；http://www.ncha.gov.cn/art/2021/7/20/art_722_170082.html；http://www.ncha.gov.cn/art/2022/9/6/art_2318_45760.html.

全国革命文物保护利用十佳案例、优秀案例

年份	奖项	入选案例名称	单位
2019	十佳案例	沈阳抗战联线	沈阳"九·一八"历史博物馆
		桥儿沟革命旧址东、西山旧址保护维修工程	延安鲁艺文化园区管理办公室
		百件革命文物说江西	江西省博物馆
		香山革命纪念馆文物征集和复仿制	中国人民抗日战争纪念馆
		"重温长征史·共筑中国梦——红军长征在四川"展览	四川博物院
		"睹主席遗物 学伟人风范 做合格党员"党课宣教	韶山毛泽东同志纪念馆
		"不忘初心 牢记使命"主题展览宣教	鄂豫皖革命纪念馆
		淮海战役精神"三进"工程	淮海战役烈士纪念塔管理局
		革命文物保护宣传	四渡赤水纪念馆
		"那年 那些人 那些书——连环画中的红色经典"主题社教活动	武汉中共中央机关旧址纪念馆

续表

年份	奖项	入选案例名称	单位
2019	优秀案例	"追梦·广州红" 微信小程序	广东省博物馆和广州欧科信息技术股份有限公司
		于都县红军标语保护与利用	于都县博物馆
		西北局革命旧址抢险加固工程	西北局革命旧址管理处
		"五四宪法" 起草地旧址保护宣传	"五四宪法" 历史资料陈列馆
		"革命战士 别样风采——雨花英烈文学艺术作品" 展	南京市雨花台烈士陵园管理局
		"红色记忆 辽沈丰碑" 保护宣教活动	辽沈战役纪念馆
		哈尔滨颐园街一号欧式建筑保护修缮工程	东北烈士纪念馆
		古田会议旧址群——中共闽西一大旧址文昌阁修缮	古田会议纪念馆
		红土地文物捐献展	福建省革命历史纪念馆
		"庆祝中华人民共和国成立70周年——革命文物说" 宣教	苏州革命博物馆
2020	十佳案例	东湖旅店 "营救中国文化名人陈列馆"	中共惠州市惠城区委宣传部
		让红军标语 "活" 起来——乐安县 "红军标语＋全社会力量" 保护利用模式	乐安县文化广电新闻出版旅游局
		弘扬抗疫精神 传承红色基因——武汉革命博物馆抗疫物证收藏保护利用	武汉革命博物馆
		重庆宋庆龄旧居 "时代小先生" 系列社教活动	重庆中国三峡博物馆
		进藏先遣连战斗遗址保护利用进藏先遣连纪念馆建设工程	中共阿里地委宣传部
		中共中央北京香山革命纪念地文物保护修缮项目	北京市香山公园管理处
		东北烈士纪念馆 "云＋" 系列——疫情条件下红色资源的展示与宣传	东北烈士纪念馆

续表

年份	奖项	入选案例名称	单位
2020	十佳案例	以纪念馆建设为载体传承红色基因——湘江战役旧址保护利用实践探索	桂林红军长征湘江战役文化保护传承中心
		武汉上空的鹰——纪念苏联空军志愿队特展	辛亥革命博物馆
		中国酒泉卫星发射中心历史展览	中国酒泉卫星发射中心历史展览馆
		抗大旧址群共建共享	中国人民抗日军政大学陈列馆
		红旗渠风景区文物保护展示	林州市红旗渠风景区旅游服务有限责任公司
		"学英烈事迹 诵抗战经典 做红色传人"主题教育活动	中国人民抗日战争纪念馆
	优秀案例	"寻伟人足迹 立成才志向"韶山研学实践教育活动及配套文创	韶山毛泽东同志纪念馆
		红色金融历史展	中国钱币博物馆
		青海原子城"两弹一星"精神教育实践活动	青海原子城纪念馆
		对民间革命文物深度开发利用的探索与实践	山西烽火战博物馆
		红色寻宝之旅	平津战役纪念馆
		纪念红十四军建军90周年"革命文物网上秀"系列主题活动	如皋市红十四军纪念馆
		"吹响集结号 重走东渡路"纪念八路军东渡黄河出师抗日主题活动	韩城市文物局
2021	十佳案例	北京大学红楼保护展示工程	北京市委宣传部等
		"红色三岩"革命文物保护利用项目	重庆市红岩联线文化发展管理中心
		"社会+"革命文物办展实践项目	南昌八一起义纪念馆
		陕西革命旧址云传播项目	陕西省文物局，中共陕西省委党史研究室
		红色故事微视频制播和青少年党史学习教育课程研发项目	延安革命纪念馆

续表

年份	奖项	入选案例名称	单位
2021	十佳案例	人民空军东北老航校旧址保护展示工程	中国人民解放军 93066 部队
		再造"胜利之舟"——渡江胜利纪念馆基本陈列改造提升项目	南京市博物总馆渡江胜利纪念馆
		"互联网＋长征"数字化展示与传播项目	中国工农红军强渡大渡河纪念馆
		红色电波中的领袖风范——毛泽东同志香山时期发布电报手稿展示项目	香山革命纪念馆
		推进展教融合创新，服务高校思政教育	常州三杰纪念馆
	优秀案例	中共一大会址（含博文女校）保护修缮工程	中国共产党第一次全国代表大会纪念馆
		讲好"半条被子"故事，助力沙洲乡村振兴	湖南沙洲红色文旅特色产业园管委会
		串联红色线路，追寻革命足迹	广东革命历史博物馆
		罗湾客屋红色标语保护利用	江西省铜鼓县文化广电新闻出版旅游局
		余村"两山"会址保护利用	浙江省安吉县天荒坪镇余村村民委员会
		百年征程 初心如磐——庆祝中国共产党成立 100 周年主题活动	端金中央革命根据地纪念馆
			八七会议会址纪念馆
		"锋"火传承行动——湖南雷锋纪念馆服务大学生思政教育实践	湖南雷锋纪念馆
		山河赤子心 岁月峥嵘行——"鲁迅与共产党人"红色主题宣教活动	绍兴鲁迅纪念馆
		开发党史教育课程，强化沉浸式体验	八路军驻洛办事处纪念馆

资料来源：国家文物局，http://www.ncha.gov.cn/art/2019/12/14/art_722_157849.html; http://www.ncha.gov.cn/art/2020/12/11/art_722_164873.html; http://www.ncha.gov.cn/art/2022/3/24/art_722_173508.html.

中央宣传部 国家文物局庆祝中国共产党成立 100 周年精品展览（2021 年）

所在区域	展览场馆	展览名称
北京市	中国共产党历史展览馆	不忘初心 牢记使命——中国共产党历史展览
	中央礼品文物管理中心中央礼品展示馆	友好往来 命运与共——党和国家领导人外交活动礼品展
	中央档案馆、中国第一历史档案馆	"百年恰是风华正茂" 主题档案文献展
	中国共产党早期北京革命活动纪念馆、北京新文化运动纪念馆	光辉伟业 红色序章——北大红楼与中国共产党早期北京革命活动主题展
	中国人民革命军事博物馆	在党的旗帜下前进——人民军队庆祝中国共产党成立 100 周年主题展
	全国农业展览馆（中国农业博物馆）	建党百年农业农村发展历程展
	中国海关博物馆	风卷红旗过大关——庆祝中国共产党百年华诞海关百物特展
	中国航空博物馆	人民空军忠于党——庆祝中国人民解放军空军成立 70 周年展览
	民航博物馆	民航人·初心——庆祝中国共产党成立 100 周年民航优秀共产党员主题展
	中国人民抗日战争纪念馆	中流砥柱——中国共产党抗战文物展
	香山革命纪念馆	红色电波中的领袖风范——毛泽东同志香山时期发布电报手稿专题展览
	北京市古代钱币展览馆	见证——庆祝中国共产党成立 100 周年
天津市	天津博物馆	红色记忆——天津革命文物展
	周恩来邓颖超纪念馆	周恩来邓颖超纪念馆基本陈列
	平津战役纪念馆	平津战役基本陈列
河北省	晋察冀边区革命纪念馆	抗日模范根据地——晋察冀边区
	八路军一二九师纪念馆	晋冀鲁豫边区政权建设展

续表

所在区域	展览场馆	展览名称
山西省	山西博物院	初心映三晋　百年铸辉煌——山西省庆祝中国共产党成立 100 周年文物特展
	八路军太行纪念馆	在太行山——庆祝中国共产党成立 100 周年革命文物精品展
内蒙古自治区	内蒙古博物院	内蒙古革命历史陈列
辽宁省	抗美援朝纪念馆	开国第一战——庆祝中国共产党成立 100 周年专题展
	辽沈战役纪念馆	伟大胜利——锦州战役专题陈列展
	大连博物馆	在理想光辉照耀下——大连市庆祝中国共产党成立 100 周年主题展
	鞍钢集团博物馆	钢铁是怎样炼成的——庆祝中国共产党成立 100 周年革命文物展览
吉林省	吉林省博物院（东北抗日联军纪念馆）	初心如磐——吉林省庆祝中国共产党成立 100 周年主题展览
	延边博物馆	永恒的旗帜——中国共产党延边历史展
黑龙江省	东北烈士纪念馆	红色记忆——纪念庆祝中国共产党成立 100 周年黑龙江革命文物、文献展
	人民空军东北老航校旧址展陈中心	人民空军东北老航校历史展览
	第四野战军前线指挥部旧址陈列馆	东北民主联军前线指挥部旧址陈列
上海市	中国共产党第一次全国代表大会纪念馆	伟大的开端——中国共产党创建历史陈列
	中共二大会址纪念馆	红色足迹——中国共产党党章历程展览
	上海市历史博物馆（上海革命历史博物馆）	初心之地　美好生活——庆祝中国共产党成立 100 周年文物史料展
	中国社会主义青年团中央机关旧址纪念馆	渔阳里　青年团从这里出发——中国社会主义青年团创建史陈列展
	中国证券博物馆	力量——百年来中国共产党领导下的资本市场实践和发展历程
	上海中国航海博物馆	红色记忆　蓝色航海——庆祝中国共产党成立 100 周年文物特展

续表

所在区域	展览场馆	展览名称
江苏省	南京国际博览中心	百年征程 初心永恒——中国共产党在江苏历史展（1921—2021）
	雨花台烈士纪念馆	铁窗坚见壮志——雨花英烈狱中斗争革命文物展
	新四军纪念馆	只要跟党走 一定能胜利——庆祝中国共产党成立100周年新四军革命文物专题展
	苏皖边区政府旧址纪念馆	初心如磐 人民至上——苏皖边区革命史陈列
	扬州博物馆	峥嵘岁月——扬州地区革命文物展
	南湖革命纪念馆	红船起航——南湖革命纪念馆基本陈列
浙江省	浙江省博物馆（浙江革命历史纪念馆）	大里小康——庆祝中国共产党成立100周年特展
	宁波中国港口博物馆	红船引航 迎风搏浪——中国共产党与中国强港之路
	金华市博物馆	望道之路——陈望道与《共产党宣言》暨中国共产党成立100周年主题展
安徽省	安徽博物院	初心映江淮——庆祝中国共产党成立100周年系列联展
	蚌埠市博物馆	剑指江南——渡江战役总前委孙家圩子旧址陈列展
	大包干纪念馆	大包干纪念展
福建省	中央苏区（闽西）历史博物馆	红色映像——庆祝中国共产党成立100周年福建革命文物精品联展
	福建省漳州市博物馆、毛主席率领红军改克漳州纪念馆	战旗猎猎永飘扬——中国工农红军闽南独立第三团历史
	龙岩市博物馆	百年辉煌 闽西荣光——庆祝中国共产党成立100周年龙岩老区苏区成就展

续表

所在区域	展览场馆	展览名称
江西省	南昌八一起义纪念馆	百年回望 红心向党——庆祝中国共产党成立 100 周年主题展
	江西省博物馆	红色摇篮——江西革命史陈列
	井冈山革命博物馆	井冈山革命斗争史
	瑞金中央革命根据地纪念馆	人民共和国从这里走来——中华苏维埃共和国史基本陈列
	安源路矿工人运动纪念馆	红色安源 工运旗帜——安源路矿工人革命斗争史基本陈列
	大余县南方红军三年游击战争纪念馆	南国烽烟举红旗——南方红军三年游击战争历史陈列
	赣州市博物馆	无声的号角——中央苏区红色标语展览
山东省	山东博物馆	让党旗永远飘扬——山东省庆祝中国共产党成立 100 周年主题展
	海军博物馆	人民海军历史基本陈列
	潍坊市博物馆、乐道院潍县集中营博物馆	尽善尽美唯解放——庆祝中国共产党成立 100 周年专题展
	烟台市博物馆	伟大的历程——中共百年来在烟台的辉煌足迹
	临沂市博物馆	跟着共产党走——庆祝中国共产党成立 100 周年沂蒙精神革命文物展
	莒南县博物馆	初心·使命——莒南县庆祝中国共产党成立 100 周年革命历史专题展
河南省	河南博物院	出彩中原——河南红色文化陈列
	鄂豫皖苏区首府革命博物馆	永远跟党走——庆祝中国共产党成立 100 周年大别山革命文物陈列展览
	刘邓大军渡黄河纪念馆	伟大的转折
	平顶山革命博物馆	不朽的信仰——庆祝中国共产党成立 100 周年平顶山革命文物展

续表

所在区域	展览场馆	展览名称
湖北省	湖北省博物馆	荆楚百年英杰
	武汉革命博物馆	紧急时期的艰难探索——中国共产党第五次全国代表大会历史陈列
湖南省	湖南省博物馆	芳草之地 红满潇湘——湖南省博物馆馆藏革命文物专题展
	韶山毛泽东同志纪念馆	恰是百年风华——庆祝中国共产党成立100周年主题展
	刘少奇同志纪念馆	刘少奇与中国共产党
	秋收起义文家市会师纪念馆	光辉起点——秋收起义历史陈列
	湘西自治州博物馆	血性湘西——湘西革命历史陈列
广东省	广东省博物馆	红色热土 不朽丰碑——中国共产党领导广东新民主主义革命历史专题展
	中共三大会址纪念馆	中国共产党第三次全国代表大会历史陈列
	江门市博物馆	怀心向党 同心圆梦——五邑华侨华人与中国共产党
广西壮族自治区	广西壮族自治区博物馆	百年初心 逐梦八桂——中国共产党在广西百年历程展览
	红军长征湘江战役纪念馆	英雄史诗 不朽丰碑
	崇左市壮族博物馆	左江党旗红——崇左市庆祝中国共产党成立100周年主题展览
海南省	海南省革命历史博物馆	二十三年红旗不倒——琼崖纵队文物史料展
重庆市	重庆红岩革命历史博物馆	初心·使命·奋斗——中国共产党重庆100周年光辉历程展
	重庆中国三峡博物馆（重庆博物馆）	牢记嘱托战贫困 巴山渝水换新颜——重庆市脱贫攻坚展
	中国民主党派历史陈列馆	建党100周年 统一战线庆祝中国共产党成立100周年主题展览

续表

所在区域	展览场馆	展览名称
四川省	四川博物院	永恒的记忆——四川红军标语文物展
	朱德同志故居纪念馆	厚德载物 精神永存——朱德革命文物展
	邓小平故居陈列馆	邓小平与中国共产党专题展
	四川省建川博物馆	奋斗与辉煌——中国共产党百年礼赞
	川陕苏区纪念馆	红旗漫卷大巴山
贵州省	遵义会议纪念馆	伟大的历程——中国共产党是这样走向胜利的大型历史图片全国巡展
	四渡赤水纪念馆	艰苦历程——革命烽火中的红军医院
	红二、红六军团长征贵州纪念馆	红二、红六军团长征陈列展览
云南省	云南省博物馆	不忘初心 牢记使命——云南省庆祝中国共产党成立100周年成就展
	扎西会议纪念馆	扎西会议放光芒 三军过后尽开颜
	德宏州博物馆	党的光辉照边疆
西藏自治区	西藏工委旧址纪念馆	伟大里程——西藏工委旧址纪念馆基本陈列
	昌都市革命历史博物馆	藏东辉煌——中国共产党昌都工作委员会及中华人民共和国昌都地区人民解放委员会特展
陕西省	延安革命纪念馆	不忘来时路——庆祝中国共产党成立100周年延安革命纪念馆馆藏精品文物展
	延安文艺纪念馆	延安文艺的光辉历程
	扶眉战役纪念馆	扶眉战役基本陈列展

续表

所在区域	展览场馆	展览名称
甘肃省	甘肃省博物馆	旗帜飘扬——长征精神在陇原
甘肃省	中国酒泉卫星发射中心历史展览馆	中国酒泉卫星发射中心历史展览
青海省	青海原子城纪念馆	两弹一星精神原子城纪念展
青海省	青藏公路纪念馆	光辉里程——两路精神之青藏公路精神纪念展
青海省	班玛县红军长征纪念馆	青藏高原上的那一抹红色
宁夏回族自治区	宁夏回族自治区博物馆	红旗漫卷——宁夏革命文物陈列
新疆维吾尔自治区	新疆维吾尔自治区博物馆	中国共产党在新疆——迎接中国共产党建党100周年新疆革命文物展
新疆维吾尔自治区	乌鲁木齐市烈士陵园	物语百年——庆祝中国共产党成立100周年主题展览
新疆生产建设兵团	新疆兵团军垦博物馆	新疆生产建设兵团屯垦戍边历史展

资料来源：国家文物局，http：//www.ncha.gov.cn/art/2021/5/19/art_2318_44653.html.

国家文物局庆祝中国共产党成立 100 周年全国革命文物百佳讲述人（2021 年）

地区	姓名	工作单位	时任职务（职称）	讲述对象（内容）
北京市（含中央和国家机关）	王松楠	中国国家博物馆	讲解员	把国旗交给人民设计（曾联松设计的国旗图案底稿）
	孙玺林	中国印刷博物馆	馆长	《晋察冀日报》印刷机
	李增军	北京市房山区霞云岭乡堂上村	原村党支部书记	《没有共产党就没有新中国》词曲创作由来
	陈南	北京鲁迅博物馆（北京新文化运动纪念馆）	馆员	播火——李大钊在北大红楼传播马克思主义
	杨佳洋	香山革命纪念馆	宣教员	开国大典时使用的大红灯笼
	罗存康	中国人民抗日战争纪念馆	馆长	"把我们的血肉筑成我们新的长城"——铜墙铁壁雕塑
	王培军	平津战役纪念馆	馆长	一支见证北平和平解放的派克钢笔
天津市	迟爱民	天津觉悟社纪念馆	讲解员	重走红色印记——觉悟社
	金彭育	原天津市房管局	退休干部	傅厝旧居
	张平	河北博物院	志愿者	永远的冲锋号声（一把军号的故事）
河北省	抗大陈列馆（团队）	中国人民抗日军政大学陈列馆		《抗大五周年纪念大会特辑》
	郭潭潭	献县博物馆	讲解员	马本斋的战斗故事
	程李美	塞罕坝机械林场	科员	塞罕坝精神的故事
山西省	杨芸	山西国民师范旧址革命活动纪念馆	副馆长	毛泽东送给赵宗复的大衣
	姚香	山西博物院	馆员	家书中的"初心"（高君宇写给石评梅的信）
	董文溪	八路军太行纪念馆	讲解员	太行精神千古——叶成焕牺牲时穿过的草鞋

续表

地区	姓名	工作单位	时任职务（职称）	讲述对象（内容）
内蒙古自治区	李玲娜	乌兰夫纪念馆	讲解员	背篓筐的留学生
	赵学东	内蒙古博物院	副研究员	走进三道沟革命老区
	赵博	赤峰市博物馆	讲解员	沧桑正道 苍穹之昴——革命先驱 韩麟符
辽宁省	刘晓光	辽沈战役纪念馆	馆长	永恒的瞬间（梁士英的故事）
	吕鑫森	张氏帅府博物馆	讲解员	张学思的望远镜
	徐文涛	东北军事后勤史馆	馆长	一台缝纫机 信仰千钧力
吉林省	张宇明	四平战役纪念馆	研究馆员	一件军衣的故事
	金红艳	延边博物馆	讲解员	抗日女英雄金昌吉的故事——苦故单上钩织出铮铮誓言
黑龙江省	王春晖	哈尔滨工程大学档案馆	馆长	邓三瑞的毕业设计手稿
	王冬	东北烈士纪念馆	副馆长	母亲的抉择（赵一曼的故事）
	王乾德	上海市中共党史学会 渔阳里党历历史文化研究会	名誉会长	上海渔阳里与建党伟业
上海市	高智亮	陈云纪念馆	讲解员	改革开放惩治腐败第一枪
	黄浩莉	上海市历史博物馆（上海革命历史博物馆）	馆员	革命烈焰 五卅运动
	薛峰	中共一大会议纪念馆	馆长	龙华的去年今日

续表

地区	姓名	工作单位	时任职务（职称）	讲述对象（内容）
江苏省	仇金标	盐城市新四军纪念馆	馆长	大地丰碑（宋公纪功碑）
	朱成山	常州大学近现代史与红色文化研究院	院长	张太雷的一封家书
	张建军	侵华日军南京大屠杀遇难同胞纪念馆	馆长	国家公祭鼎
	吴小宝	南京市博物总馆渡江胜利纪念馆	馆长	修船九件套
	赵永艳	南京雨花台烈士纪念馆	馆长	一颗"永是勇士"的心（铜鸡心）
	常晓丹	徐州广播电视传媒集团	制片人	我们的歌（文工团员陈洁的故事）
浙江省	王锦荣	中共黄岩首届县委旧址纪念馆	志愿者	红色星火助燃人——戴家大夫
	张宪义	南湖革命纪念馆	馆长	南湖红船上表决通过的一大纲领
	俞小平	湖州市安吉县天荒坪镇余村	村支部副书记	绿色革命（余村的绿色发展之路）
	袁晶	南湖革命纪念馆	副研究馆员	一个大党和一条小船的故事
安徽省	王道明	合肥市军队离退休干部第三休养所	离休干部	见证中朝友谊的生日礼物
	张卓娅	渡江战役总前委旧址纪念馆	副馆长	谭震林的线编草鞋
	程红	渡江战役纪念馆	研究馆员	齐进虎的木盆
福建省	万晶迎	福建博物院	副研究馆员	潜伏——隐蔽战线上的英雄吴石
	杨卫东	福建省革命历史纪念馆	馆长	激情燃烧的岁月——一颗子弹头的故事
	陈金娥	古田会议纪念馆	副馆长	一套珍贵的红军军服

续表

地区	姓名	工作单位	时任职务（职称）	讲述对象（内容）
江西省	任梦	南昌市小平小道陈云旧居陈列馆	副馆长	小道沧桑勇探索 康庄大道创奇迹
	余伯流	江西省社会科学院	研究员	于都东门渡口
	陈平梅	井冈山市拿山小学	教师	珍贵的入党誓词
	杨丽珊	瑞金中央革命根据地纪念馆	副馆长	一枚血染的红星奖章
山东省	于爱梅	临沂市沂蒙精神传承促进会	会长	沂蒙红嫂故事
	王泽甲	山东博物馆	讲解员	"菌"守——岱崮连战士们使用过的茶缸
	郭晗	广饶县《共产党宣言》陈列馆	主任	《共产党宣言》的刘集记忆
	魏新	自由职业者	作家	刘谦初烈士的衣物
河南省	王文析	河南博物院	助理馆员	杨介人同志的一封家书
	牛琳琳	红旗渠·林虑山风景名胜区管理委员会	干部	以史为镜、促治党之严——从红旗渠上的文物看从严治党
湖北省	戴蹊璐	鄂豫皖苏区首府革命博物馆	副馆长	青砖墙上的土地法
	刘晓琪	湖北省博物馆	讲解员	把一切献给党（新四军的枪榴弹筒）
	高万娥	武汉革命博物馆	馆长	一张见证中共五大召开的历史照片

续表

地区	姓名	工作单位	时任职务（职称）	讲述对象（内容）
湖南省	阮心湄	胡耀邦同志纪念馆	宣教部副部长	《知青福音书》
	阳国利	韶山毛泽东同志纪念馆	馆长	一张看似普通的沙发
	陈海霞	汝城县"半条被子的温暖"专题陈列馆	馆长	"半条被子"的故事
	符国凡	任弼时纪念馆	馆长	一台苏制便携式留声机
	湖南党史陈列馆红色故事宣讲团（团队）	湖南党史陈列馆		唯一的嫁妆（陈昌甫的箱子）
广东省	苏香旭	广东革命历史博物馆	讲解员	铁锤铸信仰
	袁旭	深圳博物馆	讲解员	香港营救赤诚心
	康毅	广东广播电视台	主持人	毛泽东与《中国社会各阶级的分析》
	廖泠浦	广东省博物馆	志愿者	星海之歌——冼星海及黄河大合唱简介
广西壮族自治区	萧萧	广西壮族自治区博物馆	讲解员	红旗飘耀耀八桂
	黄洪斌	中共兴安县委员会	书记	中央红军长征生死存亡关键之战——湘江战役
海南省	秋颖	海南省博物馆	讲解员	陆战猛虎化蛟龙
	谢才雄	中共琼海市委党史研究室	原主任	琼崖第一枪
重庆市	马奇柯	重庆红岩联线文化发展管理中心	主任	《新华日报》印刷机
	万金容	聂荣臻元帅陈列馆	馆长	惊雷触发（见证中国第一颗原子弹爆炸成功的触发管）
	历华	重庆红岩联线文化发展管理中心	研究员	红岩魂信仰的力量——绝不玷污党的荣誉
	程昌利	中国民主党派历史陈列馆	馆长	一部见证历史的相机

续表

地区	姓名	工作单位	时任职务（职称）	讲述对象（内容）
四川省	李蓉	四川省文物局	副局长	追忆共产党人——烈士李季达
	罗俊	张思德纪念馆	干部	夺渡过江谱赞歌（张思德的故事）
	赵曼琳	四川博物院	讲解员	公理和正义的见证——银盾
	胡坡乡	朱德故居管理局	讲解员	朱德的党证
	黄品沅	四川省歌舞剧院	演员	就是烧成灰我邓中夏也是共产党员（邓中夏一家三口的合影）
	樊建川	四川建川博物馆	馆长	死字旗（王建堂的故事）
贵州省	陈松	遵义会议纪念馆	馆长	长征精神与遵义会议
	曹行燕	四渡赤水纪念馆	馆员	红军门板
云南省	王雅芳	云南省博物馆	讲解员	奏响国歌的第一件乐器（聂耳的小提琴）
西藏自治区	胡雄英	西藏林芝市鲁朗景区管委会	党工委副书记	"乡村振兴"的新路径——筑梦鲁朗
陕西省	王晓莉	陕西省延安精神研究会	宣讲团副团长	父子情深（毛泽东与毛岸英）
	茆梅芳	延安革命纪念馆	馆长	《沁园春·雪》与小炕桌
甘肃省	王丽霞	中国工农红军西路军纪念馆	宣教科科长	董振堂的书籍
	吴丹	两当兵变纪念馆	讲解员	伴随习仲勋同志的干粮袋
	夏世鹏	南梁革命纪念馆	馆长	生命的信仰——南梁简池子四十二烈士的无畏抉择
	潘洁	八路军兰州办事处纪念馆	宣教一部主任	南滩街54号红军联络处

续表

地区	姓名	工作单位	时任职务（职称）	讲述对象（内容）
青海省	于磊	"两弹一星"理想信念教育学院	教师	东风3号导弹
宁夏回族自治区	宋蓉勇	宁夏同心县红军西征纪念馆	副馆长	民族区域自治先河
新疆维吾尔自治区	马丽丽	库车市龟兹博物馆	馆长	林基路烈士的故事
	如克亚木·麦提赛地	于田县库尔班·吐鲁木纪念馆	讲解员	库尔班·吐鲁木的故事
	麦提拜尔·麦麦提	八路军驻新疆办事处纪念馆	讲解员	饱尝铁窗滋味的娃娃们
新疆生产建设兵团	甘大国	兵团第十二师222团关工委	常务副主任	受防的单军帽
	彭毅	兵团第十三师红星一场学校	教师	红星渠的故事
军队系统	王丹升	武警部队某部	干事	提高警惕 保卫祖国
	王志国	江苏海警局	执法员	像父亲那样，为国守好这片海
	刘波	中国人民解放军国防大学	副教授	空中英雄王海驾驶的战斗机
	周尔均	中国人民解放军国防大学	原政治部主任	邓颖超同志给周尔均同志的信
	林婷	中国人民解放军海军博物馆	参谋	赫赫而无名（黄旭华的故事）
	龚平	火箭军军史馆	助理馆员	将军的铁锨
	黄蒙蒙	空降兵军史馆	讲解员	一枚"迟到"33年的勋章
	温溪	中国人民革命军事博物馆	讲解员	要拿我当一挺机关枪使用——白求恩的故事

资料来源：国家文物局：http://www.ncha.gov.cn/art/2021/6/4/art_2318_44675.html.

全国十佳文物藏品修复项目

年份	项目名	单位
2021	重庆红岩革命历史博物馆藏纸质和纺织品文物保护修复	重庆红岩革命历史博物馆

全国优秀文物藏品修复项目

年份	项目名	单位
2021	1929年7月27日红四军政治部编印的《浪花》创刊号（第一期）保护修复	古田会议纪念馆
	孙中山故居纪念馆藏秋波古琴保护修复	孙中山故居纪念馆

资料来源：国家文物局：http：//www.ncha.gov.cn/art/2021/10/22/art_1025_171474.html.

全国最具创新力博物馆

年份	名称
2022	浙江省博物馆（浙江革命历史纪念馆）
2021	侵华日军南京大屠杀遇难同胞纪念馆

资料来源：中国博物馆协会：https：//www.chinamuseum.org.cn/detail.html？id=12&contentId=9618；https：//www.chinamuseum.org.cn/cma/detail.html？id=12&contentId=12260.

全国博物馆学优秀学术成果

年份	学术成果名称	著者	出版社
2022	中国纪念馆发展报告·2019	李宗远等	南京大学出版社

资料来源：中国博物馆协会：https：//www.chinamuseum.org.cn/cma/detail.html？id＝12&contentId＝12277.

2022 年度全国博物馆志愿服务典型案例名单

序号	单位	案例名称
1	北京鲁迅博物馆（北京新文化运动纪念馆）	"走进百年红楼，感悟五四精神" 系列学生志愿服务项目案例
2	中国人民革命军事博物馆	"我来军博讲故事" 志愿服务项目案例
3	北京郭守敬纪念馆	"我来啦——大运河" 运河文化传播志愿服务案例
4	哈尔滨工程大学哈军工纪念馆	"流动中的纪念馆" 志愿服务项目案例
5	上海鲁迅纪念馆	"讲述鲁迅故事，传诵革命精神" 志愿者讲诵演系列活动案例
6	雨花台烈士纪念馆	"小雨滴红色课堂" 志愿服务项目案例
7	侵华日军南京大屠杀遇难同胞纪念馆	"紫金草和平宣讲小使者" 志愿服务项目案例
8	南湖革命纪念馆	"红船劳好声音" 青年志愿服务项目案例
9	八一起义纪念馆	"八一红色百人团" 创新党史宣讲志愿服务项目案例
10	武汉革命博物馆	"我在红巷讲党史" 志愿者团队建设案例
11	韶山毛泽东同志纪念馆	"传承红色基因" 志愿服务宣讲项目案例
12	刘少奇同志纪念馆	"三送六进" 红色志愿宣讲团建设案例
13	湖南党史陈列馆	"向日葵" 志愿服务项目案例

续表

序号	单位	案例名称
14	鸦片战争博物馆	铭记历史 禁绝毒品——禁毒宣传轻骑兵志愿服务项目案例
15	重庆红岩革命历史博物馆	"寻找红岩发声人"志愿服务项目案例
16	重庆中国三峡博物馆（重庆博物馆）	伴你游——中华优秀传统文化导赏志愿服务项目案例
17	延安革命纪念馆	《延安 延安》系列红色故事短视频传播项目案例
18	青海原子城纪念馆	"两弹一星"精神进校园志愿宣讲活动案例

资料来源：国家文物局：http://www.ncha.gov.cn/art/2022/12/28/art_2318_45969.html.

2021年度十佳文博社教案例名单

案例名称	选送单位
木·刀·印——探寻鲁迅倡导的新兴木刻版画	北京鲁迅博物馆（北京新文化运动纪念馆）

2021年度优秀文博社教案例名单

案例名称	选送单位
紫金花开	侵华日军南京大屠杀遇难同胞纪念馆
"传承红色基因 争做时代新人"红岩革命故事展演	重庆红岩革命历史博物馆

2022 年度全国文博社教百强案例

选送单位	案例名称
沈阳 "九·一八" 历史博物馆	赓续红色血脉 厚植爱国情怀——"九·一八研学足迹点亮全国"研学综合实践活动
中国共产党第一次全国代表大会纪念馆	"百物进百校，百讲证百年"——中共一大纪念馆百件文物藏品进课堂活动
雨花台烈士纪念馆	雨花英烈的艺术人生——雨花台烈士纪念馆"红色文化进校园"项目
常州三杰纪念馆，中共常州市钟楼区委宣传部	"乐之秋台"红色音乐讲堂
福建省革命历史纪念馆	"一起来"教育活动——探索打造纪念馆社会教育新路径
古田会纪念馆	"红古田·红故事"让古田更红系列宣讲活动
陈嘉庚纪念馆	"诚毅精神未放光芒"小小讲解员研学活动
瑞金中央革命根据地纪念馆	"苏区精神未放光芒"情景故事讲演
于都中央红军长征集结出发历史博物馆	"长征源头红初心，红色基因润代传"红色文化宣教活动
博山焦裕禄纪念馆（故居）	焦裕禄家风——焦裕禄家风故事展
鄂豫皖苏区首府革命博物馆	"红色基因润代传"研学活动
辛亥革命博物院	"博爱学堂——少年中国说"研学思政课
武汉革命博物馆	"武汉1927"沉浸式思政课
刘少奇同志纪念馆	"共产党人刘少奇"系列微故事
鸦片战争博物馆	禁毒宣传系列——"不能忘却的历史"系列话剧
百色起义纪念馆	"百色——中国那一抹红"红城百色红色故事宣讲
重庆中国三峡博物馆	"永远的三峡"系列教育课程
四渡赤水纪念馆	得意的三笔——"红色＋"研学实践课程
延安革命纪念馆	"一起向未来——红色体育进校园"品牌教育项目

资料来源：福建省文物局：http：//wwj.wlt.fujian.gov.cn/xwzx/whyw/202212/t20221202_6069963.htm.

后　记

　　党的二十大报告对于我国文博事业发展提出了新的更高要求。党的十八大以来，革命纪念馆事业正处于乘势而上、大有可为的重要战略机遇期。特别是党的二十大报告指出，"高质量发展是全面建设社会主义现代化国家的首要任务"，探索并实现革命纪念馆高质量发展是行业发展的题中之义和必然要求。

　　近年来，我国很多行业编撰了各自领域的年度报告，取得了良好的社会效益，而我国革命纪念馆行业尚缺乏连续性的行业发展报告。在此契机下，雨花台红色文化研究院联合南京大学革命纪念馆研究中心在多年深耕纪念馆行业发展研究基础上，进一步聚焦革命类博物馆、纪念馆，参考全国博物馆年度报告信息系统数据及行业主管部门公开案例，组织编撰了《中国革命纪念馆发展报告·2022》（简称《发展报告》）。编撰《发展报告》旨在贯彻落实习近平总书记关于革命文物工作的重要指示和重要论述，呈现新时代我国革命纪念馆事业发展成就，助力革命纪念馆行业交流与发展。

　　《发展报告》的编写坚持以习近平总书记关于革命文物与博物馆纪念馆工作的相关重要指示和有关文化自信的重要论述为指导，秉承实事求是的科学客观态度，力求以翔实的数据、典型的事例、科学的分析，系统反映中国革命纪念馆行业发展状况、特征、成就和问题，全面展示中国革命纪念馆发展的新特征、新趋势、新气象，努力成为展示中国革命纪念馆发展的重要窗口。

　　《发展报告》的编写工作受到了国家文物局革命文物司展示传承处的大力支持，得到了中国博物馆协会纪念馆专委会的专业指导。其中，国家文物局革命文物司展示传承处处长吴寒同志对《发展报告》的撰写提纲、书稿提出了重要的意见与建议。南京市雨花台烈士陵园管理局局长刘斌同志对《发展报告》编写工作提出了明确要求，给予了重要指导。副局长杨永清同志与南京大学革命纪念馆研究中心执行主任李刚教授负责统筹调研和撰写工作。雨花英烈研究院院长向媛华同志、副院长赵静同志多次参加调研会，开展协调工作，初稿形成后又提出了许多精辟的修改意见，保障了调研撰写工作的顺利进行。

《发展报告》的具体调研撰写工作由雨花台红色文化研究院和南京大学革命纪念馆研究中心两个团队协同执行，具体承担执笔的同志有：第一章，李梓萌（南京大学信息管理学院）；第二章，唐闻天（南京大学信息管理学院）；第三章，卢柯全（南京大学信息管理学院）；第四章，毛一涵（南京大学信息管理学院）；第五章，华天舒（南京大学信息管理学院）；第六章，吕春（南京大学信息管理学院）；第七章，丁怡（南京大学信息管理学院）；第八章，李媛丽（辛亥革命博物院）；第九章，张明道、涂灵燕、唐萍莉（桂林红军长征湘江战役文化保护传承中心）；第十章，刘欣【北京鲁迅博物馆（北京新文化运动纪念馆）】；第十一章，刘志亮、杨永清（南京市雨花台烈士陵园管理局）；第十二章，张栗（中共一大纪念馆）；第十三章，单歆祎（常州三杰纪念馆）；第十四章，王山峰（侵华日军南京大屠杀遇难同胞纪念馆）；附录：邓雅诺（南京大学信息管理学院）、贾羽馨（南京大学信息管理学院）。

雨花台红色文化研究院青年研究员董元泉、刘志亮、裴清芝、赵填等同志全程参与了调研、资料收集和编务工作。在《发展报告》的资料收集、实地调研以及撰写过程中，报告撰写组得到了中共一大纪念馆、北京鲁迅博物馆、辛亥革命博物院、福建省革命历史纪念馆、常州三杰纪念馆和湘江战役纪念（陈列）馆等场馆的大力帮助。

《发展报告》的编写过程中，雨花台红色文化研究院和南京大学革命纪念馆研究中心还诚邀中博协纪念馆专委会、革命纪念馆行业专家对书稿进行了评审，专家们给予了极其重要的修改意见。参加评审会的专家有国家文物局革命文物司展示传承处处长吴寒同志，中博协纪念馆专委会主任委员、中国人民抗日战争纪念馆党委书记、馆长罗存康同志，北京鲁迅博物馆学术委员会主任、研究馆员李耀申同志，中共一大纪念馆党委书记、馆长薛峰同志，福建省革命历史纪念馆馆长杨卫东同志。各位领导、专家给予的极具针对性和启发性的意见使《发展报告》得以进一步完善。

2023 年 5 月 30 日，在中博协纪念馆专委会的支持下，《发展报告》于上海召开的"自信自强铸辉煌——红色文旅智慧融合发展峰会"暨中国博物馆协会纪念馆专业委员会年会上，由国家文物局党组副书记、副局长顾玉才同志，中国博物馆协会理事长刘曙光同志，国家文物局革命文物司司长岳志勇同志，上海市文化和旅游局副局长、市文物局副局长向义海同志，以及中博协纪念馆专委会主任委员、中国人民抗日战争纪念馆党委书记、馆长罗存康同志共同发布。

《发展报告》中的案例以及所涉及的数据来源于国家文物局全国博物馆年度报告信息系统，力求以最真实、最客观、最准确的数据反映我国革命纪念馆行业发展的光辉历程。但由于时间仓促、能力有限，数据材料收集工作也有不完备之处，因此报告中的不当、不妥之处恳请广大读者不吝指正，以便我们在以后的研究中加以完善和补充。

《中国革命纪念馆发展报告·2022》撰写组

2023 年 7 月